H. Barkhausen · Filmpropaganda für Deutschland

Hans Barkhausen

Filmpropaganda für Deutschland
im Ersten und Zweiten Weltkrieg

1982

Olms Presse

Hildesheim · Zürich · New York

Die Titelseite zeigt im Vordergrund
den Marine-Filmberichter Leutnant Horst Grund im April 1943
mit seiner Doppelkamera auf Sizilien.

Für wertvolle Hilfen und Hinweise habe ich zu danken den Herren
Rolf Burgmer, Köln,
Professor Wieland Herzfelde, Berlin (DDR),
Professor Dr. Friedrich Kahlenberg, Koblenz,
Professor Dr. Karl Friedrich Reimers, München,
Dr. Karl Stamm, Bonn,
Dr. Fritz Terveen, Berlin (West).

© Georg Olms Verlag AG, Hildesheim, 1982
Alle Rechte vorbehalten
Printed in Germany
Umschlagentwurf: M. Herbst, Hildesheim
Herstellung: Voigt-Druck, Gifhorn
ISBN 3-487-08243-8

Inhalt

Vorwort	1
„Die französische Periode"	7
Wirtschaftswerbung mit Hilfe des Films	16
„Kino-Operateure an die Schlachtfront"	21
„Gegen den Verfall der Volksstimmung"	27
„Um den Platz an der Sonne"	37
Eine zentrale Propagandastelle	46
„Der Orient-Kino-Verband"	53
„Eine militärische Stelle für einen Kino-Operateur"	65
Verzögerte DLG-Gründung	78
Anmerkung zu „Verzögerte DLG-Gründung"	88
Aufklärung in Theorie und Praxis	96
„Die Gewissenlosigkeit der DLG"	113
Bayerische Kritik am Bild- und Filmamt	122
„Eine Schlacht gegen die DLG"	132
Neue Unterstellung, neue Pläne	143
Das Ende des Bufa?	153
Die Organisation und Produktion der Filmtrupps	164
Das Bild- und Filmamt wird Reichsfilmstelle	182
Filmpropaganda im 3. Reich	192
Erläuterungen von Abkürzungen	244
Verzeichnis der Quellen	245
Anmerkungen	246
Literatur	256
Dokumente (Ludendorff-Brief)	259
Verzeichnis von Filmen	263

Vorwort

Konflikte zwischen Militär und Zivil, besonders in Kriegszeiten, hat es schon immer gegeben. Es liegt dies in der Natur der unterschiedlichen Aufgaben, vor die sie sich jeweils gestellt sehen, oder die sie sich von sich aus stellen. In der vorliegenden Arbeit wird ein Konflikt in Deutschland des ersten Weltkrieges zwischen Militär, zivilen Politikern und Schwerindustrie auf einem begrenzten Gebiet, dem der nationalen Propaganda, an Hand von Akten und anderen Dokumenten dargestellt. Dabei wurde weitgehend auf interpretierende Analysen verzichtet, weil der Autor glaubt, daß die Akten und Dokumente eine ganz eindeutige Sprache sprechen.

Nach dem Gesagten ist es verständlich, daß dieselben Männer, die im 1. Weltkrieg maßgeblich für die Aufklärung der Heimat und die Propaganda im befreundeten und neutralen Ausland zuständig waren, sich nach dem Krieg gegenseitig massive Vorwürfe wegen unzureichender propagandistischer Tätigkeit machten.

So schrieb 1920 der Zentrumsabgeordnete Matthias Erzberger, der sich 1919 dazu überreden ließ, den Waffenstillstandsvertrag zu unterzeichnen und deswegen von fanatischen Nationalisten sinnlos ermordet wurde: "Bei den militärischen Stellen fand man 1914-15 äußerst wenig Verständnis für die Notwendigkeit der Aufklärung im Ausland." [1] Erzberger selbst war von Kriegsbeginn an intensiv im Sinne einer politischen Werbung für deutsche Interessen im Ausland tätig gewesen. Der damalige Pressechef im Auswärtigen Amt, Otto Hammann, bescheinigte ihm "eine fast beispiellose Aktivität zur Aufklärung des Auslandes." [2]

Und der ab Juli 1916 wohl mächtigste Mann in Deutschland, der General Erich Ludendorff, kritisierte in seinen Erinnerungen: "Ich fand bei meinem Eintritt in die Oberste Heeresleitung nur sehr dürftige Einrichtungen vor. Sie verdienten nicht den Namen einer Propagandaorganisation." [3] Und noch schärfer sein Nachrichtenoffizier in der Obersten Heeresleitung, Oberstleutnant i.G. Walter Nicolai, dem auch die Presseabteilung der OHL unterstand: "Die zwischen Siegesjubel und Verzagtheit schwankende Nervosität im Volk stieg bald sehr hoch. Die Reichsregierung tat nichts. Die Stimmung im eigenen Volk wurde nicht gebührend bewertet." [4]

Wenn Nicolai glaubte, feststellen zu müssen, die Reichsregierung habe nichts getan, so muß man dennoch einschränkend darauf hinweisen, daß im Oktober 1914, zwei Monate nach Kriegsbeginn, im Auswärtigen Amt unter Mitwirkung von Matthias Erzberger, aus 27 Pressestellen, die sich dort mit Auslandspropaganda befaßt hatten - und zwar jede für sich und ohne sich mit den anderen abzustimmen - die "Zentralstelle für Auslandsdienst" (ZfA) geschaffen wurde. Der Pressechef, Geheimrat Otto Hammann, holte als Leiter dieser Stelle seinen ehemaligen Kollegen, den Botschafter a.D., Freiherrn von Mumm. Die Zentralstelle bekam die Aufgabe, im neutralen und befreundeten Ausland mit Hilfe von Artikeln und aktuellen Bildern in Zeitungen und Broschüren und auch mit Hilfe von Wochenschauen für die deutschen Interessen zu werben. [5]

Ein Jahr später, im Oktober 1915, war seitens der Obersten Heeresleitung das Kriegspresseamt unter Major i.G. Erhard Deutelmoser, bis dahin Pressechef der OHL, gebildet worden. Das Kriegspresseamt bekam seine Weisungen von der OHL. Es hatte die Heeresleitung laufend über deutsche und ausländische Nachrichten zu informieren, aber auch den deutschen Behörden, Politikern und Abgeordneten, ebenso den Zeitungen Auskünfte über die militärische Lage - natürlich im Sinne der OHL - zu erteilen und damit auch die Volksstimmung durch entsprechende Berichte über die Frontlage zu beeinflussen. Ebenso, wie seitens der Zentralstelle für Auslandsdienst sollte mit diesen Mitteln im befreundeten und neutralen Ausland Deutschlands Interessen gedient werden.

Für beide waren daher namhafte Journalisten tätig. So arbeiteten für die Zentralstelle für Auslandsdienst neben Erzberger die Publizisten Dr. Paul Rohrbach und Dr. Ernst Jäckh. In Hammanns Zimmer trafen sie sich mittags, um die neuesten Nachrichten vom Kriegsschauplatz zu besprechen. Hinzu kamen noch August Stein von der Frankfurter Zeitung und der Direktor des Wolffschen Telegraphen-Büros, Mantler. [6] Rohrbach und Jäckh hatten schon vor dem Krieg die Zeitschrift "Das größere Deutschland" herausgegeben, um die Öffentlichkeit auf den Krieg vorzubereiten. Jäckh war zudem Geschäftsführer des den konservativen Alldeutschen nahestehenden "Deutschen Werkbundes". [7]

Man war sich bewußt, daß man gegenüber den Feinden auf propagandistischem Felde im Rückstand war. Hammann wie Erzberger klagten, daß durch die Verbote der zuständigen Militärstellen eine praktische Aufklärung des Auslandes "zum Beispiel gegen die erfolgreiche feindliche Greuelpropaganda" verhindert worden sei. Wie überhaupt eine "Verständnislosigkeit für die Psychologie des Krieges in den omnipotenten Militärstellen" gewaltet habe. [8]

Erst als Mitte 1916 seitens der deutschen Vertretungen in befreundeten, wie neutralen Ländern verstärkt darauf hingewiesen wurde und gefordert wurde, daß der feindlichen Filmpropaganda mit dem gleichen Medium begegnet werden müsse, erwogen das Auswärtige Amt, das preußische Kriegsministerium und die Oberste Heeresleitung, ob und wie man die bisher so mißachtete Kinematographie von amtswegen in die Aufklärungs- und Propagandatätigkeiten einbauen könnte. Nach monatelangem Tauziehen wurde gemeinsam mit anderen Reichsämtern - wie man die Reichsministerien damals nannte - vor allem mit dem Reichsschatzamt, eine Einigung erzielt. Diese Einigung war zusätzlich dadurch erschwert worden, daß sich im gleichen Jahr 1916 die politisch auf stramm konservativem Kurs ausgerichtete Schwerindustrie entschlossen hatte, auch mittels Film nationale Propaganda zu betreiben, und zwar vor allem für die deutsche Wirtschaft, die deutsche Industrie, den deutschen Handel und Fremdenverkehr und nicht zuletzt für die deutsche Kultur. Die Reichsleitung, die sich von einer Zusammenarbeit mit diesem Vorhaben viel versprach, war monatelang vergeblich bemüht, zu einem Akkord zu kommen. Sie sah sich stets den ungemein geschickten, aber beharrlichen Ausweichmanövern der hinter dem Unternehmen stehenden Drahtziehern, um nicht zu sagen deren Widerstand gegenüber.
Noch während der Verhandlungen zwischen dem Auswärtigen Amt, dem Kriegsministerium und der Obersten Heeresleitung erkannte man, daß es nicht nur galt, im neutralen und befreundeten Ausland mit Hilfe des Films Stimmung für die deutsche Sache hervorzurufen, sondern daß auch das eigene Volk, das angesichts der an seinen Nerven zerrenden ungewissen Kriegslage und der in steigendem Maße unzureichenden Versorgung, vor allem der Ernährung, kriegsmüde geworden war, "über Sinn und Zweck des Krieges" aufzuklären. Das lebende Bild schien nun plötzlich am besten geeignet, "die Heldentaten der

deutschen Soldaten zu Lande, zu Wasser und in der Luft dem eigenen Volk eindringlich vor Augen zu stellen und es in Erinnerung an die Kriegsbegeisterung vom August 1914 zu gleicher heldenmütiger Haltung" anzuspornen. [9]

Aus dieser ersten amtlichen deutschen Filmproduktion entstanden im Laufe von nicht ganz zwei Jahren mehrere hundert filmische Dokumente über den ersten Weltkrieg. Sie entstanden unter Einsatz ganz erheblicher finanzieller Mittel ohne Rücksicht auf wirtschaftliche Interessen. Nicht zuletzt deshalb war das Amt bald der Kritik der privaten Filmwirtschaft ausgesetzt, da diese natürlich nach wirtschaftlichen Gesichtspunkten arbeiten mußte. Zwar hatte man Filmaufnahmen von kriegerischem Geschehen bereits ab August 1914 - wenn auch noch vereinzelt - ab Oktober, mit Erscheinen der Messter-Woche - regelmäßig in den Lichtspielhäusern gesehen, aber diese kamen infolge der militärischen und der polizeilichen Zensuren recht verspätet beim Publikum an.

Ab Spätherbst 1916 nun produzierte das Reich Filme an den Fronten um der politischen Resonanz willen. Ihm galt es, im Inland und im Ausland Propaganda für Deutschland nun auch mit Hilfe des Films zu machen.

Kann man sagen, daß es sich um die ersten deutschen Dokumentarfilme handelte? Lotte Eisner hat diesen anspruchsvollen Begriff zwar für die ersten Lumiére-Filmaufnahmen benutzt, [10] aber wenngleich, er dürfte für die Produktionen des preußischen Bild- und Filmamtes zu anspruchsvoll sein. Gleichwohl sind es lebendige Dokumente von zeitgeschichtlichen Ereignissen ersten Ranges. Die erschwerenden Umstände, unter denen sie entstanden, sind zudem zu berücksichtigen. Der Kameramann, ausgerüstet mit einer schwerfälligen Stativkamera, wagte sogar sein Leben, wenn er allzu kühn und von seiner Aufgabe besessen, der Kampfhandlung zu nahe kam. Und er mußte, um Effekte zu erzielen, so nah wie möglich an sie heran. Ein Teleobjektiv besaß er noch nicht. Das einzige Objektiv in seiner Kamera hatte eine Brennweite von 45 oder 50 mm. Auch sonst war die Kamera, von heute gesehen, primitiv. Der Film mußte mittels Handkurbel abgedreht werden. Noch heute sagt man ja, es sei ein

Film gedreht worden. Ein Schwenkstativ mit Kreiselsystem und
Schwungmasse, wie Jahre später, gab es noch nicht. Man konnte
zwar mit Hilfe einer zweiten Kurbel einen Panoramaschwenk machen,
aber wenn man keine ganz ruhige linke Hand hatte - die rechte
wurde ja zum Abkurbeln des Films benötigt -, dann gab es zittrige
Aufnahmen.
Normalerweise war die Kamera Eigentum des Operateurs, wie man die
Kameramänner damals nannte. Erst die Kameramänner und Photographen
des Bild- und Filmamtes wurden mit Film- und Photogeräten vom Amt
ausgerüstet. Diese Geräte sollten eigentlich - als Voraussetzung -
deutschen Ursprungs sein. Aber später hielt man sich nicht mehr so
genau daran.

Auch der Film, das Negativmaterial, das diesen Filmleuten im
1. Weltkrieg zur Verfügung stand, ist mit dem späteren, geschweige
dem heutigen, nicht zu vergleichen. Sie mußten mit orthochromatischem Material arbeiten, ein Film von weitaus geringerer Sensibilität, als wenige Jahre später. Er gab noch nicht die Vielzahl von
Grauwerten wieder, wie der später aufkommende panchromatische Film.
Aber trotz all dem oder gerade wegen dieser Erschwernisse gehören
die Filme des Bild- und Filmamtes in die Reihe frühester filmischer
Zeitdokumente deutscher Herkunft.

Die Originalnegative dieser Filme, insgesamt 852 Rollen, jeweils
zwischen 100 bis 300 m in 35 mm lang - nach dem 1. Weltkrieg dem
Reichsarchiv zur Verwahrung übergeben, ab 1934 beim Reichsfilmarchiv, Anfang 1945 zur Sicherheit in ein Panzerwerk an der Oder
ausgelagert - wurden auf unbekannte Weise ein Opfer des 2. Weltkrieges. Nur wenige Filme, die über die Zeiten gerettet wurden
und die heute beim Bundesarchiv in Koblenz liegen, können noch
als Zeugnis dieser ersten deutschen amtlichen Filmproduktion
dienen. Ebenso ist der größte Teil der beim Bild- und Filmamt
produzierten Front-Photos - insgesamt vermutlich über zehntausend - verloren gegangen. Mit Hilfe von noch vorhandenen Stücken
ist es möglich, dieser Arbeit einen Bildteil anzugliedern. Aus
ihnen werden Strukturen der Film- wie auch der Bildaufnahmen ersichtlich.

Um gegenüberzustellen, wie Propaganda für Deutschland im 3. Reich bzw. im 2. Weltkrieg zuerst gegängelt, dann befohlen wurde, ist eine Kurzdarstellung der anfänglich noch privaten, dann amtlichen Berichterstattung von 1933 bis 1945 angefügt.
Obgleich der Leser die Unterschiede der Propaganda-Methoden im 1. und 2. Weltkrieg erkennen wird, könnte die Frage aufgeworfen werden, inwieweit auch Parallelen zu verzeichnen waren. Beide Male hat man die Wichtigkeit der Propaganda für die Aufklärung des eigenen Volkes, wie auch des Auslandes hervorgehoben. Goebbels schrieb 1941: "Ungezählte Millionen in aller Welt lesen in ihren Zeitungen die Berichte von den Fronten, hören sie in allen Weltsprachen im Rundfunk und sehen sie im Bild- oder in den Wochenschauen bestätigt."[11]
Was die moralische Haltung der Führung im 1. Weltkrieg und der im 2. Weltkrieg betrifft, so sind die Gegensätze kaum zu übersehen. Aus den zitierten Dokumenten geht hervor, daß sich die maßgebenden Offiziere und hohen Beamten im ersten Weltkrieg, trotz Differenzen, stets verpflichtet fühlten, im Sinne ihrer preußischen Erziehung für ihren Staat zu handeln. Aber eben nur Pflichterfüllung gegenüber ihrem Staat. Das hinderte sie nicht, mit großer Selbstverständlichkeit über fremde Völker zu verfügen, so in Flandern eine Volksbewegung zu begünstigen, die Errichtung eines Königreichs Polen - natürlich unter deutschem Patronat - zu fördern, oder die Ukraine und Georgien von Rußland zu lösen. In all diesen Fällen wurden Volksbewegungen unterstützt, obwohl in Deutschland von Volkssouveränität keine Rede sein konnte.
So wie die Geschichte über diese Bestrebungen im 1. Weltkrieg hinwegging, haben die Wahnsinnstaten unter Adolf Hitler, als Verpflichtung gegenüber dem Staat zu blinden Gehorsam gegenüber dem Führer pervertierte, zum Zusammenbruch des Deutschen Reiches geführt.
Als Fazit kann gefragt werden, ob es sich bei dieser Arbeit um Filmgeschichte handelt. Dies wohl kaum, da wir zwar die Titel der Filme kennen, aber nur ganz wenige noch erhalten sind. Auch von ihrer Wirkung wissen wir nichts. Die zeitgenössischen Kritiken gleichen eher Hofberichten, können also auch nicht herangezogen werden. Soweit es das Bild- und Filmamt betrifft, so ist es die Geschichte einer amtlichen Filminstitution und wohl ein wenig die Geschichte einer Filmproduktion.

1. "Die französische Periode"

Die Situation des deutschen Films vor dem ersten Weltkrieg ist oftmals geschildert worden. Es scheint notwendig, sie trotzdem hier nochmals in kurzen Zügen zu skizzieren, um die widersprüchliche Entwicklung bis zur Gründung des Bild- und Filmamtes im Januar 1917 verständlich zu machen.

Schon kurz nach der Jahrhundertwende war mit dem Erstehen der ersten festen Kinematographen-Theater das Filmfieber ausgebrochen. Größter Erzeuger und Nutznießer dieses Fiebers war Charles Pathé, damals kapitalstärkster Filmproduzent der Welt. Von 1898 bis 1907 war das Stammkapital seiner Firma von 1 auf 6 Millionen francs, bis 1912 auf 30 Millionen [12] gestiegen. Er beherrschte gemeinsam mit Gaumont und Eclair, sowie der italienischen "Cines" bis 1914 auch den deutschen Markt. Was in den aus kleinen Gaststätten und Ladengeschäften zumeist in Arbeitervierteln der Großstädte entstandenen Kinos geboten wurde, nannte Victor Noack 1909 "eine Orgie der Geschmacklosigkeit", "eine geistige Volksvergiftung großen Stils". Kirchen und Staat kritisierten, daß Produzenten und Theaterbesitzer die Sensationslust der breiten Masse in schamlosester Weise geschäftlich ausbeuteten. In Rom sah sich der Kardinalvikar genötigt, im "Osservatore Romano", dem offiziellen Organ des Vatikans, "allen Geistlichen des Welt- und Ordensklerus den Besuch der öffentlichen Kinematographenvorstellungen" zu verbieten. Im Auftrag des Heiligen Vaters wurden kanonische Strafen, einschließlich der Suspendierung angedroht, falls diese Verfügung nicht beachtet würde.

Der "Katholische Lehrerverband des Deutschen Reiches" richtete daraufhin an die zuständigen Ministerien aller deutschen Bundesländer eine Eingabe, worin eindringlich vor den Gefahren gewarnt wurde, die der Jugend "durch Schmutz in Wort und Bild" drohten, und worin gebeten wurde, zu veranlassen, daß Schulkindern und Jugendlichen der Besuch der Kinematographen nur in Begleitung erwachsener Angehöriger erlaubt würde. [13]

Preußen, genauer der Landespolizeibezirk Berlin, erließ am 5. Mai 1906 eine Polizeiverordnung, wonach nur solche Filme öffentlich gezeigt werden durften, die das Polizeipräsidium besichtigt und zugelassen hatte. Der Kinobesitzer, der den Film vorführen wollte, mußte im Besitz einer Zulassungsbescheinigung sein. Die Zensurkarte war damit eingeführt. Regierungsrat Griebel begründete die Zensur mit dem Hinweis, die Filmindustrie habe sehr bald eine höchst unerfreuliche Entwicklung genommen. "Schundfilme nach Art schlimmster Hintertreppenromane, die nur auf die niedrigsten Instinkte der breiten Masse spekulierten, beherrschten den Markt." Je widerlicher und blutrünstiger die Handlung, desto größer sei die Zugkraft. Der Staat habe derartige Auswüchse auf die Dauer nicht mehr ruhig hinnehmen können. [14] Genau zehn Jahre später, im Juni 1916, griff der preußische Staat, diesmal das Kriegsministerium nach dem Film als Propagandawaffe gegen die feindlichen "Hetzfilme" und zur Aufrechterhaltung der Stimmung in der Heimat, wie nach einem Rettungsanker.

In den ersten Jahren nach seiner Einführung klappte das Instrument Zensur noch nicht richtig. Die Ortspolizeibehörden konnten die Zensur jeweils im eigenen Namen ausüben. So war es nicht überraschend, daß ein und derselbe Film oder ein Ausschnitt in der einen Stadt verboten und in der anderen erlaubt wurde. Um diesen Zustand zu beenden, kam es aufgrund einer ministeriellen Anordnung zu einer Abmachung, wonach für Preußen nur das Berliner Polizeipräsidium und für Bayern nur München zuständig wurden.

In den ersten Jahren seines Aufkommens hatten Wohlwollende, die im Film eine "neue Volkskunst" sahen, wie Viktor Noack oder Albert Hellwig, vermutlich noch gehofft, das Wunder des lebenden Bildes würde sich auf aktuelle Berichte oder die Darstellung sogenannter Naturbilder beschränken. So galt fast alles, was die Form einer gespielten Szene annahm, als "Schundfilm", zumal es sich sichtlich an einfache Gemüter wandte. Dabei wurde so summarisch geurteilt, daß es schwer fällt, festzustellen, welche Filme eigentlich die Bezeichnung Schundfilm bekamen.

Sieht man die Titel deutscher Produktionen aus den Jahren um 1905-7 an, so kann man nur vermuten, daß Filme wie "Frau Räuberhauptmann" aus dem Jahre 1905 mit einer Länge von 130 m oder "Im Irrweg der Liebe" aus dem Jahr 1908 mit 120 m als Schundfilme angesehen wurden. Ersterer behandelte die Geschichte einer Russin, die eine Räuberbande anführt, der zweite den Mordfall einer Grete Beier, die ihren Bräutigam vergiftete, um ihn zu beerben und ihren Geliebten heiraten zu können. [15] Emilie Altenloh stellt in ihrer berühmten Dissertation von 1914 fest, was schon immer bekannt war, "Liebe und Verbrechen" hätten auf die breite Masse die größte Anziehungskraft ausgeübt. Was bis dahin nur in Groschenromanen zu finden gewesen sei, habe man nun in lebenden Bildern genossen. [16]

Der rapide Anstieg der Zahl von Kinematographen-Theater vollzog sich in Deutschland nach 1905. Im Jahr 1910 gab es bereits 1500 Kinos im Reichsgebiet. [17] Anfangs hatte es genügt, in einem einfachen leeren Raum "ein paar Dutzend Stühle", eine Projektionswand und einen Apparat aufzustellen, damit der Betrieb losgehen konnte. Noch um 1912 waren etwa 80 Prozent aller Lichtspieltheater so entstanden. Aber man wurde anspruchsvoller. Es hatte Aufsehen erregt, als am 4. Sept. 1909 das erste Union-Theater am Alexanderplatz in Berlin mit etwa 500 Plätzen eröffnet wurde. Die "Licht-Bild-Bühne", ein Jahr zuvor gegründet, nahm dieses Ereignis zum Anlaß, Filmkritiken einzuführen. [18]

Um dieselbe Zeit gab es in Wien bei einer Bevölkerungszahl von über 2 Millionen Einwohnern bereits 76 Kinematographen-Theater, die meisten in den Arbeitervierteln, die wenigsten im 18. Bezirk, wo wohlhabende Bürger wohnten. [19] Welche Macht diese neue Branche bereits nach so wenigen Jahren darstellte, läßt sich daran ermessen, daß es 1909 in den Vereinigten Staaten 14.000 Lichtspieltheater gab. [20] Wie war diese Masse von Kinos mit Filmen zu sättigen? Ohne die Vielzahl sogenannter "Tonbilder" mit oft nur 20 - 40 m Länge waren in Deutschland in den Jahren 1903 bis 1912 etwa 520 Filme mit Spielhandlung hergestellt worden. [21] Bis 1908 überstieg die Länge der einzelnen Filme kaum 300 bis 400 m. Auch die historischen Filme, die Pathé nach 1907 drehte, waren nicht länger. Der Film "Die Größe und der Fall Napoleons" wurde in zwei

Teilen angeboten. Der erste Teil "Das Consulat" enthielt die "Bilder" "Die Militärschule in Brienne", "Die Arkole Brücke", "Der Feldzug nach Egypten", "Der Übergang des Mont St. Bernard" und 5. "Ein Gartenfest im Schlosse Malmaison".

Der zweite Teil "Das Kaiserreich" umfaßte zehn "Bilder", beginnend mit "Die Krönung" und endend mit "Sankt Helena - Der Tod des Kaisers" sowie einer "Apotheose". Der erste Teil hatte eine Länge von 160 m, der zweite eine von 270 m, "Marie Antoinette", ein "Historisches Ereignis in 9 Bildern" kam mit 175 m Länge aus. Zu solchen Filmen brachte Pathé Buntplakate in Größe von 120 x 160 cm zu einem Preis von 0,50 Mark heraus. [22]

Aufgrund des "Mehr-Schlager-Systems" war der deutsche Filmmarkt mit dem Angebot deutscher Spielfilme nicht zu sättigen. Nach einer Tabelle der Fachzeitschrift "Das Lichtspieltheater" für die Zeit vom 15. August bis zum 15. Oktober 1912 war der Bedarf an Dramen in diesen zwei Monaten durch die deutsche Eigenproduktion nur zu 12 Prozent, der an Humoresken und an Naturaufnahmen nur zu 3 Prozent gedeckt. Der Druck der französischen Firmen, vorweg von Pathé frères führte dazu, daß der am 13. Mai 1909 gegründete "Zweckverband deutscher Kinematographen" sich bereits einen Monat später genötigt sah, in den Städten Hamburg, Düsseldorf, Leipzig, Breslau, Hannover und Nürnberg Protestversammlungen "gegen die von Pathé ausgehenden Bestrebungen, den Markt zu monopolisieren" zu veranstalten. [24]

Charles Pathé war 1906 auf den genialen Einfall gekommen, seine "actualites de la semaine" zu einem Streifen zusammenzufassen und sie als "Pathé-Journal" ab 1908 auch auf den deutschen Markt zu werfen. Ihm folgte ein Jahr später das "Eclair-Journal" und 1910 die "Gaumont-Actualites". [25] Oskar Messter, Pionier des deutschen Films und führender Produzent mit eigenem Atelier, beließ es bis Kriegsbeginn bei seinen "Messter-Neuheiten". Dabei handelte es sich um eine Mischung kurzer aktueller Aufnahmen mit Komödien und "lehrhaften" Filmen. Jeder dieser Filme hatte oft nur eine Länge bis zu 100 Metern. [26]

Versuche der Freiburger "Express-Film & Cie." mit einer "kinematographischen Berichterstattung" unter dem Titel "Der Tag im Film", die allerdings nicht regelmäßig erschien, und die Bemühung der Eiko-Gesellschaft, gemeinsam mit dem Scherl-Verlag im Jahre 1913 eine Wochenschau herauszubringen, konnten nicht verhindern, daß bis Kriegsbeginn fast nur französische Wochenschauen in deutschen Kinos zu sehen waren.

Begründet war diese Situation nicht nur in der größeren Geschicklichkeit der französischen Produzenten, sondern vor allem auch in ihrer viel stärkeren Kapitalkraft. Während deutsche Firmen mit einem Kapital von höchstens hunderttausend Mark arbeiteten, verfügten die französischen Firmen über Millionen. Für das Jahr 1913 veröffentlichte Gaumont einen Reingewinn von 1,5 Millionen Francs und Eclair einen solchen von 1,3 Millionen Francs. [27]

Ufa-Chronist Oskar Kalbus, in den frühen zwanziger Jahren Förderer der Lehrfilmbewegung, kennzeichnete diese Zeit treffend als die "französische Periode", wobei er vor allem auf die ausländischen Lehrfilme einging, die er "mehr unterhaltende als belehrende Spielereien" nannte. [28] Ein den Lichtspielreformen nahestehendes Fachblatt schrieb damals: "Es wird uns zum Bewußtsein gebracht, daß die Firmen Pathé-Fréres und Gaumont bei weitem den Löwenanteil an lehrhaften Filmen liefern, aber auch die italienischen und amerikanischen Firmen bringen beachtenswerte Filme, die für Bildungszwecke brauchbar sind. [29] Es ist notwendig, diese Stimmen zu zitieren, da nach Kriegsausbruch gerade der Mangel an bildenden Filmen Anlaß zu Diskussionen gab.

Die um Kultur bemühten Männer setzten sich die "Veredelung" des deutschen Films schlechthin zur Aufgabe. Das patriotisch gesonnene deutsche Bürgertum nahm solche Bemühungen um "Veredelung" des Films kaum zur Kenntnis. Es empörte sich gelegentlich über deutschfeindliche, französische "Hetzfilme". So prangerten die "Alldeutschen Blätter" im Juli 1909 eine Pathé-Produktion an, die eine erfundene Episode aus dem deutsch-französischen Krieg von 1870-71 zum Inhalt hatte. Darin wurden deutsche Soldaten als saufende Bestien dargestellt, gegen die sich ein französischer Junge von 13 Jahren empört.

Er durchschneidet eine deutsche Feldtelegraphenleitung, wird von den Deutschen gefaßt und an Ort und Stelle aufgehängt. Der Großvater des Jungen rächt seinen Enkel, indem er den Deutschen vergifteten Wein zu trinken gibt. [30]

Noch 1916 wurde dieser Film von amtlichen deutschen Stellen als besonders übles Beispiel französischer "Hetze" herangezogen.

Als "Pathé-Schlager" galten vor dem ersten Weltkrieg auch sogenannte Kaiserfilme, in denen Kaiser Wilhelm II. dem Gespött der Welt ausgesetzt wurde. Ein Film aus dieser Serie hatte den Zwist zwischen Kaiser Wilhelm und Reichskanzler Bülow wegen der Daily-Telegraph-Affaire zum Inhalt. Selbst ein Pariser Kritiker fand diesen Film "eine überaus naive Darstellung". [31]

Die deutschen Filmproduzenten neigten vor dem ersten Weltkrieg weniger zur Verfilmung heroischer Zeiten und Taten. Unter 368 deutschen Spielfilmen der Jahre 1911 und 1912 behandelten nur zehn patriotische Themen. In sieben von diesen wurden heldenhafte Taten in äußerst naiver Weise aus dem deutsch-französischen Krieg geschildert, so in Filmen wie "Edelmut unter Feinden", "Mutterfreuden eines Landwehrmannes" oder "Weihnachtsträume", die Geschichte eines Kriegsinvaliden. [32]

Nicht nur wegen der Harmlosigkeit des Inhaltes, auch wegen ihres insgesamt geringen Niveaus, fanden diese Filme selbst in Deutschland kaum Beachtung, geschweige, daß sie im Ausland als Gegengewicht zu den französischen Filmen hätten wirken können.

Aber die deutsche Filmwirtschaft hatte es nicht nur mit der ausländischen Konkurrenz zu tun, auch im eigenen Land fand sie Gegner. Die auf der Kino-Industrie lastende Lustbarkeitssteuer wurde als "Erdrosselungssteuer" empfunden, zumal die einzelnen Städte ganz unterschiedlich vorgingen. [33] Proteste fanden kein Gehör oder allenfalls Bescheide, die den Zustand nicht änderten. So erklärte der preußische Innenminister von Dallwitz auf eine Anfrage des Zentrumsabgeordneten Linz am 13. Februar 1911: "Den Beschwerden

über die Kinematographentheater ist in den Ministerien bereits
Rechnung getragen, als in einem Erlaß den Regierungspräsidenten
die Vorschriften mitgeteilt worden sind, nach denen derartige
Theater von den Polizeibehörden zugelassen sind."

Der deutsche "Bühnenverein" veröffentlichte im Juni 1912 eine
"Denkschrift gegen das Kino". Im preußischen Abgeordnetenhaus
wurde im März 1913 eine "Petition des deutschen Bühnenvereins
um Einführung von Maßnahmen zur Bekämpfung von Mißständen auf
dem Gebiet der Kinematographentheater" behandelt. Auch die Kirchen
waren sich im Kampf gegen das Kino einig. Im Februar 1914 wandten
sich die deutschen Bischöfe in einem Hirtenbrief gegen das Kino.
Und auf einer Tagung der evangelischen Generalsynode wurde "gegen
das Teufelsinstrument Kino" gewettert. [33]

In dieser Zeit, da Kulturträger wie Kirchen gegen das Kino Stellung
bezogen, stand das gehobene Bürgertum mit einer gewissen Unsicherheit vor der Frage eines Filmbesuches. 1912 hatten in Mannheim von
hundert Personen zwanzig überhaupt noch keinen Film gesehen. Berufe
mit akademischer Bildung wiesen die prozentual niedrigste Besucherquote auf. [34]

Noch in den ersten Kriegsjahren war die Situation nicht viel besser.
Im Kinematograph vom 8. November 1916 stellte P. Max Grempe Betrachtungen zum Thema "Deutsche und feindliche Kinopolitik im Weltkrieg"
an und kam darin zum Schluß: "Die bei uns üblich gewordene Bedrückung
ist ja nur verständlich aus der bei uns herrschenden Bevormundung
in zahlreichen Hinsichten. Dabei darf durchaus nicht immer den Behörden die Schuld gegeben werden. Die wahre Schuld liegt tiefer.
Das, was wir "öffentliche Meinung" nennen, ist leider bei uns nicht
grundsätzlich mit freiheitlichen Ideen genügend durchtränkt."
Grempe schrieb: "Betrachtet man nämlich kritisch das, was unsere
Lichtspieltheater hinsichtlich der Filmdarbietungen im Interesse
der Kriegsführung leisten, so hat man im großen und ganzen den Eindruck, daß die Möglichkeiten nur ganz bescheiden genutzt, bei uns
auf keinen Fall auch nur erschöpfend ausgenutzt werden." Grempe,
der über die gute Aufnahme auch drastischer Kriegsbilder durch die

englische Bevölkerung berichtet, kommt zu dem Schluß, in Deutschland würden die Menschen für empfindlicher gehalten, es herrsche immer noch der Marlittgeist. [35)] Damit wurde der Geist einer beliebten sentimentalen unrealistischen Literatur gekennzeichnet, zu der man auch die Romane der Schriftstellerin Marlitt rechnete. Jetzt im November 1916 kritisiert Grempe im Kinematographen diesen Geist und gibt zugleich der Hoffnung Ausdruck, "daß dieser wirklichkeitsfremde Geist vom gesunden Empfinden des Volkes bald überwunden werde. Auch die Lichtspielhäuser, so hofft er, würden die Dinge bald so zeigen, wie sie sind.

Aber war die feindliche Filmpropaganda, gegen die die Reichsregierung nun antreten wollte, nicht auch wirklichkeitsfremd in ihrem Haß? Welches Ausmaß die feindliche Filmpropaganda angenommen hatte, schilderte am 16. Juni 1918 die Berliner Zeitung "B.Z. am Mittag", des immerhin liberalen Ullstein-Verlags. Dort hieß es: "Die feindliche Propaganda hatte von vornherein erkannt, daß der Film eines der besten Agitationsmittel darstellt, die man sich denken kann. Er ist sinnfällig und überhebt die breite Masse der lästigen Hirnarbeit und regt die durch "Blutfilms" animierte Phantasie zu den ausschweifendsten Emanationen an. Hetzbroschüren und jene, die deutsche "Barbarei" nachweisenden Traktätchen müssen immerhin gelesen werden. Und mit dem Buchstabieren hapert's mitunter... also steckt man Millionen und Abermillionen in den Hetzfilm."
Und weiter die BZ am Mittag:
Schon im Februar des Jahres durfte die "Times" triumphierend melden, daß vier "Kriegsfilme" allein in den USA 65 Millionen Kinobesuchern vorgeführt wurden. Aber das ist nur ein bescheidener Anfang. Die ganze Welt soll jenes Genusses teilhaftig werden. Bereits hat man lange Streifen, die von der Schande und der Barbarei der deutschen Hunnen erzählen sollen, in Ägypten, China, Japan, Britisch- und Holländisch-Indien importiert. Es darf künftig keinen Kuli geben, keinen Kaffer und Aschanti, der nicht erfährt, daß mitten in Europa ein entsetzliches Volk wohnt, dessen tägliches Vergnügen es ist, zu sengen, zu plündern und die Kinder im Mutterleibe zu morden. "New York-Times" vom 16. März meldete, daß der Film "Der Kaiser, die Bestie von Berlin" in den Broadway-Theatern unter ungeheurem Andrang des Publikums aufgeführt wurde und bei der unzweifelhaften Zugkraft

des Stückes auf Monate nicht vom Repertoire verschwinden dürfte. Nach der BZ hatte der britische Propagandaminister Lord Beaverbrook erzieherische Filme herstellen lassen. Im "Cinema" hieß es: "Jetzt, da der Krieg sich immer mehr seinem Höhepunkt nähert, ist es unbedingt nötig, dem Volk vor Augen zu führen, daß wir es mit einer Horde vorzeitiger Völker zu tun haben, deren Geisteskräfte und Instinkte mehr den Geschöpfen des Urwaldes eigen sind, als weißen Menschen, denen sie äußerlich ähnlich sehen." Soweit die B.Z. im Juni 1918.

Auch die konservativen Kreise in Deutschland, die sich 1916 anschickten, den Film zu Propagandazwecken, nicht nur für das deutsche Ansehen, sondern vor allem für seine Wirtschaft und Industrie einzusetzen, hatten natürlich von dieser feindlichen Filmpropaganda Kenntnis genommen. Dabei wird sie vermutlich der "Marlittgeist" weniger interessiert haben.

2. Wirtschaftswerbung mit Hilfe des Films

Der deutsche Verleger Siegfried Weber aus Leipzig war seiner Zeit voraus. Im Jahr 1912 entschloß er sich, mit Hilfe des Films eine großzügige Propaganda für die deutsche Wirtschaft, die deutsche Industrie, den deutschen Handel und Fremdenverkehr und die deutsche Kultur zu starten. Siegfried Weber, königlich sächsischer Hofrat, war Inhaber der renommierten Verlagsbuchhandlung J.J. Weber, Leipzig, die sein Großvater gegründet hatte. [36] Weltweite Anerkennung hatte vor allem seine "Illustrirte Zeitung", üblicherweise "Leipziger Illustrirte" genannt, gefunden. Als erste europäische Illustrierte veröffentlichte sie am 15. März 1884 mit Hilfe von Meisenbachs Hochdruck-Klischees Momentaufnahmen eines Kaisermanövers als Pressefotos. Diese Fotos stammten von Ottmar Anschütz aus Lissa, einem Pionier der Photo- und Kinematographie. Er hatte vom Kaisermanöver 1883 mehr als hundert "photographische Momentaufnahmen" gefertigt.

Wie war zu verstehen, daß in Deutschland, dessen bürgerliche Kreise den Film ablehnten, sich ein so angesehener Verlag im Jahr 1912 entschloß, mit Hilfe des Films auf, wie man sehen wird, sehr breiter Basis, Werbung für deutsche Wirtschaft, deutsche Industrie, deutschen Handel, Fremdenverkehr und deutsche Kultur in Gang zu bringen. Den Anstoß hatte wieder einmal das Ausland gegeben.

Webers erst 31-jähriger "Direktor" für Auslandswerbung, Ludwig Klitzsch, war im gleichen Jahr der Einladung des Verbandes deutscher Stahl- und Eisenindustrieller zu einer vertraulichen Sitzung in Berlin gefolgt. Dort, so schilderte er später, sei er stark beeindruckt gewesen. Überzeugend sei dargestellt worden, daß sich Engländer, Franzosen und Amerikaner neuerdings des Films bedienten, um für die Industrie und die Kultur ihrer Länder zu werben. Siegfried Weber, solchermaßen von Ludwig Klitzsch angeregt, unternahm noch im gleichen Jahr Studienreisen nach Süd- und Nordamerika, um sich zu unterrichten, mit welchen Methoden dort Werbung für Industrie und Wirtschaft mittels Film betrieben würde. Er interessierte sich dabei nicht nur für die Wirksamkeit der Werbung, sondern auch für mehr technische Fragen, wie etwa ein Vortragssaal be-

schaffen sein müsse, wie die Lichtquellen für den Filmprojektor oder
worauf bei der Auswahl der Vortragsredner zu achten sei.
Die Erfahrungen dieser Reise wurden von Weber und Klitzsch zu einem
großzügigen Arbeitsprogramm für eine umfassende Kultur- und Wirtschaftspropaganda entwickelt. Klitzsch betonte später, man sei sich
darüber klar gewesen, daß der wirtschaftlichen Vorteile wegen die
Werbearbeit differenziert vorgehen müsse, daß sie für die Schwerindustrie anders geartet sein müßte, als für den Handel oder den
Fremdenverkehr. [37]

Nun war allerdings Industriewerbung mittels Film 1912 auch in Deutschland nicht völlig unbekannt. In England, Frankreich und Amerika mögen die Anfänge der Industriewerbung mittels Film etwa um 1910 gelegen haben. Aber auch in Deutschland erkannten maßgebende Firmen
um diese Zeit die Bedeutung des Filmes vor allem für wirkungsvolle
Darstellungen technischer Vorgänge.

Die Professoren Kammerer und Schlesinger von der Technischen Hochschule in Berlin hatten schon, ehe sich die Industrie dafür interessierte, erkannt, daß man mit Hilfe des Filmes maschinelle Arbeitsvorgänge anschaulich machen könne. Professor Schlesinger nahm aber
von seinen Demonstrationen mit Film wieder Abstand, da seiner Meinung nach die ruckweisen Bewegungen des Filmablaufes eine Verzerrung der Maschinenfunktion ergaben.

Trotzdem hatten die Siemens-Schuckert-Werke bereits 1911 im Elektrotechnischen Verein Berlin und danach auch in anderen deutschen
Städten Freilicht-Filmaufnahmen von in Betrieb befindlichen Maschinen mit großem Erfolg gezeigt. Einen weiteren Schritt riskierten
1912 die Kabelwerke Oberspree der AEG. Sie gaben der Messter-
Projektions GmbH einen großen Werksfilm in Auftrag. Mit Hilfe von
zwanzig elektrischen Hochspannungslampen wurden im Werk Aufnahmen
von der Fabrikation elektrischer Kabel und Drähte hergestellt. Der
für damalige Verhältnisse sehr kostspielige Film fand in deutschen
wie in ausländischen Fachkreisen starke Aufmerksamkeit.
Kurz darauf folgte auch die Lokomotivfabrik Wolff in Magdeburg
diesem Beispiel.

Der Ingenieur G.A. Fritze schrieb 1913: "Wenn ein Werk Tausende ausgibt, um seine Fabrikation im Film festzuhalten, so tut es dies einmal, um das Verständnis für die Technik zu fördern, zum anderen aber will es auch Reklame machen." Fritze folgerte: "Der Film ersetzt nicht nur Druckschriften, sondern auch die Fabrikbesichtigung." 38)

Das Neue am Weberschen Vorhaben war, daß es nicht mehr um die Interessen einzelner Firmen und das Aufzeigen maschineller Funktionen ging, sondern um Werbung auf nationaler Basis im großen Stil, wobei nicht nur Wirtschaft und Industrie, sondern auch Handel, Schiffahrt, Fremdenverkehr und Kulturträger einbezogen werden sollten.

Nach Klitzsch war sich die Firma J.J. Weber "aufgrund der Vorarbeiten darüber klar geworden, daß die nationale Bedeutung des Unternehmens eine außerordentliche" sei und daß ein gemeinschaftliches Zusammenwirken aller Faktoren notwendig sei, um Zersplitterungen zu vermeiden, welche geeignet sein könnten, die Leistungsfähigkeit des Unternehmens zu mindern und "seine Stoßkraft zu beeinträchtigen".

Es gab für die Vorarbeiten einen beratenden Ausschuß. Aus den Quellen ist nicht ersichtlich, wann er zum erstenmal tätig war. Aber allein die personelle Zusammensetzung dieses "beratenden Ausschusses" läßt erkennen, in welchem Umfang man Werbearbeit betreiben wollte. Nach dem Stand vom 22. Juli 1914 gehörten dem Ausschuß an:

die Handelskammern	Leipzig, Zittau, Crefeld, Plauen, Erfurt, Barmen, Cottbus, Ludwigshafen, Meiningen, Insterburg und Regensburg
die Stadträte von	Leipzig, Dresden und Freiberg i. Sa.
die Magistrate von	Frankfurt a. M., Danzig, Magdeburg, Bromberg, Kiel, Minden, Bonn, Andernach, Bayreuth, Bielefeld, Brandenburg, Cassel, Coburg, Crimmitschau, Düren, Fulda, Füssen, Gestemünde,

Herford, Hildburghausen, Hildesheim,
Hirschberg, Holzminden, Kattowitz,
Bad Kissingen, Kulm, Neubrandenburg,
Neuss und Bad Oeynhausen.

Weiter gehörten dem Ausschuß an die Fremdenverkehrsvereine von Groß-Berlin, Württemberg - Hohenzollern, der Rheinische Verkehrsverein, der Gebirgsverein für die Sächsische Schweiz, der Niederhessische Touristenverein, der Thüringer Bäderverband, der Eifelverein Euskirchen, der Glatzer Fremdenverkehrsverein, der Königsteiner Verkehrsverein, der Ulmer Verkehrsverein und der von Würzburg.

Ausschußmitglieder waren die Professoren Dr. Leitner, Berlin, Dr. Hugo Preuss, Berlin (1919 Verfasser der Reichsverfassung), Dr. Halhagen, Bonn, Dr. Horten, Bonn, Dr. Eckert, Köln, Dr. Wiedenfeld, Köln, Dr. Blaustein, Syndikus der Handelskammer Mannheim, Professor Endern, Mannheim, und Freiherr von Kapherr, der Kabinettchef des regierenden Fürsten von Schaumburg-Lippe-Bückeburg.

Die Vorarbeiten dürften so rechtzeitig abgeschlossen gewesen sein, daß es möglich wurde, zu einer vertraulichen Besprechung, die am 24. Juli 1914, also acht Tage vor Kriegsbeginn, einen noch größeren Kreis - mehr als 120 Persönlichkeiten aus Wirtschaft, Industrie, Handel, Banken, Kommunen und Kultur - einzuladen. Auch dieser Kreis war schon soweit über die Absichten unterrichtet, daß man sich an diesem 24. Juli darüber einig war, nicht mehr die Frage zu diskutieren, ob das Unternehmen überhaupt durchgeführt werden sollte, sondern, daß nur noch die Form des Unternehmens zur Debatte stand. Es ging um die Frage, ob das Unternehmen einen gemischt wirtschaftlichen Charakter haben sollte, ob die Durchführung der Organisation der Firma Weber übertragen werden sollte, oder ob es auf gemeinnütziger Basis gestellt werden sollte. [39]

Ludwig Klitzsch fiel die Aufgabe zu, vor diesem Kreis nochmals eingehend die Wichtigkeit des Vorhabens herauszustellen. Dies scheint ihm voll gelungen zu sein. Man einigte sich schließlich, das Unternehmen, einen eingetragenen Verein auf gemeinnützige Basis zu stellen.

Wie gemeinnützig er dann wurde, stellte sich später heraus.

Es muß erstaunen, daß acht Tage vor Ausbruch des Krieges eine solche Versammlung führender Männer von vielen Organisationen, Verbänden, Kommunen, aus Kreisen, die den aktuellen Ereignissen nicht ahnungslos gegenüberstehen konnten, einberufen wurde. Tags zuvor, am 23. Juli, hatte der österreichische Gesandte in Belgrad, Baron Giesl, der serbischen Regierung ein Ultimatum überreicht, das auf 48 Stunden befristet war. Am Tag der Leipziger Beratungen hatte der deutsche Botschafter in London, von Lichnowsky, nach Berlin telegraphiert, der britische Außenminister Grey habe ihm gegenüber den Ton der österreichischen Note beklagt und erklärt, die kurze Befristung des Ultimatums mache einen Krieg beinahe unvermeidlich. [40]

Aber aus den Erinnerungen von Matthias Erzberger wissen wir, daß selbst in Regierungskreisen nicht mit Krieg gerechnet wurde, daß sich die meisten Männer der Regierung, wie auch die Abgeordneten des Reichstages auf Urlaub befanden, sogar noch am 27. Juli in Urlaub gingen, weil an Krieg nicht zu denken sei. Wie sollten da die Männer der Leipziger Besprechung Schwerwiegenderes befürchten. [37] Sie einigten sich über die Organisationsform ihres neuen Unternehmens schnell und wählten abschließend einen "Ausschuß zum Studium der Frage einer deutschen Film- und Lichtbilder-Vortragspropaganda im Ausland", bestehend aus Vertretern des Deutschen Städtetages, des Reichsverbandes Deutscher Städte, des Deutschen Handelstages, des Zentralverbandes Deutscher Industrieller, des Bundes der Industriellen, des Vereins für das Deutschtum im Ausland, dem Bund Deutscher Verkehrsvereine, dem Allgemeinen Deutschen Bäderverband, der Schiffahrtslinien und der Firma J.J. Weber. Dieser Ausschuß bekam das Recht der Zuwahl und zu seinen Arbeiten in Betracht kommende Behörden hinzuzuziehen. "Der Krieg hat die Arbeiten unterbrochen", stellt Ludwig Klitzsch zwei Jahre später nüchtern fest. [41]

3. "Kino-Operateure an die Schlachtfront"

Die deutsche Filmwirtschaft stand im August 1914 vor einer unerwarteten Situation. Auf den plötzlichen Wegfall der französischen Wochenschauen war man nicht gefaßt. Der Berliner Filmkritiker Egon Jakobsohn glossierte: "Am 1. August plötzlich Stillstand, als ob alles versinken müßte." [42)]

Am 26. August 1914 beklagte die Fachzeitung "Der Kinematograph" mit einer Schlagzeile den "Mangel an Aktualitäten". Sie stellte die Frage, warum in den illustrierten Zeitungen aktuelle Kriegsbilder zu sehen seien, nicht jedoch in den Lichtspielhäusern und forderte: "Wenn sich die Firmen auf diesem wichtigen Gebiet nicht rühren", sollten deutsche Kinematographen mit eigenem Aufnahmegerät "Szenen dieser gewaltigen historischen Tage auf eigene Faust aufnehmen". Jedoch scheint der Schreiber dieser forschen Vorstellung ein paar Zeilen später bereits Angst vor der eigenen Courage bekommen zu haben. Er gab zu bedenken, daß es fast unmöglich sei und voraussichtlich auch unmöglich bleiben werde, Operateure mit der Kamera an die Schlachtfront zu schicken. Dies sei wohl jedem Einsichtigen klar.

Ähnliche Gedanken müssen die maßgebenden Männer der Obersten Heeresleitung bewegt haben. Spionagefurcht diktierte die strengen Bestimmungen, denen vier Filmfirmen unterworfen wurden, die jeweils zwei Kameramänner zwecks Frontaufnahmen entsenden durften. Nach diesen, am 6. Oktober erlassenen "Bedingungen zur Zulassung von Frontaufnahmen mußten

1. die Firmen rein deutsch sein und unter patriotisch gesinnter deutscher Leitung stehen, kapitalkräftig sein und mit deutschem Gelde arbeiten;

2. es durften nur deutsche Aufnahmeapparaturen, deutsche Fabrikationseinrichtungen und deutsches Filmmaterial benutzt werden;

3. die Firmen selbst nicht nur in jeder Hinsicht als zuverlässig bekannt sein, sondern auch über zuverlässige Vertreter für die Entsendung zu den Kriegsschauplätzen verfügen.

Das Fotographieren auf dem Kriegsschauplatz und in den von den deutschen Truppen besetzten Gebieten war nur mit Genehmigung des Chefs des Generalstabes des Heeres gestattet. [43]

Aber auch die mit dem erforderlichen "Ausweis des Generalstabes" versehenen Filmoperateure kamen nicht dazu, reale Frontaufnahmen zu machen. Ihr Betätigungsfeld blieb die Etappe und die von den deutschen Truppen besetzten feindlichen Gebiete. Eine weitere Erschwerung war, daß die Filmaufnahmen, auch wenn sie von der militärischen Behörde freigegeben waren, in der Heimat noch einer Polizeizensur unterworfen wurden. Selbst in amtlichen Kreisen gab man zu, daß dieses aufwendige Verfahren dazu führte, daß die angeblichen Frontaufnahmen, wenn sie nach Wochen in die Lichtspieltheater gelangten, an Aktualität eingebüßt hatten.

Der Münchener Kameramann Martin Kopp, der zu den acht Auserwählten gehörte, schilderte im Kinematograph vom 12. Mai 1915, wie es bei dieser Filmarbeit an der Front wirklich aussah: "Besonders schwierig ist es, Szenen aus dem Schützengraben auf den Film zu bringen, denn die Bauart der Gräben gibt dem Kino keinen guten Blick. Direkte Kampfszenen aufzunehmen, ist noch schwieriger, denn der Kinematograph erfährt selbstverständlich nichts von dem geplanten Angriff." Einmal gelang es Kopp, geschützt durch die zerschossene Mauer eines Hauses, einen Sturm auf einen feindlichen Schützengraben aufzunehmen, "ein höchst seltenes Kinobild".

Ein österreichischer Kinooperateur, dem es gelang, ins Frontgebiet zu kommen, schilderte in der "Wiener Abendzeitung", daß es bei der modernen Kampfweise keine Kolossal-Schlachtengemälde zu kurbeln gäbe. Bereits bei seiner ersten Aufnahme sei er von Feldgendarmen verhaftet worden. Im Stabsquartier habe man ihm bedeutet, er möge aus der Feuerlinie verschwinden, denn der Gegner könnte seine weithin sichtbare Apparatur für ein Beobachtungsfernrohr halten und sein Feuer darauf lenken. [44]
So blieb den Filmoperateuren trotz der Zulassung zu Frontaufnahmen in der Regel nur übrig, sich auf Szenen hinter der Front, auf Pionierarbeiten, Feldbäckereien, Proviantlager, Flugzeugparks usw. zu beschränken.

Das Reich jedoch war bei Kriegsbeginn vor allem daran interessiert,
daß im neutralen und befreundeten Ausland propagandistisch für die
deutschen Interessen gearbeitet wurde. Die dafür geschaffene Zentralstelle für Auslandsdienst hatte ihre erste Sitzung am 7. Oktober 1914.
Bei dieser Gelegenheit wurde der Publizist Jäckh beauftragt, in einem
Artikel die Aufgaben der neuen Stelle zu schildern. Weiter wurde beschlossen, die Finanzierung des schon erwähnten "Deutschen Werkbundes"
zu übernehmen, womit sich die Stelle in unmittelbare Nähe der Alldeutschen brachte. [45)]

An der darauffolgenden Sitzung am 10. Oktober 1914 nahmen neben von
Mumm als Vorsitzender, Major Deutelmoser, damals noch von der Nach-
richtenabteilung der Obersten Heeresleitung, Kpt. z. See Löhlein vom
Reichsmarineamt, Generalkonsul Lettenbaur vom Auswärtigen Amt,
Matthias Erzberger, Schumacher, der Leiter des Bilderdienstes,
Dr. Rohrbach, Dr. Jäckh und als Protokollführer Assessor Dr.
Roedinger vom Auswärtigen Amt teil. Auf dieser Sitzung ging es um
die Frage, ob die Zentralstelle Propaganda im Ausland lediglich
mit Druckschriften, Zeitungen, Flugblättern und Bildern betreiben
sollte, oder ob auch der von Erzberger geleitete Telegraphendienst,
der für Aufklärung im Ausland eingesetzt war, in die Zentralstelle
eingebaut werden sollte. Von Mumm hielt eine Rückfrage beim Reichskanzler für erforderlich. Bethmann-Hollweg aber lehnte eine solche
Bindung ab. Diese Ablehnung wirft ein Licht auf die Beziehungen
zwischen dem damaligen Reichskanzler und dem schon bald sehr mächtig werdenden Zentrumsabgeordneten. [46)]

Die Zentralstelle, in der eine Reihe höherer Beamten aus dem auswärtigen Dienst arbeiteten, erstellte eine Kartei mit 26 000 Adres-
sen, gegliedert nach Ländern, in die vor allem auch Geistliche und
Zeitungsredakteure aufgenommen wurden. Eine von Erzberger redigierte
"Kriegschronik" wurde in sieben Sprachen übersetzt und in einer Auflage von über 55 000 Exemplaren versandt, darunter ca. 5000 in die
USA. [47)]

Schwergewicht der Aufklärungsarbeit lag auf der von Schumacher geleiteten Bildpropaganda. Er versorgte illustrierte Zeitungen, besonders natürlich Webers "Leipziger Illustrirte", aber auch damals

bekannte und beliebte Zeitschriften, wie "Daheim", "Reclams Universum" und andere. Wöchentlich wurden im Jahr 1916 etwa 12000 Exemplare dieser Zeitschriften versandt. [48]

Schumacher versorgte auch die neutralen Länder, vor allem solche, in denen das Analphabetentum noch verbreitet war, wie auf dem Balkan, mit Filmwochenschauen der Firmen Messter und Eiko. Allein im Monat Juli 1915 war für den Wochenschaueinsatz im Etat des Auswärtigen Amtes ein Betrag von zehntausend Mark eingesetzt gewesen. Trotzdem wurden die Wochenschauen nicht kostenlos abgegeben, was wiederholt zu Kritiken führte.

Neben seiner Tätigkeit als Leiter des ZfA-Bilderdienstes unternahm der rührige Schumacher mit Gruppen von Journalisten Studienfahrten zur Leipziger Messe, durch deutsche Industriestädte und in besetzte Gebiete. Dabei unterhielt er auch Kontakte zu den deutschen Vertretungen. Die dabei gewonnenen Einsichten gab er den maßgebenden Stellen weiter und scheute sich nicht, Kritik zu üben. So berichtete er am 20. Oktober 1915, Konsul Cremer in Amsterdam, dessen Büro auch die ZfA-Bilderpropaganda für Holland betrieb, habe ihm mitgeteilt, daß die Franzosen kürzlich sehr effektvolle Aufnahmen vom Kriegsschauplatz herausgebracht hätten. Die deutsche Filmindustrie scheine leider nicht in der Lage zu sein, ähnliche Bilder an die Öffentlichkeit zu bringen. Das sei um so bedauerlicher, als gerade in Holland das Interesse an Aufnahmen, zum Beispiel von russischen Gefangenen sehr groß sei. Eingedenk wohl der Schwierigkeiten, die die Heeresleitung zu machen pflegte, fügte er diesem Bericht den erstaunlichen Vorschlag an, wie man aus der Kalamität kommen könne. Es mache, schrieb Schumacher, dem Kinobesucher nichts aus, ob die Kampfbilder direkt an der Front, auf dem Schlachtfeld, aufgenommen worden seien, oder ob es sich um gestellte Aufnahmen effektvoller Vorgänge "irgendwo in ähnlichem Gelände" handele. Der Laie sei gar nicht in der Lage, die Täuschung herauszufinden. [49] Man könnte die Frage aufwerfen, ob Schumacher wußte, daß die als so effektvoll geschilderten französischen Aufnahmen möglicherweise auch nicht an der Schlachtfront, sondern im Manövergelände entstanden waren. Auch in Frankreich hatte man anfangs des Krieges Bedenken gehabt, Filmoperateure und Photographen an die Front zu schicken.

Was man in dieser Zeit als Kriegsbilder in den französischen Lichtspielhäusern sah, konnte oftmals bei militärischen Übungen aufgenommen worden sein. 50)
Immerhin legte die deutsche Führung damals großen Wert darauf, dem deutschen Volk nur "wahre Bilder" vom großen Geschehen zu zeigen, nur die Wahrheit zu sagen.
Über die Frage, wie weit man Aufklärung betreiben müsse, bestand Uneinigkeit zwischen der zivilen Führung des Reiches und den Militärs. Seitens der Obersten Heeresleitung wurde die Presse täglich durch die Nachrichtenabteilung, Chef war Major i.G. Nicolai, unterrichtet. Leiter der Pressekonferenzen war Major i.G. Schweitzer, der auch für Fragen der Kinematographie zuständig war. 51)

Um die Filmindustrie, die bis dahin über ihre Möglichkeiten bezüglich ihres Einsatzes im vaterländischen Interesse in Ungewißheit gelassen worden war, zu beruhigen, veröffentliche Major Schweitzer 1916 in der Fachpresse einen längeren Artikel, in dem er eingangs der Filmindustrie massive Komplimente machte. "In richtiger Erkenntnis der guten Dinge, welche die Kinematographie auch im Kriege zu leisten" vermöge, sei die Oberste Heeresleitung von Anfang an bemüht gewesen, ihr "soweit tunlich" eine Stelle in der gesamten Organisation der Nachrichten und Vorgängeübermittlung einzuräumen. Schweitzer brachte in Erinnerung, daß auch die Kinematographen neben den Kriegsberichterstattern und den Fotographen die Erlaubnis hatten, auf den einzelnen Kriegsschauplätzen Aufnahmen zu machen. Es ist verständlich, daß er auf die Behinderungen, denen die Filmleute ausgesetzt waren, nicht einging. Dafür sah er sich genötigt, zuzugeben, daß "in Österreich, Ungarn und in Rußland die Heeresleitungen die Kinematographie selbst in die Hand genommen" hätten, und daß dort "alle Aufnahmen dieser Art durch Offiziere und Mannschaften" erfolgten.
Schweitzer gab zu, dieses System habe unstreitig gewisse Vorteile, da die Offiziere mit ihren Leuten "überall freien Zutritt" hätten. Die militärischen Bedenken, die die deutsche Heeresleitung "selbstverständlich den Zivilisten gegenüber" häufig geltend machen müsse, fielen also fort. Zur Besänftigung fügte Schweitzer hinzu, die Oberste Heeresleitung habe sich dem gleichen Gedanken bisher verschlossen, weil sie es nicht für wünschenswert hielt, daß die

private Filmindustrie, die gerade in Deutschland eine so glänzende Entwicklung genommen hätte, auf dem wichtigen Gebiet ihrer Verwendung für Kriegszwecke ausgeschaltet werde.

Demnach sahen die Militärs, die ja allein maßgebend waren, um diese Zeit nur die Möglichkeit, der Filmindustrie begrenzte Aufnahmetätigkeit hinter der Front zu belassen. Die andere Möglichkeit, von Amts wegen, militärische Sonder-Einheiten aufzustellen, die dann die Filmarbeit übernehmen würden, wie dies ja auf der Seite des verbündeten Österreich betrieben wurde, schien man weder im preußischen Kriegsministerium, noch im Auswärtigen Amt zu bedenken. Daß man sich auch auf Seiten der deutschen Filmwirtschaft genügsam zeigte, beweist ein Kommentar, der im Fachblatt "Der Film" im Anschluß an den Artikel von Major Schweitzer erschien. Darin hieß es: "Es gereicht uns zur besonderen Genugtuung, diese Äußerung zum Ausdruck bringen zu können, die hier von autoritativer Seite den Leistungen der deutschen Kinematographie gezollt wird." [52]

4. "Gegen den Verfall der Volksstimmung"

Um den Ruf nach verstärkter und zentral geführter Propaganda bzw. Inlandsaufklärung zu verstehen, muß die Gesamtlage an der Front, wie in der Heimat, Ende 1915 bis Mitte 1916 berücksichtigt werden.

Der Traum der Deutschen vom kurzen frischfröhlichen Angriffskrieg war verflogen. Zwar hatte Justizrat Meyer, Mitglied des Hauses der Abgeordneten, in der Neujahrsnummer der "Neuen Preußischen (Kreuz) Zeitung" verkündet, "Weihnachten 1915 ist vorüber, damit ist auch die schwerste Zeit des Krieges überwunden". Aber diese Prognose erwies sich als falsch. An der Westfront war das ganze Jahr 1915 über die Lage durch französische und britische Durchbruchsversuche, die zurückgewiesen werden konnten, gekennzeichnet. Der Hartmannsweilerkopf, den die Deutschen im Januar 1915 erobert hatten, wechselte bis Januar 1916 ständig seinen Besitzer. Auch die Kämpfe bei Ypern dauerten das ganze Jahr ohne Entscheidung an. Seit April 1915 waren französische Angriffe bei Verdun ebenso ergebnislos verlaufen. Am 21. Februar 1916 begann ein deutscher Großangriff auf Verdun, wo sich nach den Vorstellungen des deutschen Generalstabchefs, von Falkenhayn, die gegnerischen Streitkräfte verbluten sollten. In überraschendem Schlag gelangte bereits am 25. Februar "das stärkste Fort der Welt", Douaumont, in deutsche Hand. Aber damit geriet auch der deutsche Angriff ins Stocken. In monatelangem zermürbendem Stellungskrieg mit geringen Geländegewinnen, mal auf dieser, mal auf jener Seite, waren Verluste auf beiden Seiten etwa gleich groß.

Um eine Entscheidung herbeizuführen, versuchten englische und französische Kräfte im Juni 1916 an der Somme einen Durchbruch der deutschen Front. Zwar mußten die Deutschen auf einer Breite von 40 km etwa 12 km zurückgehen, aber der Durchbruchsversuch mißlang. Die erbitterten Kämpfe hielten in diesem Abschnitt bis November 1916 an.

Italien trat trotz des Dreibundvertrages im Mai 1915 an der Seite der Entente in den Krieg ein. Mit zehn Divisionen versuchte es, im Juni und Juli 1915 die österreichische Front am Isonzo zu

durchbrechen. Bis zum Ende des Jahres 1916 kam es an dieser Front
zu neun Isonzo-Schlachten.

Wesentlich erfolgreicher verliefen die Kämpfe im Osten und auf dem
Balkan für die Mittelmächte, zu denen sich Bulgarien im September
1915 gesellte. In Warschau hatte die deutsche Regierung ein General-
gouvernement gebildet. Es gab zeitweise eine Pro-Polen Bewegung bei
den Deutschen mit dem Kampflied "Gott schütze Polen".
Mackensen war im Oktober in Belgrad eingezogen. Ende November 1915
war die vollständige Niederlage Serbiens besiegelt. Ende des Jahres
wurde Mazedonien durch deutsche und bulgarische Truppen besetzt.
Nach den Erfolgen, besonders im baltischen Raum, kam es im Sommer
1916 zu einer krisenhaften Situation an der Ostfront. In einer
Großoffensive griffen die Russen auf einer Breite von 350 km an.
Die Kämpfe, die bis Oktober 1916 andauerten, führten zu einer Zu-
rücknahme der österreichischen Front, insbesondere in der Bukowina.
Im deutschen Frontabschnitt gelang es Hindenburg, der im November
1914 zum "Oberbefehlshaber Ost" ernannt worden war, die russischen
Angriffe abzuschlagen. Auch eine zweite Brussilow-Offensive im
September 1916 und eine dritte im Dezember des Jahres erzielten
keine Erfolge.

Im August 1916 war Rumänien an der Seite der Entente in den Krieg
eingetreten. Der Heeresgruppe Mackensen gelang es bis Ende des
Jahres, in zügigem Vormarsch die rumänischen Hauptkräfte zu ver-
nichten und Bukarest einzunehmen.

Die Türkei, die im Oktober 1914 an der Seite der Mittelmächte in
den Krieg eingetreten war, hatte im Norden gegen die russischen
Durchbruchsversuche und im Süden, und zwar sowohl am Persischen
Golf, wie auch am Suezkanal gegen die britischen Expeditionskorps
zu kämpfen. Um in den Besitz der Dardanellen zu gelangen, hatten
die Engländer im April 1915 ein Korps auf der Halbinsel Gallipoli
gelandet. Nach dem Eintritt Bulgariens in den Krieg brachen die
Engländer im Dezember 1915 nach mehrfachen vergeblichen Angriffen das Dardanellenunternehmen ab. Im Februar 1916 drangen die
Russen an der türkischen Nordfront bis Erzerum und eine weitere
russische Heeresgruppe im persischen Raum bis Bagdad vor.

Ein britisches Expeditionskorps wurde von den Türken unter der Führung des deutschen Generalfeldmarschalls von der Goltz im November 1915 zurückgeworfen.
Die Briten konnten im April 1916 zur Übergabe von Bagdad gezwungen werden. Am Suezkanal war den Türken das Kriegsglück nur anfangs hold. Auch die Hilfe eines deutschen Korps konnte nicht verhindern, daß den Briten bis zum Dezember 1916 der Vormarsch bis Gaza gelang. [53]

Mit dieser Skizzierung der Lage an den vielen Fronten soll ins Bewußtsein gebracht werden, welchen zermürbenden Einfluß dieses ständige Hin und Her, wenn es auch in den deutschen Frontnachrichten vielfach als Siege, aber nie als wirkliche Erfolge herausgestellt wurde, auf die deutsche Bevölkerung haben mußte.

Innenpolitisch war die Lage noch schwieriger.
Von den Sprechern und Abgeordneten der Konservativen bis zur Zentrumspartei wurden 1915 Gebietserweiterungen im Osten, wie im Westen als Kriegsziel gefordert. Vor allem die Alldeutschen unter Class, vereint mit Hugenberg und dessen Freunden vom CDI, Kirdorf, Roetger, Reusch, Beukenberg, Stinnes, Schweighoffer und dem Abgeordneten Hirsch traten für Annexionen französischen Bodens, so die Erzgebiete von Briey und ganz Belgiens, ein.

Reichskanzler Bethmann Hollweg brachte in einem Schreiben an den Chef des Geheimen Zivilkabinetts am 9. Dezember 1915 seine Bedenken über diese Annexionspolitik unverblümt zum Ausdruck. Nicht nationaler Ehrgeiz habe bei Kriegsausbruch das deutsche Volk zusammengeführt, hob er hervor. Aufgrund der "nicht immer richtig gewerteten" militärischen Erfolge habe man das Ende des Krieges kommen sehen, die Feinde auf die Knie gezwungen und man habe geglaubt, die Landkarte Europas selbstherrlich revidieren zu können.
Bethmann Hollweg kritisierte die "maßlosen Annexionspläne der Schwerindustrie und der ihr angeschlossenen rechtsstehenden Parteien" und insbesondere die "gewissenlosen parvenühaften Treibereien der augenmaßlosen Alldeutschen". [54]
Selbst ein hoher Militär, Generaloberst von Einem, schrieb am 4.2.1915 an seine Frau: "Sie verteilen das Fell des Bären, ehe sie ihn erledigt haben". [55]

Großadmiral von Tirpitz, welcher der Kriegszielbewegung nahestand, nahm im März 1916 seinen Abschied, weil er seine Seekriegspläne nicht verwirklichen konnte. Die "Neue Preußische Zeitung" nannte es eine "schmerzvolle Nachricht".
Walter Rathenau, der am 13. August 1914 innerhalb des preußischen Kriegsministeriums die Kriegsrohstoffabteilung leitete, bezeichnete die wirtschaftliche Vorbereitung Deutschlands für den Krieg als völlig unzureichend. [56)]
Das Volk bekam die unzureichende Vorbereitung durch Rationierung der Nahrungsmittel zu spüren. Am 1. Februar 1915 wurden sämtliche Getreidevorräte in Deutschland beschlagnahmt.
Albrecht von Thaer notierte am 18.12.1915 in seinem Tagebuch: "Jetzt scheint man in Deutschland auch den Krieg zu spüren, und schon benimmt sich die Bande, besonders die Weiber, so recht würdig und wollen sich schon zerreißen, wenn sie mit Butter und anderen guten Sachen knapp sind." [57)]
Theodor Wolff, der Chefredakteur des "Berliner Tageblattes" schrieb am 25. Oktober 1915: "Der Krieg hat die Daheimgebliebenen in drei Klassen geteilt. In die Klasse derjenigen, die durch Teuerung, durch Abwesenheit oder Tod des Ernährers Not leiden, in die Klasse derjenigen, die am Krieg reich gewinnen und in die Klasse derjenigen, die durch Vermögen in die Lage gesetzt sind, bewegte Zeiten ohne Entbehrungen zu überstehen."
Kein Wunder, daß es in der SPD unter diesen Umständen gärte. Nachdem Karl Liebknecht am 12. Januar 1916 aus der Reichstagsfraktion der SPD ausgeschlossen worden war, kam es Mitte März zu einer Abspaltung von 18 SPD-Abgeordneten unter Haase, die die Kriegskredite, im Gegensatz zur Partei, nicht bewilligen wollten.

Im Mai demonstrierten in verschiedenen Städten Arbeiter für den Frieden und gegen den Hunger. Liebknecht, der am 1. Mai 1916 auf dem Potsdamer Platz in Berlin eine Kundgebung unter dem Motto "Nieder mit dem Krieg" abgehalten hatte, wurde verhaftet und zu zwei Jahren Zuchthaus verurteilt.
Um diese Zeit erkannte auch Oberstleutnant von Thaer: "Mir scheint, der große Krieg wird auf beiden Seiten immer mehr ein Fortwursteln. Wie soll das ein Ende nehmen?" [58)]
Aber Hofprediger Doehrung appellierte in einem Vortrag an "Nerven

und Seele der Deutschen". Der Krieg sei eine Frage der Kraft. Die
Lösung des Problems, "das der Krieg uns stellt", hänge davon ab, ob
sich unser Volk durchdringen lasse von einer Liebe, die sich öffnet,
und die tragen und verstehen könne. [59]

Im bayerischen Kriegsministerium sah man die Lage nicht so rosig.
Am 1. Februar 1916 hatte der Pressereferent, Oberstleutnant von
Sonnenburg, notiert:
"Während die militärische Lage an allen Fronten eine ausgezeichnete
ist, kann leider nicht verkannt werden, daß in manchen Kreisen der
Heimat der Wille zum Durchhalten um jeden Preis im Abnehmen ist. Es
sind nicht allein die Verluste oder die Schwierigkeiten der Ernährung, welche die Stimmung in der Heimat beeindrucken, sondern das
Kriegsministerium hat Beweise dafür, daß Berichte von Angehörigen
des Feldheeres oder Erzählungen von Urlaubern über wirkliche oder
vermeintliche Ungerechtigkeiten, Mißstände usw., die Stimmung ganzer Ortschaften vergiften."
Die von Sonnenburg erwähnten Beweise legte sein Minister, Freiherr
Kress von Kressenstein, noch am gleichen Tage in einem "streng geheimen" Bericht seinen bayerischen Kollegen, so dem Staatsminister
des Äußeren, Dr. Graf Hertling, dem Innenminister, Freiherr von
Soden, dem Minister für Kirche und Schulwesen, Dr. Ritter von
Knilling, sowie dem Justiz- und Finanzminister vor. Er schrieb:
"In den Berichten der 11. bayerischen Infanterie-Division vom
15. Dezember 1915 wird darauf hingewiesen, daß vielfach in Briefen
von Frauen und Eltern an ihre Angehörigen in der Armee eine schrankenlose Sehnsucht nach Frieden ausgesprochen wird und eine ganz
übertriebene Darstellung der mißlichen Lebensverhältnisse der Heimat gegeben wird." Auch von anderer Seite seien, so der Minister,
sowohl in der Presse, wie im Kriegspresseamt über ähnliche Vorgänge
Klage erhoben worden. Die Wirkung solcher Briefe im Ausland sei eine sehr bedenkliche. So hätten die Franzosen wiederholt auf die bei
deutschen Gefangenen vorgefundenen Briefe hingewiesen, die "alle
auf Lebensmittelnot, Zermürbung und Friedenssehnsucht" schließen
lassen. Der Minister folgerte, die Briefe "müssen die Gegner davon
überzeugen, daß der wirtschaftliche und moralische Zusammenbruch
Deutschlands unabwendbar" sei.
Es dürfe, machte er klar, kein Mittel unversucht bleiben, den

Siegeswillen im Heer und im Volk zu erhalten, die Zuversicht zu stärken. Dazu sei eine unmittelbare positive Einwirkung auf die Bevölkerung geboten. Daß dies auch durch den Film erfolgen könnte, war ihm noch nicht bewußt. Im Gegenteil, er stellte etwas resignierend fest, "den militärischen Befehlshabern fehlten naturgemäß die Einflußmöglichkeiten auf die Bevölkerung". Aus diesem Grunde war sein Anliegen, daß die zahlreichen Kräfte, die außerhalb des Befehlsbereiches der Militärbehörden stünden, nämlich Geistliche, Lehrer und Beamte "als Vertraute und Berater des Volkes" - er fragte sich wohl nicht, ob diese Bezeichnung für alle Beamten zutreffend war - in Kirche, Schule und in den Amtszimmern an der Hebung und Neubelebung der Volksstimmung mitzuarbeiten vermöchten. Daneben, natürlich, "die vaterländisch gesinnten Leiter von Organisationen". Sie alle, also Geistliche, Lehrer und Beamte, sollten den Daheimgebliebenen zur Pflicht machen, ihre häuslichen Sorgen und Klagen "für sich zu tragen".
Von Kress schloß: "In Anbetracht der sehr großen Dringlichkeit und nicht zu ermessenden Wichtigkeit der Sache für die siegreiche Fortsetzung unseres, in seiner Dauer durchaus nicht abzusehenden Daseinskampfes", wäre das Kriegsministerium für eine recht baldige grundsätzliche Rückäußerung dankbar. [60)]
Bereits am 5. Februar lag die Antwort des bayerischen Innenministers, Freiherr von Soden, vor. Er sah die Lage noch krasser: "Es wird in weiteren Kreisen immer unklarer", schrieb er, "ob und warum weitergekämpft werden muß." Der Balkan, Bagdad, der Suez lägen zu weit außerhalb des heimatlichen Gesichtskreises, als daß die Bedeutung dieser Kriegsschauplätze für den weiteren Bestand und die Blüte des deutschen Volkes ohne weiteres leicht zu begreifen wäre. [61)]
Am 16. Februar 1916 trafen sich die zuständigen Referenten der bayerischen Staatsministerien zur Beratung über die zu ergreifenden Maßnahmen. Man beabsichtigte, an alle Geistlichen, alle Lehrer, alle Beamte, die mit der Bevölkerung zu tun hatten, zu appellieren. Man war befriedigt, daß sich auch die Presse in den Dienst der Sache stellte. Als die "Münchener Neuesten Nachrichten" ein Flugblatt unter dem Titel "Krieg-Not-Sieg" herausbrachten, das ein "Zwiegespräch in ernster Zeit" zum Inhalt hatte, war man im Kriegsministerium davon so angetan, daß es seine möglichst weite Verbreitung empfahl, da es "zur Hebung der Stimmung vorzüglich geeignet sei". [62)]

In Berlin forderte Deutelmoser, Chef des Kriegspresseamtes, in "Leitsätzen für die Behandlung der Volksernährung in der Presse", die schwächlichen und verhetzenden Klagen dürften nicht ins Feldheer gelangen und die Soldaten belasten. Die Presse, namentlich die der Feinde, verfolge "unsere Nachrichten und Betrachtungen über die Wirtschaftslage mit Aufmerksamkeit". Wer daher zur Teuerungsfrage öffentlich das Wort ergreife, übernehme nicht nur eine politische, sondern auch eine militärische Verantwortung. [63)]
Ähnlich wie der bayerische Kriegsminister wandte sich auch der stellvertretende preußische Kriegsminister, von Wandel, in einem Schreiben vom 2.3.1916 an seine Kollegen und bat, zu erwägen, ob und inwieweit es möglich sei, Beamte, Geistliche und Lehrer als Vertraute und Berater weiter Kreise heranzuziehen, um Mißstimmungen in privaten oder geheimen Zusammenkünften zu begegnen. Es wäre darzulegen, wie die Äußerung von Friedenssehnsucht die Gefahr der Verlängerung des Krieges in sich schließe, wie unvernünftig es sei, die kleinen Beschwerden in der Heimat als etwas Drückendes zu empfinden, welche schädliche Wirkung unüberlegte Klagebriefe hätten. [64)]

Die angeschriebenen Minister bestätigten in ihrer Antwort, daß ein Niedergang der Stimmung zu beobachten sei. Besondere Maßnahmen hielten sie jedoch im Bereich ihrer Ressorts nicht für erforderlich, und auf Anfrage des Reichskanzlers mußte das Kriegsministerium am 13.6.1916 zugeben, eine gedruckte Anleitung für die Aufklärungsarbeit sei nicht erschienen.

Der Bayerische Militärbevollmächtigte in Berlin, Rittmeister Mertz von Quirnheim, berichtete nach München, er habe im preußischen Kriegsministerium die von den bayerischen Behörden beabsichtigten Maßnahmen zur Sprache gebracht. Weder in Preußen, noch in Sachsen oder Württemberg hätten sich ähnliche Vorkehrungen als notwendig erwiesen. Das preußische Kriegsministerium habe lediglich eine Propaganda mittels Flugschriften "für die Pflege der Fortdauer einer zuversichtlichen Stimmung im Schützengraben" in Gang gebracht. [65)]

Aus zahlreichen Zuschriften, die um dieselbe Zeit beim bayerischen
Kriegsministerium eingingen, ergab sich jedoch, daß die Stimmung
noch weitaus schlechter an der Front war. So zitierte der Reichstagsabgeordnete, Pfarrer Lederer, am 18. Februar 1916 in einem Bericht an das bayerische Kriegsministerium einen Soldatenbrief, worin es hieß: "Bei uns Soldaten heißt es jetzt, es ist uns alles
gleich. Man soll die Gewehre wegwerfen und zuvor die Offiziere er-
schießen." Pfarrer Lederer fügte hinzu: "Ich kann mir als Abgeord-
neter nicht versagen, hiervon dem Kriegsministerium Mitteilung zu
machen, wenn ich auch leider das Briefgeheimnis wahren muß." [66]

Die Ernährungslage war prekär. Im März 1916 wurde die Butter auf
125 Gramm pro Person und Woche rationiert. Für Jugendliche zwischen
2 und 14 Jahren war nur die Hälfte vorgesehen. Kinder unter zwei
Jahren wurden von der Butterzuteilung völlig ausgeschlossen. Eine
Anordnung, die zu Protesten führte. [67]
Zur gleichen Zeit wurde die Kartoffelzuteilung auf zehn Pfund für
zwei Wochen reduziert. Auch die Fleischrationalisierung war unvermeidlich geworden, weil die Einfuhr von Schweinen "auf dem Null-
punkt" angelangt war. [68]
Als Mastfutter für die heimische Schweinezucht wurde "chemisch auf-
geschlossenes Stroh als hervorragend preiswerter Hafer-Ersatz" an-
gepriesen. [69]
Für die Produktion dieses Ersatz-Mastfutters wurden an mehreren
Orten des Reiches neue Fabriken gebaut.

Trotz der Schwere der Zeit gab es auch Lichtpunkte. Der Wirtschafts-
bericht der "Neuen Preußischen Zeitung" vom 18.3.1916 meldete:
"Die gesamte deutsche Industrie, soweit sie mit Kriegsrüstung zu
tun hat, arbeitet mit besten Gewinnmöglichkeiten." [70]
Die "gesteigerte Lebenshaltung", die sich auch für die Arbeiter
solcher gewinnbringender Kriegsindustrie ergab, bereitete dem Oberkommando der Marken Sorgen. Es ordnete für die in der Kriegsindustrie arbeitenden Jugendlichen "einen Sparsamkeitszwang" an und
bestimmte, daß den "Jugendlichen bis zum vollendeten 18. Lebens-
jahr nicht mehr als 18 Mark pro Woche ausgezahlt werden dürfen".
Die darüber hinausgehenden Beträge seien für den Empfangsberech-
tigten bei einer öffentlichen Sparkasse einzuzahlen. Das Ober-

kommando begründete seine Anordnung "mit den Schäden, die sich aus der gesteigerten Lebenshaltung für die Jugendlichen ergäben" und fügte hinzu: "Es ist dies ein wunder Punkt in unserem Erziehungssystem." 71)

Besorgt appellierte der bayerische Staatsminister des Inneren, für Kirche und Schulwesen, an die "hochwürdigen Erzbischöfe und Bischöfe" und bat um deren Mithilfe. "Unsere wirtschaftlichen Verhältnisse geben gegenwärtig zu ernster Sorge Anlaß", gestand er. Die Versorgung der Bevölkerung in großen Städten mit den notwendigen Lebensmittel sei äußerst schwierig und habe schon zu bedauerlichen Störungen der Ruhe und Ordnung geführt. In der Bevölkerung greife Mißmut, Kritiksucht und Unzufriedenheit über die bestehenden, sowie Mißtrauen gegenüber behördlichen Anordnungen um sich. Der Mangel an Lebensmittel beeinträchtige "die frohe Zuversicht auf den glücklichen Ausgang des gewaltigen Ringens". Der Minister schloß: "... glaube ich die Bitte stellen zu dürfen, es wollen die Oberhirten zur Bekämpfung dieser Mißstände ihre Mithilfe leisten. Die Form darf ich dem Ermessen Euer bischöflichen Gnaden überlassen." 72)

Die Presse hatte sich zu dieser Zeit mit den staatlichen Zensurbehörden arrangiert.

In einer sehr ausführlichen Denkschrift an den Chef des stellvertretenden Generalstabes der Armee in Berlin berichtete Oberstleutnant von Sonnenburg, er habe den Zeitungsunternehmen zum Bewußtsein gebracht, daß die große Macht der Militärbehörden ihnen nicht nur Beschränkungen auferlege, sondern ihnen auch in mancher Hinsicht zugute komme, und daß daher "Fügsamkeit und freiwilliges Zusammengehen mit den militärischen Befehlsstellen keineswegs unvorteilhaft" sei. Er habe auch die "Gemeinnützigkeit der Zensurverordnungen stets hervorgehoben und auf die Verantwortung hingewiesen".

Im ganzen hatte von Sonnenburg in seiner Denkschrift Günstiges zu berichten: bei den Redaktionen bestehe guter Wille, Indiskretionen habe er niemals wahrgenommen, auch nicht bei den "Leuten der Münchener Post", dem sozialdemokratischen Parteiblatt von Bayern. Überhaupt habe die SPD Bayerns "dem Kriegsministerium gegenüber

seit Kriegsbeginn eine höchst anerkennenswerte Loyalität bewiesen.
Die Redaktion der "Münchener Post" lege auf Fühlung mit dem Kriegsministerium stets Wert. In militärischer Hinsicht werde von ihr die "größte Zurückhaltung und Gewissenhaftigkeit beachtet".
Nach einem Lob auch der liberalen und konservativen Zeitungen stellte von Sonnenburg zusammenfassend fest, er habe die Erfahrung gemacht, daß "bei der Presse vielfach ein Bedürfnis nach Anlehnung" bestehe.

Aufgrund dieser erfreulichen Erfahrung schlug von Sonnenburg vor, auch in der Nachkriegszeit - also nach dem siegreichen Kriegsende - "die Einrichtung von Informationsoffizieren" beizubehalten. Es sei wünschenswert, daß auch im Frieden nicht jede behördliche Beeinflussung der Presse aufgegeben werde. 73)

So anlehnungsbedürftig wie die Presse verhielt sich der Abgeordnete Strobel der Sozialdemokratischen Partei im preußischen Landtag nicht. Unter Protestrufen der Konservativen machte er im März 1916 seinem Herzen Luft: "Seit dem Krieg ist die Welt aus den Fugen", rief er ins Plenum. "Sie hat sich in ein Chaos verwandelt; es ist zu befürchten, daß nur noch ein Trümmerfeld übrig bleibt."
Als er die "Neue Zürcher Zeitung" zitierte, nach der "alle Völker Europas ohne Unterschied den Frieden wollten", wurde ihm das Wort entzogen. Es war im preußischen Landtag verboten, über die Friedenssehnsucht des deutschen Volkes zu diskutieren. 74)
Zwei Tage später, am 21. März 1916, stellten die Sozialdemokraten Ebert und Scheidemann im Reichstag den Antrag, "daß die Regierung alles tut, um einen baldigen Frieden herbeizuführen", allerdings mit dem Zusatz, "einen Frieden, der die Unversehrtheit des Reiches, seine politische Unabhängigkeit und seine wirtschaftliche Entwicklungsmöglichkeit" sicherstelle. 75)

5. "Um den Platz an der Sonne"

Im Frühjahr 1916, um eine Zeit, in der die obersten Reichsbehörden trotz aller Schwierigkeiten noch nicht daran dachten, sich des Filmes für Propagandazwecke zu bedienen, nahm Verleger Siegfried Weber die durch den Kriegsausbruch unterbrochene Arbeit am Aufbau der "Veranstaltung einer planmäßigen, gemeinnützigen Werbung für Deutschlands Kultur, Wirtschaft und Fremdenverkehr im Ausland, und zwar mittels Film und Lichtbild", erneut auf.
Er lud den am 24. Juli 1914 in Leipzig gewählten "Ausschuß zum Studium der Frage einer deutschen Film- und Lichtbilder-Vortrags-Propaganda im Ausland" zum 6. April (nicht zum 16., wie es irrtümlich an verschiedenen Stellen heißt) zu einer Sitzung im Berliner Hotel Kaiserhof ein. Es war dies die erste Sitzung des 14-köpfigen Ausschusses, dem folgende Persönlichkeiten angehörten:

Kommerzienrat Georg Becker vom Messeausschuß der Handelskammer Leipzig, 1. Bürgermeister Dr. Belian vom Reichsverband Deutscher Städte, Prof. Dr. Dade vom deutschen Landwirtschaftsrat, Direktor Eidlitz vom Internationalen Öffentlichen Verkehrsbureau, Generalsekretär Geiser vom Verein für das Deutschtum im Ausland, Friedrich Gontard vom Bund Deutscher Verkehrsvereine, Dr. Herle vom Bund der Industriellen, Direktor Klitzsch vom Verlag J.J. Weber, Stadtrat Dr. Luther vom Deutschen Städtetag, Oberbergrat Morsbach vom Allgemeinen Deutschen Bäderverband, Dr. Schuchart vom Deutschen Überseedienst Transozean GmbH, Direktor Josef Schumacher vom Bund Deutscher Verkehrsvereine, Dr. Soetbeer vom Deutschen Handelstag, Dr. von Stojentin vom Zentralverband Deutscher Industrieller und Siegfried Weber. Syndikus Josef Coböken war als Filmsachverständiger hinzugezogen worden. Coböken hatte u.a. ein "Kino-Adressbuch" herausgebracht. Als Gast nahm Legationsrat Schmidt vom Auswärtigen Amt teil. [76]

Otto Krieg meinte 1943 in seiner Ufa-Jubiläumsschrift, Weber habe aufgrund amtlicher Anregungen seinen Plan einer nationalen Filmpropaganda 1916 Vertretern wirtschaftlicher Organisationen, des Auswärtigen Amtes und der Obersten Heeresleitung vorgelegt. Dies scheint unwahrscheinlich. Nahe liegt dagegen, daß Josef Schumacher, vom Bund Deutscher Verkehrsvereine, seit Oktober 1914 für den Vertrieb von Filmen und Bildern bei der Zentralstelle für Auslandsdienst zuständig, ein, wie sich zeigen wird, ebenso ehrgeiziger wie rühriger Mann, als Mitglied des 1914 gewählten Ausschusses, auf Webers Entschluß zu dieser Einladung Einfluß genommen haben könnte.

Ludwig Klitzsch bekam am 6. April 1916 im Kaiserhof zum zweiten Male die Gelegenheit, diesmal vor einem kleineren, immerhin aber sehr maßgebenden Kreis, seine Thesen von der Bedeutung einer Filmpropaganda vorzutragen.
"Wir müssen heraus aus der Rolle des wohl beneideten, dem Herzen aber fernstehenden, vielfach sogar ausgesprochen wesensfremden Lieferanten und Kulturbringers und uns auch in der öffentlichen Meinung der fremden Nationen einen Platz erobern", forderte Ludwig Klitzsch. Für die Hebung des Handels, des Fremdenverkehrs erwarte er "enorme wirtschaftliche Vorteile für Deutschland."
Gerade im Hinblick auf die Erfahrung im Krieg sei auch die persönliche Kenntnis Deutschlands und seiner Einrichtungen im Ausland und in Übersee dringend notwendig. Hierbei müßten Film und Lichtbild, sowie Vortrag im Vordergrund stehen, denn das Kino sei heute über die ganze Welt verbreitet, und gerade bei den halb- oder weniger zivilisierten Völkern bilde der Film den einzigen und darum so begehrten Mittler. Klitzsch schilderte den Ausschußmitgliedern die Methode, mit der das "nunmehr feindliche" Ausland mit Hilfe des Filmes die Weltmärkte erobere. Dabei ginge es nicht nur um Handelsinteressen, sondern auch darum, die Öffentlichkeit zu bearbeiten, um deren Sympathie zu gewinnen. Klitzsch wurde pathetisch: "Es muß für uns gelten, der Waffenrüstung der Konkurrenz nicht nur eine ebenso starke Wehr entgegenzusetzen, sondern darüber hinaus sich die Waffen zu schmieden, die uns die Benutzung des Platzes an der Sonne und Besitzergreifung von Neuland gestattet."
Alle an einer großzügigen Entfaltung einer Kultur-, Industrie-, Handels- und Verkehrspropaganda Interessierten müßten, so Klitzsch, einträchtig zusammenwirken. Dabei erhebe sich gebieterisch die Forderung, daß die Durchführung der Propaganda mit deutschen Filmen erfolge. Aus diesem Grunde müßte sich das geplante Unternehmen auf eine leistungsfähige Filmindustrie stützen.

Klitzsch entwickelte ein Arbeitsprogramm für diese "großzügige Kultur- und Vortragspropaganda, die unter allen Umständen nach außen unauffällig und geräuschlos aufzutreten" hätte, damit ihr Zweck nicht nur in den zu bearbeitenden Ländern verschleiert werde, sondern auch den Nationen gegenüber verborgen bleibe, mit denen in den betreffenden Ländern konkurriert werde.
Solche Vortrags- und Filmabende könnten auf dreierlei Weise erfolgen:
1. Auf rein gesellschaftlicher Grundlage. In solchen Fällen müßten die Vorträge "von angesehenen Eingeborenen des betreffenden Landes veranstaltet werden".
2. Fachwissenschaftliche Vorträge in Bildungs- und Unterhaltungsvereinen, wissenschaftlichen Vereinigungen oder auch Industrie- und Handelsvereinen. Dabei sollten vorwiegend technische oder industrielle Filme im Vordergrund stehen. An diesem Punkte machte Klitzsch darauf aufmerksam, daß der Stahlwerksverband gutes Filmmaterial besitze, und auch die Filmabteilung des Siemens Konzerns seit Jahren Filmpropaganda vor ausländischen technischen Vereinen betreibe. An ausländische Universitäten und Hochschulen sollten Filme "entweder gegen Bezahlung oder geschenkweise" abgegeben werden.
3. könnten Filme auch "auf rein kaufmännischer Grundlage" vertrieben werden.

Klitzsch erläuterte, da die Filmpropaganda im Ausland erst nach dem Krieg erfolge, stehe die Schaffung eines Filmarchives im Vordergrund. Deshalb sei es notwendig, mit dieser Arbeit sofort zu beginnen. Klitzsch stellte hoffnungsvoll "erstklassige, historische, landschaftliche und architektonische" Filme in Aussicht. Diese Filme seien für die Kinos wichtig und geeignet, dazu beizutragen, "den schaurigen Schmutz, mit dem uns das Ausland versorgt", allmählich zu verdrängen. Sie könnten auch dazu beitragen, mit der Vorliebe für ausländische Bäder und Sommerfrischen aufzuräumen und den Deutschen ihr eigenes Vaterland zu entdecken.

Als in der anschließenden Diskussion Professor Dade glaubte, vom Staat finanzielle Unterstützung des neuen Unternehmens erwarten zu können, setzte Legationsrat Schmidt vom Auswärtigen Amt solchen Erwartungen einen deutlichen Dämpfer auf. Er sicherte nur das Interesse des Reichs zu. Daß es das Unternehmen auch finanziell unterstützen werde, schien ihm fraglich. Und Schmidt begründete seine Skepsis mit dem Hinweis, das Ausland könnte von einer Reichshilfe Kenntnis bekommen. Das wiederum würde den Erfolg beeinträchtigen. Denn offiziöse Propaganda sei im Ausland unbeliebt. Schmidt empfahl schließlich, sich mit der moralischen Unterstützung des Reiches zu begnügen.

Der Filmsachverständige Coböken wollte sich jedoch mit dieser Abspeisung nicht begnügen. Er sprach die Hoffnung aus, daß sich das Reich zu einer wesentlich anderen Auffassung durchringen werde. Schließlich handle es sich nicht nur um eine Werbung für Industrie und Verkehr, sondern auch um deutsche Kulturpropaganda. Während Coböken seine Hoffnungen auf das Reich setzte, äußerte er zur Frage, ob die deutsche Filmindustrie sich finanziell beteiligen könne, starke Bedenken. Um aber die Filmindustrie nicht zu verschrecken, fügte er hinzu, die Filmindustrie dürfe nicht übergangen werden. Sie müsse in ihrer Gesamtheit in den Dienst der Sache gestellt werden.

Schumacher, zwar nur anwesend in seiner Eigenschaft als Direktor des "Bundes deutscher Verkehrsvereine", gab ein Urteil aus seiner Sicht als Leiter der Bilderstelle bei der Zentrale für Auslandsdienst, also als Propagandafachmann, ab. Er überzeugte vermutlich mit seinen Ausführungen, daß der "Zeitpunkt für die Vorbereitung des Unternehmens in diesem Moment so günstig wie irgend denkbar" sei. So verabschiedeten die Versammelten schließlich folgende Grundsätze:

1. Das geplante Unternehmen sei vom Standpunkt der deutschen nationalen und wirtschaftlichen Interessen im Ausland von größter Wichtigkeit. Die Organisation des Unternehmens sei eine dringende Aufgabe der Gegenwart.

2. wurde die Bildung einer nach kaufmännischen Grundsätzen arbeitenden Gesellschaft empfohlen. Sie sollte unter Förderung des Reiches, der wirtschaftlichen Zentralstellen und der Schifffahrtslinien stehen. Ein etwaiger Reingewinn sollte für die Ziele der Gesellschaft zurückgeführt werden.

3. Im Aufsichtsrat des Unternehmens sollten diejenigen Körperschaften vertreten sein, die das Unternehmen in besonderem Maße fördern.

4. Die Finanzierung der Gesellschaft sollte erfolgen
   a) durch Begebung von Anteilscheinen
   b) durch regelmäßige Zuwendungen von Seiten von Körperschaften und von Personen, diese als fördernde Mitglieder der Gesellschaft.

Auf der nächsten Sitzung sollte die Gründung der neuen Gesellschaft vorgenommen werden. In den "Vorläufigen Arbeitsausschuß", der diese Gründungssitzung vorbereiten sollte, wurden gewählt:

Prof. Dr. Dade vom Deutschen Landwirtschaftsverband;
Dr. Herle vom Bund der Industriellen;
Schumacher vom Bund der Verkehrsvereine;
Dr. von Stojentin vom Zentralverband der Industriellen und
Siegfried Weber als Initiator. [77]

Drei Monate später, am 3. August 1916, unterrichteten die vier Herren des "vorläufigen Arbeitsausschusses" das Auswärtige Amt über die bisherige Tätigkeit des ("großen") Ausschusses und die Ziele der geplanten Gesellschaft. Die Gründungsversammlung hätte eigentlich schon Mitte August stattfinden sollen. Aber in Anbetracht dessen, daß um diese Zeit "verschiedene Persönlichkeiten" verreist seien, so auch der Vertreter des Auswärtigen Amtes, der an der Versammlung am 6. April teilgenommen hatte, sei die Gründungsversammlung auf die erste Hälfte des Monats September verschoben worden.

Aus dem Schreiben wird ersichtlich, daß die Herren des Weberschen Ausschusses die inzwischen seitens des Reiches vorgesehene Filmarbeit sehr genau zur Kenntnis genommen haben. Man bezieht sich "auf das gerade in den letzten Wochen von den hohen Reichs- und Staatsbehörden" bekundete Interesse für die Ausgestaltung der deutschen Filmpropaganda. Mit Rücksicht darauf wolle man schon jetzt vom Fortgang der Arbeiten und dem Stand der Angelegenheit unterrichten. Es gehe dem Ausschuß darum, "Zersplitterung von Arbeit und Geld" zu vermeiden. Es scheine daher geboten, daß "<u>alle</u>" (im Original unterstrichen, der Verf.) amtlichen Stellen mit wirtschaftlichen Körperschaften, die an der Durchführung einer großzügigen deutschen Filmpropaganda interessiert seien, sich zu gemeinsamer Arbeit zusammenfänden.

Dem Schreiben ist als Anlage ein "Kurzer Bericht" über die Entwicklung seit dem 24. Juli 1914 beigefügt. Darin wird hervorgehoben, daß die für die Gründungsvorbereitungen notwendigen Gelder in Höhe von 10.000 Mark "in wenigen Tagen" zusammengebracht worden seien. Auf Anfrage hätten sich, "angesichts der nationalen Bedeutung", neun Verbände bereit erklärt, in den Verwaltungsrat einzutreten.
Es seien dies:
der Allgemeine Deutsche Bäderverband
der Bund der Industriellen (BdI) (Herle)
der Bund Deutscher Verkehrsvereine (Schumacher)
der Centralverband Deutscher Industrieller (CdI) (von Stojentin)
der Deutsche Landwirtschaftsrat
das Internationale öffentliche Verkehrsbureau
der Messe-Ausschuß der Handelskammer
der Reichsverband Deutscher Städte
der Verein für das Deutschtum im Ausland.

Und als eigentliches Anliegen wird gebeten, "das Auswärtige Amt möge den in Betracht kommenden hohen amtlichen Stellen von der bevorstehenden Gründung" (unterstrichen im Original, der Verf.) Kenntnis geben. Es werden Abschriften und Einladungen, noch ohne Gründungsdatum, beigefügt und auch gleich erwähnt, wer nach Ansicht des Ausschusses "neben der jetzt schon in hervorragendem Maße an der deutschen Filmpropaganda beteiligten Zentralstelle für Auslandsdienst" in Frage kommen könnte, nämlich: das Kriegsministerium, der stellvertretende Generalstab, das Reichsamt des Inneren, das Kriegspresseamt, das Kultusministerium und das Handelsministerium.

Und schließlich folgt noch eine Bitte, die deswegen interessant ist, weil sie zeigt, wie sehr dem Ausschuß an der Zusammenarbeit mit den Behörden liegt. Wörtlich heißt es: "Ferner möchten wir die ergebenste Bitte an die hohen Reichs- und Staatsbehörden richten, bei etwa jetzt schon vorliegenden Plänen zur Ausgestaltung der deutschen Filmpropaganda die Mitwirkung des neuen großen Film-Ausschusses gütigst vorsehen zu wollen" (unterstrichen im Original, der Verf.). Bemerkenswert der Schluß-Satz: "Zu jeder weiteren mündlichen Auskunft ist auch das zur Zeit in der Zentralstelle für Auslandsdienst als Leiter der Bilderzentrale tätige Mitglied unseres Arbeitsausschusses, Herr Direktor Schumacher, gerne bereit."

Es folgen die Unterschriften: Dade, von Stojentin, Schumacher, Herle. [78)]

Dem Schreiben ist die Satzung der neuen Gesellschaft, "die den Namen "Deutsche Lichtbild-Gesellschaft" tragen soll", beigefügt. Diese Satzung trägt am Kopf den Vermerk "Definitive Form". Wegen der Legenden, die später um die Gründung der Deutschen Lichtbild-Gesellschaft gewoben wurden, muß man sich diese Formulierung zu diesem Zeitpunkt, dem 3. August 1916, merken. Schon zu diesem Zeitpunkt hatte diese Satzung einen Umfang von neun Schreibmaschinenseiten. Sie war gegliedert in sieben Teile mit insgesamt 20 Paragraphen. Die Gliederung entsprach den üblichen Teilen einer solchen Gesellschaftssatzung: 1. Name und Sitz, 2. Zweck, 3. Mitgliedschaft, 4. Organe, 5. Geschäftsführung, 6. Satzungsänderung und 7. Auflösung der Gesellschaft.

Man fragt sich, wer von den vier Herren des "vorbereitenden Arbeitsausschusses" hatte die Zeit, diese umfangreichen Vorbereitungen für die Gründung dieser Gesellschaft, die so weite Ziele hatte, und die Satzung auszuarbeiten. Der Briefkopf des Schreibens vom 3. August 1916 an das Auswärtige Amt gibt darüber Auskunft. Absender war "die vorläufige Geschäftsstelle". Und diese wiederum hatte ihren Sitz in der "wirtschaftlichen Abteilung des J.J. Weber-Verlages" in Leipzig. Chef dieser vorläufigen Geschäftsstelle war Ludwig Klitzsch. Bei ihm - vermutlich so gut wie allein - hatte die Last der Vorbereitungsarbeiten gelegen. Die Herren Dade, von Stojentin, Schumacher und Herle hatten ja ihre Hauptberufe. Emsiges Interesse an den Vorbereitungsarbeiten wird man ihnen sicher nicht absprechen dürfen.

Schließlich muß man noch einen Blick auf die Zusammensetzung des vorgesehenen Verwaltungsrates der DLG werfen. Die Zusammensetzung läßt darauf schließen, daß zwar nationale Interessen im Vordergrund standen. Ob jedoch in jedem Fall einheitliche Auffassungen auf politischem Gebiet bestanden, könnte man bezweifeln.
So war bekannt, daß der Centralverband deutscher Industrieller eine sehr scharfe Stellung gegenüber der SPD einnahm.
Von Stojentin, als ihr Geschäftsführer, hatte sich schon 1913 dagegen gewandt, daß eine Arbeitslosenfürsorge eingerichtet würde.

In der Kriegszielfrage stand der Centralverband den Alldeutschen nahe. Dagegen hatte der Bund der Industriellen eine Gewaltpolitik gegen die SPD vor dem Krieg abgelehnt. [79)]

Während in dem Schreiben vom 3. August 1916 noch das Bemühen des Ausschusses um enge Zusammenarbeit mit dem Reich deutlich wird, änderte sich diese Haltung später zugunsten einer Strategie, die zwischen Benutzung des Reiches und seiner strikten Ablehnung pendelte.

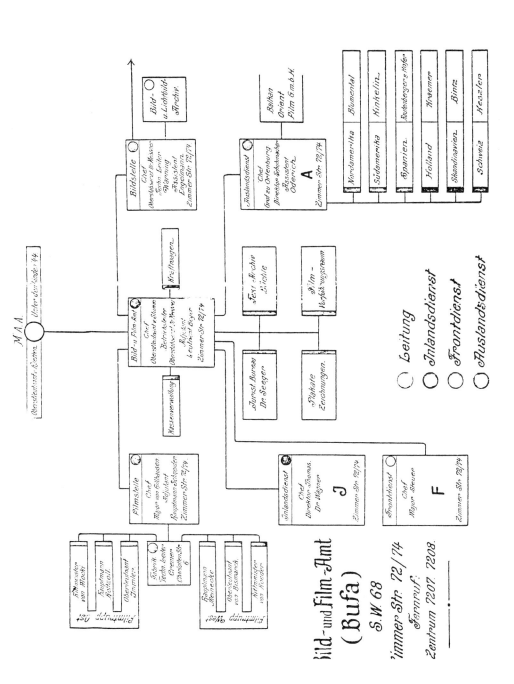

6. Eine zentrale Propagandastelle

Wie bereits geschildert, war den Behörden im Reich und in den Ländern Anfang 1916 klar, daß gegen den Niedergang der Stimmung etwas unternommen werden mußte. Aber vorerst blieb noch alles im alten Rahmen. Am 2. März 1916 empfahl der preußische Kriegsminister seinen Kollegen in den Ländern, den Ministern des Innern, der Geistlichkeit und der Unterrichtsangelegenheiten, kein Mittel unversucht zu lassen, im Lande und an der Front eine zuversichtliche Stimmung zu erhalten und anzuregen. Die Wahl der Mittel blieb sichtlich den Empfängern der Empfehlung überlassen. Wie schon in Bayern, teilte das Württembergische Ministerium des Kirchen- und Schulwesens, in seiner Antwort, die zugleich die Bereitschaft zur Mitwirkung ausdrückte, mit, es habe bei den Oberkirchen- und Oberschulbehörden angeregt, die Geistlichen und die Lehrer anzuhalten, in der Bevölkerung eine zuversichtliche Stimmung zu fördern, in den Schulen durch Behandlung geeigneter Stoffe aufzuklären und aufzumuntern. [80]

Erst im Juni 1916 kam es zu den dringend notwendig gewordenen gemeinsamen Aktionen der obersten Behörden. Deutelmoser forderte auf Grund der "großen Lebhaftigkeit und Geschicklichkeit", mit der die Feinde in allen Ländern die öffentliche Meinung beeinflusst hätten, "auch auf unserer Seite" verstärkte Aufklärungsarbeit. Diese müsse sich sowohl auf das neutrale Ausland, wie auch auf die Heimat erstrecken. Und ähnlich wie der Webersche Ausschuß trat er für eine geschlossene und zielbewußte Aufklärung unter einheitlichem Zusammenwirken aller Zentralbehörden ein. Um eine gemeinsame Vereinbarung zu erreichen, lud er zum 20. Juni 1916 zu einer Besprechung in den Sitzungssaal des Kriegsministeriums ein. Es ist bezeichnend, daß er in der Einladung ausdrücklich darauf hinwies, daß auch der Chef der Abteilung III b des Generalstabs des Feldheeres, Major Nicolai, anwesend sein werde. [81]

Aus der Liste der Teilnehmer geht hervor, welche Behörden in diese gemeinsame Aufklärungsaktion einbezogen wurden. Für das Auswärtige Amt war Graf Wedel anwesend, für ZfA Generalkonsul Thiel, für den Admiralstab Kapitän z.S. Boy-Ed, für das Reichsmarineamt Korvettenkapitän Rieder, für das Reichsamt des Innern Ministerialrat von Braun, - zuvor Landrat in Wirst, Bezirk Blomberg, wo 1912 sein

später weltberühmter Sohn Wernher von Braun geboren wurde -, für das
Kriegsministerium die Majore van den Bergh und Witte, sowie Hauptmann
Grau und schließlich, wie erwähnt, Major Nicolai vom Generalstab. 82)
Über den Verlauf dieser Besprechung gibt es einen Sitzungsbericht von
Generalkonsul Thiel. Darin heißt es, es habe Einverständnis darüber
bestanden, daß eine Zentralstelle ins Leben zu rufen sei. Diese habe
aufgrund der feindlichen und neutralen Pressemeldungen Anregung zu
geben, wie und in welcher Richtung die deutsche Aufklärung zu erfolgen habe. Man sei sich auch darüber einig gewesen, daß diese Zentralstelle dem Auswärtigen Amt anzugliedern sei. Nur dieses allein verfüge über die notwendigen Kenntnisse der interessierenden Vorgänge
im neutralen und feindlichen Ausland. Bemerkenswert ist in der Niederschrift von Thiel der Satz: "Ich habe den Eindruck gewonnen, als
schwebe dem Generalstab und dem Kriegspresseamt die Gründung eines
Amtes vor, an dessen Spitze eine hervorragende Persönlichkeit mit
großen Machtbefugnissen zu treten habe." 83)

Möglicherweise ist es ein Zufall, daß schon einen Tag nach dieser
Sitzung, am 21. Juni 1916, der "Bund deutscher Gelehrter und
Künstler" Vertreter der obersten Behörden zu einer Besprechung
einlud. Man wollte darstellen, wie die Aufklärungsarbeit unter der
Führung dieses Bundes erfolgen könnte bzw. sollte. Seitens des Bundes nahmen an dieser Besprechung teil: der Ethnologe Leo Frobenius,
die Schriftsteller Hermann Sudermann, Rudolf Presber und Ludwig
Fulda, Professor Max Planck und Walter Rathenau, Chef der AEG.
Walter Rathenau unterbreitete den anwesenden Vertretern der Behörden die Vorstellungen des Bundes. Danach sollte die Aufklärung
nicht durch Behörden erfolgen, sondern durch neutrale Stellen, denen
man keine Nebenabsichten unterstellen könne.
Die Behördenvertreter waren vermutlich pikiert. Man sah die Vorstellungen des Bundes als eine Spitze an und antwortete entsprechend.
Major van den Bergh versicherte zwar, das Kriegsministerium bringe
den Bestrebungen des Bundes stets reges Interesse entgegen, es sei
aber nicht zu verheimlichen, daß ein großer Teil der zur Zeit gespielten Theater-Stücke nicht dem Ernst der Zeit und dem Geschmack
der auf Urlaub befindlichen Soldaten entspreche. Was die Lichtspielhäuser beträfe, so würde dort durch schlechte Filme viel gesündigt.

Von wohlwollender Meinung über die deutsche Kinematographie, wie
sie Major Schweitzer geäußert hatte, war hier nichts zu spüren.
Major Nicolai hielt es für die dringendste Aufgabe, an die Spitze
der Aufklärungsarbeit einen guten Organisator, eine Persönlichkeit,
die energisch und überlegt zu handeln wisse, zu stellen. Er fügte
unmißverständlich hinzu, dies müsse nicht unbedingt ein Schriftsteller sein. Man speiste die Herren des Kulturbundes mit der vagen Versicherung ab, daß man ihren Plänen sympathisch gegenüberstünde. [84]

Der energische Organisator für die neue Propagandaabteilung war
schon bald gefunden.
Am 6.7.1916 teilte der Chef der Abteilung III b beim Generalstab
des Feldheeres dem Auswärtigen Amt mit, "für die einheitliche Leitung dieser Aufgabe, nämlich verschärfte Maßnahmen gegen feindliche
Propaganda, soweit militärische Gesichtspunkte in Frage kommen, sei
von Seiner Exzellenz, dem Herrn Chef des Generalstabes des Feldheeres Oberstleutnant von Haeften, zur Zeit Chef des Generalstabes
beim Gouvernement Antwerpen, in Aussicht genommen. [85]

Es muß erstaunen, daß Falkenhayns Wahl auf Oberstleutnant von
Haeften fiel. Haeften hatte bei Kriegsausbruch dem Stab des Generalobersten von Moltke angehört, war dann mit der Leitung der Kriegspressestelle in Posen beauftragt worden und in dieser Position in
ständiger Verbindung mit dem Generalstabschef Ost, also Hindenburg
und Ludendorff, gestanden. Im Einvernehmen mit von Moltke hatte er
sich Anfang 1915 für die Berufung Hindenburgs zum Chef des Generalstabes des Feldheeres eingesetzt. Auf den empörten Widerspruch des
Kaisers hin war er nach Antwerpen versetzt worden. [86]
Wenn Falkenhayn ihn im Juni 1916 trotzdem zum Leiter der neuen
"militärischen Stelle für Auslandspropaganda" berief, dürfte dies
nicht zuletzt an der persönlichen Ausstrahlung von Haeftens gelegen haben. Kein Geringerer als Friedrich Meinecke hatte 1938 in
einer Gedenkrede vor der Preußischen Akademie der Wissenschaften
Hans von Haeften, den früh verstorbenen zweiten Präsidenten des
Reichsarchives, wegen seiner "geistigen Beweglichkeit, idealistischen Schwunges, immer rege und doch kritisch sich zügelnden Phantasie, die eigentlich ungewöhnliche Anmut seines Wesens" gerühmt.

Haeften sei frei von Eitelkeit. Sein Grundbedürfnis sei harmonische
Lebensgestaltung gewesen. 87) Wie sich zeigen wird, gab es neben
kritischen Stimmen sogar noch positivere Urteile über seinen Charakter.
Die "Militärische Dienststelle für Auslandspropaganda" sollte in
Berlin eingerichtet werden. Ihr sollte alles zugeleitet werden, was
sowohl an feindlicher Behauptung militärisch widerlegt werden müsse, wie auch alles, was militärisch von Vorteil auf die Wirkung im
Ausland und in Deutschland zu verbreiten sei. Das Kriegspresseamt
und die Feldpressestelle sollten "als Mitarbeiter" in enge Verbindung zu dieser Propagandastelle gebracht werden. 88)
Seitens des Auswärtigen Amtes war die Stelle zweigleisig in Aussicht genommen. Freiherr von Mumm notierte, von der Nachrichtenstelle des Auswärtigen Amtes sei allgemein Generalkonsul Thiel als
die geeignete Persönlichkeit "zu unserer Vertretung an dieser
Stelle" bezeichnet worden. Er, von Mumm, habe auf Wunsch des
Staatssekretärs Generalkonsul Thiel bei der Zentralstelle für
Auslandsdienst freigegeben, obgleich er es sehr bedauert habe,
dort einen Mitarbeiter zu verlieren, der sich in den zwei Jahren
besonders tüchtig bewährt habe. 89)
Thiel war auch seitens des Kriegspresseamtes für die Leitung des
Propagandadienstes in Aussicht genommen worden.
Am Montag, dem 10. Juli 1916, kam es zu einer Besprechung im Kriegspresseamt, an der das Kriegsministerium, das Reichsamt des Inneren,
das Kriegsernährungsamt, der Admiralstab, das Reichsamt und das
Ministerium des Inneren teilnahmen. Seitens des Generalstabes des
Feldheeres war neben Nicolai auch Oberstleutnant von Haeften anwesend.
Auf dieser Sitzung teilte Nicolai offiziell mit, der Chef des
Generalstabes des Feldheeres habe den bisherigen Chef des Generalstabes des Gouvernement Antwerpen, Oberstleutnant von Haeften,
mit der militärischen Mitarbeit in der neuen Propagandaabteilung
beauftragt. Nach Nicolai galt es, die Propaganda nicht nur defensiv, sondern aggressiv zu führen, aber "wahr, wie unsere Heeresberichte". Der Zeitpunkt der Errichtung dieser Propagandaabteilung
scheine günstig, denn es bestehe der Eindruck, daß man in den neutralen Ländern die fortwährenden Lügen der Feinde satt habe.
Graf Wedel vom Auswärtigen Amt wandte ein, den politischen Bedürf-

nissen trage die geschaffene Auslandspropaganda-Abteilung unter Leitung von Generalkonsul Thiel Rechnung. Es handele sich also nicht um eine Neueinrichtung, sondern um eine Erweiterung der bisher schon bestehenden Organisation.

Freiherr von Braun vom Reichsamt des Inneren warnte davor, verschiedene Propagandaabteilungen zu schaffen. Zweckmäßig erscheine eine einzige beim Auswärtigen Amt, "wo der militärische Referent des Reichsamtes des Inneren mitarbeite".

Über die Frage, ob politische Propaganda und militärische zu trennen seien, kam es zu gegensätzlichen Meinungen. Generalkonsul Thiel machte vorsorglich geltend, die neue Propagandaabteilung könne, wie bisher auch die ZfA, nur in enger Verbindung mit dem Auswärtigen Amt arbeiten, zumal nur das Auswärtige Amt wisse, was politisch erreicht werden müsse. Nicolai bestand aber auf der Unterscheidung, zwischen politischer und militärischer Propaganda. Die Frage, ob die militärische Stelle dem Auswärtigen Amt unterstehe, war strittig. Haeften lavierte vorsichtig. Die Einheitlichkeit der Propaganda, so argumentierte er, sei nur dann gesichert, wenn keine Stelle befugt sei, selbständig zu operieren. Kontrolle, Prüfung und Verantwortung müßten beim Auswärtigen Amt liegen. Nicolai sah die Konzentration dadurch gesichert, daß jeweils ein Vertreter für den Generalstab, für das Kriegsministerium und den Admiralstab, ein weiterer für das Reichsamt des Inneren und das Kriegsernährungsamt, und ein dritter für das Auswärtige Amt bestellt würden. Nur unter Vorbehalt war Major Grau vom Kriegsministerium mit Nicolais Darstellung, daß von Haeften innerhalb der neuen Zentrale "die gesamte militärische Propaganda" übernehme, einverstanden. [90] Oberstleutnant von Haeften hatte vorsorglich einen "Arbeitsplan für die militärische Stelle des Auslandsnachrichtendienstes" ausgearbeitet. Darin kommt bereits eindeutig zum Ausdruck:
"Der Leiter dieser Stelle ist ein Organ des Chefs des Generalstabes des Feldheeres, von dem er Befehle und Weisungen erhält." [91]

Die Zwiespältigkeit, die in den unterschiedlichen Vorstellungen des Auswärtigen Amtes und der OHL über die Befugnisse des Leiters der MAA bestanden, wurde schon bald Anlaß zu erheblichen Differenzen. Vorerst schien alles in gutem Einverständnis zu laufen. Von Mumm teilte am Tage nach der Sitzung dem Staatssekretär des Auswärtigen befriedigt mit, auf dem geselligen Abend des Kriegspresseamtes für neutrale Journalisten habe er die Bekanntschaft von Oberstleutnant von Haeften gemacht, der vom Generalstab des Feldheeres dem AA für die Propaganda zugeteilt worden sei. Herr von Haeften mache einen sehr guten Eindruck. Er scheine sich mit Feuereifer seiner neuen Aufgabe widmen zu wollen. [92]

Haeften hatte es sichtlich eilig, an die Arbeit zu kommen. Schon am 12. Juli schrieb von Mumm erneut dem Staatssekretär, "zu Herrn von Haeften seien als Hilfsarbeiter kommandiert Vizekonsul Dehn-Schmidt und ein Dr. phil. von Mutzenbecher. Außerdem drei Schreibkräfte. Oberstleutnant von Haeften möchte am Montag früh seinen Dienst im Auswärtigen Amt aufnehmen. [93] Drei Tage darauf berichtete von Mumm dem Reichskanzler, die von der Obersten Heeresleitung angeregte Errichtung einer Propagandastelle beim Auswärtigen Amt, unter Beteiligung der Militärbehörden, sei in diesen Tagen ins Leben getreten. "Militärisches Mitglied" sei Oberstleutnant von Haeften. Von Haeften nehme bereits in der Nachrichtenabteilung Fühlung mit der Presse auf. [94]
Auch der Chef des Admiralstabes begrüßte die Schaffung einer "Zentralstelle für Auslandspropaganda" und beauftragte Kapitän zur See, Boy-Ed, diese Propagandastelle mit allen Mitteln zu unterstützen. [95] Von amtlicher Propaganda mittels Film war noch nicht die Rede.

Wie sehr sich die Dinge aber im Sinne der Obersten Heeresleitung innerhalb kurzer Zeit entwickelt hatten, ergab sich aus Aufzeichnungen von Generalkonsul Thiel vom 14. Oktober 1916, in denen er auf den von Haeften vorgelegten Arbeitsplan nochmals einging: Das Auswärtige Amt sei deswegen mit der Einrichtung der militärischen Stelle unter Oberstleutnant von Haeften einverstanden gewesen, weil darin die Möglichkeit gelegen habe, dem Auswärtigen Amt für seine politische Propaganda das erforderliche militärische Material zugänglich zu machen. Die Frage, ob und wie das Material für Propagandazwecke zu verwerten wäre, sei sowohl vom technischen, als auch politischen Gesichtspunkt durch das Auswärtige Amt zu beurteilen. Indessen habe Oberstleutnant von Haeften im Verlauf der unvermeidlichen Erörterungen wiederholt betont, er erhalte seine Weisungen von der obersten Heeresleitung und habe diese unter allen

Umständen auszuführen. Die Oberste Heeresleitung habe niemals anerkannt, daß dem Auswärtigen Amt die Entscheidung darüber zustehe, ob und wie das zur Verfügung gestellte Material verwendet werde. Aber auf seinen, Thiels, Vorschlag, sich bei der Obersten Heeresleitung selbst Klarheit zu verschaffen, habe Haeften eine solche Erörterung bei der OHL als nicht angezeigt gehalten, "da bei dem Charakter des Herrn von Falkenhayn" (das Gespräch muß demnach vor Hindenburgs Ernennung stattgefunden haben, der Verf.) die Folge nur die sein würde, daß die militärische Stelle "durch einen Federstrich wieder aufgehoben würde, und dann die von der Obersten Heeresleitung für notwendig erachtete militärische Propaganda ohne Rücksichtnahme auf die Wünsche des Auswärtigen Amtes erfolgen würde." [96]

Später erklärte Deutelmoser, entscheidend für die Erwägung, die Aufklärungsarbeit in militärische Hände zu legen, sei die Tatsache gewesen, daß Hindenburg, der kurz zuvor an die Spitze der Obersten Heeresleitung getreten war, im ganzen deutschen Volk aufgrund seiner Siege in Ostpreußen über die Russen in den Jahren 1914-15 das unbedingte Vertrauen genossen habe, während die politische Reichsleitung wenig Einfluß auf die Stimmung im Volk besessen habe. [97]

7. "Der Orient-Kino-Verband"

Nicht von ungefähr wurde vom Reich der Gedanke, Filmpropaganda für Deutschland zu betreiben, zunächst auf dem Balkan und im Vorderen Orient verwirklicht.
Schon 1894 hatte das Auswärtige Amt in einer Denkschrift auf die Wichtigkeit Kleinasiens als Absatzgebiet für die deutsche Industrie hingewiesen. Unter Führung der Deutschen Bank war 1894 eine Gesellschaft gegründet worden, die sich maßgeblich finanziell am Bau der Bagdad-Bahn beteiligte. Auch die junge deutsche Filmindustrie glaubte, dort, wo sich Deutsche Bank und deutsche Industrie um gewinnbringenden Einfluß bemühten, nicht zurückstehen zu dürfen. In einem "Eigenbericht des Kinematographen" vom 25. Februar 1914, also vor dem Krieg, heißt es unter der Überschrift "Kinotheaterwesen und deutscher Einfluß im östlichen Mittelmeer": "Das Kinotheater im besonderen scheint mir geeignet und berufen zu sein, deutschen Einfluß mit verbreiten zu helfen und durch die Kenntnis, die es auch den geringsten Volksschichten in diesen Ländern von Deutschlands Größe und Kultur vermittelt, dem Absatz deutscher Waren aller Art und der Betätigung deutschen Unternehmungsgeistes zu dienen. Dazu gehört aber, daß das Kinotheaterwesen in den Levanteländern sich wenigstens in gewissem Maße deutsch gestalte und entwickele, d.h., daß deutsche Unternehmer Kinotheater gründen und in diesen, gleichsam deutschen Pflegestätten kinematographischer Kunst im Orient im wesentlichen deutsche Filme, oder solche, die deutsche Kulturzustände wiederspiegeln, zur Aufführung gelangen." Bis jetzt sei das nicht der Fall. Zu diesem Zeitpunkt herrsche in der Levante der französische und teils auch der englische Film und es sei unverkennbar, daß dadurch der französische und britische Einfluß kräftig gefördert worden sei.

Ernst Jäckh - inzwischen neben Erzberger und Paul Rohrbach in der Zentralstelle für Auslandsdienst tätig - hatte 1914, im Zuge der ersten Kriegsbegeisterung, im Heft 24 der Zeitschrift "Der Deutsche Krieg" an das Ranke Wort erinnert, wonach die Zukunft der deutschen Volkswirtschaft mit dem Schicksal Konstantinopels auf das Engste verbunden sei.
Maßgebend für dieses Interesse an der Türkei war auch die Sorge,

Rußland könnte sich den langersehnten Durchgang zu den Dardanellen
gewaltsam erzwingen. Nicht umsonst hatten bereits Ende des 19. Jahrhunderts deutsche Militärinstrukteure Einfluß auf die türkische Politik ausgeübt.
Folgerichtig war deshalb auch am 2. August 1914 das bereits vorbereitete Bündnis zwischen Deutschland und der Türkei abgeschlossen
worden, Ende Oktober führte es zum Kriegseintritt der Türkei.

Anlaß für das preußische Kriegsministerium, in der Türkei Filmpropaganda zu betreiben, war vor allem das Konkurrenzverhalten des
österreichischen Bundesgenossen. Oberst Ernst von Wrisberg, Direktor des Allg. Kriegsdepartements im preußischen Kriegsministerium,
hatte durch einen Bericht aus Konstantinopel davon Kenntnis bekommen, daß "österreichische Offiziere in Uniform" bei Filmvorführungen Vorträge hielten und die Taten der österreichischen Armee, sowohl in Italien, wie auch im Westen, verherrlichten. Wrisberg hielt
diesen Tatbestand, daß die Österreicher in der Türkei die öffentliche Meinung zu ihren Gunsten beeinflußten, für so wichtig, daß er
den Chef des Generalstabs des Feldheeres am 23.6.16 davon benachrichtigte, mit dem ausdrücklichen Hinweis: "Werden von Deutschland
keine Gegenmaßnahmen getroffen, so wird bei den durch Äußerlichkeiten leicht zu beeinflussenden Türken der von uns erstrebten Vorherrschaft des deutschen Einflusses, die im Ansehen unserer Leistungen für die Türkei gegenüber denen Österreichs zu Recht besteht,
auf die Dauer sicher Abbruch getan werden."
Vorerst ging es von Wrisberg um Vorführungen mit deutschen Filmen
in der Türkei. Er schrieb dem Generalstabschef, er habe bei der
als besonders leistungsfähig bekannten Messter-Film in Berlin kinematographische Vorführungen in der Türkei und in Bulgarien angeregt. Diese Vorführungen sollten die deutschen Truppen und
Leistungen zum Gegenstand haben. Es sei jedoch besser, diese Vorführungen nicht seitens Militärs zu organisieren, sondern mit Hilfe
der deutschen Botschaft in Konstantinopel und der deutschen Gesandtschaft in Sofia.
Wie weiter aus diesem Schreiben hervorgeht, hatte das Kriegsministerium das Auswärtige Amt gebeten, die Angelegenheit beschleunigt in die Hand zu nehmen. Ein Direktor der Messter-Film
werde bei den deutschen Vertretungen alles vorbereiten. Messter

habe bereits eine Anzahl von Filmen vorgeführt, die für den beabsichtigten Zweck als durchaus brauchbar erschienen. [98)]
Trotz dieser Ausführung scheint Wrisberg bezüglich der Brauchbarkeit der Messter-Filme Zweifel gehabt zu haben. Er bat den Generalstabschef, "um die Wirkung der Vorführungen zu steigern", möge er Filmaufnahmen von der Flugabwehrkanone auf Kraftwagen und eines 42 cm Geschützes genehmigen. Natürlich dürften solche Aufnahmen keine Einzelheiten der Konstruktion erkennen lassen. Und zur Sicherung der Geheimhaltung schlägt von Wrisberg vor, die Aufnahmen des 42 cm Geschützes im Beisein eines militärischen Vertreters erfolgen zu lassen.

Auch seitens der Marine war man an solchen Vorführungen auf dem Balkan bzw. der Türkei interessiert. Allerdings wußte man dort, daß von Schumachers Auslandszentrale bereits Filmvorführungen betrieben würden, ebenso durch den Direktor Altmann von Messter-Film. Das Reichsmarineamt vergewisserte sich bei Messter, um welches Filmmaterial es sich handele, da sich die Marine vielleicht beteiligen werde. [99)] Es erwies sich, daß es sich um Aufnahmen handelte, die im Einvernehmen mit Schumacher von dem Hearst-Vertreter Edwards aufgenommen worden waren. Es waren Aufnahmen, die für Amerika bestimmt waren und die auch der Nachrichtenabteilung des Reichsmarineamtes, Korv.Kpt. Wittmann, vorgelegt worden waren. Sie wurden nun auch für die Türkei, für Bulgarien und auch für Deutschland freigegeben. [100)]

Unabhängig von solchem bürokratischen Hin und Her lag Wrisberg an möglichst baldigem Einsatz deutscher Filme in der Türkei. Er schrieb am 14. Juli 1916 nochmals an den Chef des Generalstabs, worin er mitteilte, das Auswärtige Amt habe sich mit den kinematographischen Vorführungen auf dem Balkan einverstanden erklärt. Auch der deutsche Militärbevollmächtigte in Konstantinopel habe anläßlich eines Besuches in Berlin dieses Vorhaben als wünschenswert bezeichnet. [101)]
Bereits vier Tage später konnte von Wrisberg dem Auswärtigen Amt und der Zentralstelle für Auslandsdienst mitteilen, der Chef des Generalstabes des Feldheeres habe seine Zustimmung zur Aufnahme des 42 cm Geschützes und der Flugabwehrkanone auf Kraftwagen erteilt. Die Aufnahme werde durch den stellvertretenden Generalstab veranlaßt.

In seinem Schreiben an ZfA betont Wrisberg nochmals, es erscheine
zur Zeit am wichtigsten, Direktor Altmann von Messter-Film "schleunigst" nach dem Balkan zu schicken, damit er sich an Ort und Stelle
unterrichte und das Nötige veranlasse.
Bemerkenswert ist der Zusatz, das Unternehmen müsse geschäftlicher
Natur bleiben. Um es aber in Fluß zu bringen, sei eine "gewisse
staatliche Unterstützung", zunächst etwa in Höhe von 15 000 Mark,
beim Reichsschatzamt zu beantragen, was durch das Auswärtige Amt
zu veranlassen sei. [102]
Kurz zuvor hatte die deutsche Botschaft in Pera auf den österreichischen Störenfried deutlicher hingewiesen. Der bekannte österreichische Sportsmann Graf Kolowrat, so heißt es in diesem Schreiben, veranstalte seit Herbst 1915 wöchentlich zwei bis drei Kinovorstellungen mit "Sascha-Kriegsfilmen" gegen geringes Entgelt in
Konstantinopel. In der Provinz liefen diese Filme sogar unentgeltlich. [103]
Der "österreichische Sportsmann", von dem dieser Brief der deutschen Botschaft berichtet, Alexander Graf Kolowrat, von seinen
Freunden Sascha genannt, hatte bereits in jungen Jahren von sich
reden gemacht. Schon als Gymnasiast interessierte er sich für
Autos, und als Student fuhr er bereits Rennen. "Er hat einen unheimlichen Appetit auf Kilometer", sagten seine Freunde. Mit 24
Jahren, 1910, legte er seine Pilotenprüfung ab. Um dieselbe Zeit
lernte er in Paris Charles Pathé kennen.
Auf seinem Gut in Groß-Meierhofen richtete er mit Waschtrögen sein
erstes Fotolabor ein. Es entstanden seine ersten Amateurfilme, Natur- und Sportaufnahmen, aufgenommen mit einer französischen Kamera. Seine Filmaufnahmen von der Hochzeit des Erzherzogs Karl mit
Zita von Bourbon-Parma, im Jahre 1911, hatten bei Hof Aufsehen
erregt. Er beschloß die Gründung einer eigenen Filmfabrik. Am
13. März 1914 wurde die "Sascha-Filmfabrik" ins Wiener Handelsregister eingetragen. Graf Kolowrat war bei Kriegsausbruch als
K.u.K. Oberleutnant der Reserve des Dragonerregimentes Nr. 13
nach Galizien eingezogen worden. Er ließ sich zum Kriegspresse-Quartier nach Wien überstellen. Hier konnte er sich besser um
seine Filmarbeit kümmern. Unter seiner Leitung der "Filmexpositur"
entstanden Wochenschauen und Kriegsfilme. Er erwies sich wesentlich beweglicher als die an die strengen Bestimmungen des deutschen

Generalstabes gefesselten deutschen Filmleute. In Verbindung mit
Oskar Messter kam es am 4. April 1916 zur Gründung der "Sascha-
Messter-Film Ges. m.b.H."
Einige der Sascha-Kriegsfilme wie "Ein heißer Kampftag bei den
Tiroler Kaiserjägern" und "Die drei Isonzoschlachten" waren in
den Vereinigten Staaten bereits 1916, also vor Amerikas Kriegseintritt, mit großem Erfolg aufgeführt worden. Größte Anerkennung
fand der Sascha-Film vom Leichenbegräbnis Kaiser Franz Josephs,
der am 21. November 1916 gestorben war. Von diesem Film sollen
nicht weniger als 255 Kopien angefertigt worden sein, eine für
damalige Zeiten unglaubliche Zahl. [104]

Es ist durchaus zu verstehen, daß der Bericht der deutschen Bot-
schaft in Konstantinopel über die Filmveranstaltungen des Grafen
Kolowrat in der Türkei für das preußische Kriegsministerium ein
weiterer Anlaß gewesen ist, das Auswärtige Amt zu einem "Unter-
nehmen geschäftlicher Natur" auf dem Balkan zu veranlassen.
Das Vorhaben bekam Ende Juli 1916 weiteren Auftrieb durch ein
Memorandum des Kaiserlichen Ministerresidenten an der deutschen
Botschaft in Konstantinopel, Freiherr von Oppenheim. [105]
Max Freiherr von Oppenheim war Mitinhaber des Bankhauses Sal.
Oppenheim und Cie. in Köln. Das Bankhaus Oppenheim war 1913, als
August Scherl seine 8 Millionen Stammanteile verkaufte, als Unter-
händler tätig gewesen und hatte Freiherrn von Schorlemer sogar die
Kaufsumme von 12 Millionen Mark vorgestreckt. Oppenheim gehörte
neben einer Reihe von Industriellen und der Deutschen Bank zu den
maßgebenden Mitgliedern des "Deutschen Verlagsvereins", der 1915
mit Hugenberg wegen Übernahme des Scherl-Verlages verhandelt hatte.
Sein Bruder Max, der Ministerresident in Konstantinopel, hatte sich
Ende des Jahrhunderts als Forschungsreisender in Kleinasien und den
Mittelmeerländern einen Namen gemacht. Bereits 1895 hatte ihm das
Auswärtige Amt die Leitung einer Expedition in das Tschad-See-Ge-
biet übertragen, um mit den dortigen Häuptlingen und Sultanen Kon-
zessionsverträge abzuschließen. [106]

Das Memorandum eines so angesehenen und einflußreichen Diplomaten
konnte nicht unbeachtet bleiben. Oppenheim schlug darin die Gründung eines "Orient-Kino-Verbandes", "gebildet aus unseren leistungs-

fähigsten Kinofabrikanten" vor, um den Filmmarkt in der Türkei "nach allen Richtungen hin zu erobern, Gewinne zu erzielen und gleichzeitig Propaganda für Deutschtum und wirtschaftliche Interessen" zu machen. Nach Oppenheims Vorschlag sollten Kriegsfilme kostenlos geliefert werden. Neben Spielfilmen sollten wirtschaftliche Werbefilme und Reklamebilder der deutschen Industrie laufen. Es sollte eine größere kapitalkräftige Vereinigung ins Leben gerufen werden, deren Aufgabe es wäre, mit Filmen im Ausland für deutsche Interessen zu werben.

Wenige Tage danach referierte der für den Bilderdienst der Zentralstelle für Auslandsdienst zuständige Schumacher über Oppenheims Memorandum. Schumacher schlug einen "Sonderausschuß Türkei" vor, mit Oppenheim an der Spitze. Dieser Ausschuß sollte zu dem "in der Gründung begriffenen großen Ausschuß für deutsche Filmpropaganda" zustoßen. [107] Schumachers Wahl in den vierköpfigen Arbeitsausschuß zur Vorbereitung einer Gesellschaftsgründung vom 6. April 1916 wirkte sich aus.

Am 25. August 1916 schilderte der stellvertretende Kriegsminister von Wandel dem Reichskanzler in einem Geheimschreiben, warum es zunächst darauf ankomme, im neutralen und verbündeten Ausland, namentlich auf dem Balkan, "in geschickter Weise" durch geeignete Kinovorstellungen "unser Ansehen zu stärken, unsere Unbesiegbarkeit vor Augen zu führen, Handelsbeziehungen zu beleben oder zu erobern". Das Auswärtige Amt habe gemeinsam mit dem Kriegsministerium und dem stellvertretenden Generalstab die in erster Linie für den Balkan dringende Filmaufklärung eingeleitet, so daß die Tätigkeit im Herbst beginnen könne. [108]

Direktor Altmann von der Messter-Film, der nach dem Wunsch von Oberst von Wrisberg auf dem Balkan "ein Unternehmen geschäftlicher Natur" gründen sollte, mußte vom Felddienst, als Leutnant bei einer Fliegerabteilung, beurlaubt werden. So gelangte er erst Anfang Oktober 1916 nach Sofia. [109] Er veranstaltete dort einen "deutschen Abend" als gesellschaftliches Ereignis, an dem der bulgarische Ministerpräsident mit mehreren Ministern und auch Herren der deutschen Gesandtschaft und Personen des öffentlichen Lebens von Sofia teilnahmen. Altmann berichtete dem Auswärtigen Amt über den erfolgreichen Start. [110)]

Ganz so erfolgreich schien der Abend aber doch nicht gewesen zu sein. Der deutsche Gesandte, von Richthofen, teilte dem Auswärtigen Amt mit, es sei zwar ein gesellschaftliches Ereignis gewesen, bedauerlicherweise sei aber das Gebotene weit hinter dem Erwarteten zurückgeblieben. Aktuelle Bilder seien überhaupt nicht gezeigt worden, "nur alte Ladenhüter und dazu ein planloses Durcheinander". Richthofen zitierte die ironische Anmerkung eines Mitgliedes der deutschen Gesandtschaft: "Messterfilme - keine Meisterfilme". Generalkonsul Thiel vom Auswärtigen Amt notierte zu diesem Bericht: Der Erfolg des Abends sei nicht so groß gewesen, wie er dem Kriegsministerium auf Grund der "Selbstbeweihräucherung des Herrn Altmann" erscheine. Etwaige Mißerfolge auf dem Gebiet der Filmpropaganda seien nicht auf das Schuldkonto des Auswärtigen Amtes zu verbuchen, sondern die "Militärische Stelle habe keine aktuellen Bilder erlaubt". [111)]

Aber Altmann, der vorher bereits in Madrid von König Alfons aus ähnlichem Anlaß mit einem spanischen Orden geehrt worden war, blieb weiterhin in der Türkei. [112)] Am 8. November 1916 telegrafierte er dem Auswärtigen Amt, da nur noch feindliche Filme in die Türkei gelangten, müßte eine deutsche Verleihorganisation geschaffen werden. Zur Gründung einer solchen sei ein Kapital von 200 000 Mark erforderlich. [113)]

Freiherr von Oppenheim befürwortete die Zusammenarbeit mit Altmann. "Es bietet sich an", schrieb Oppenheim an das Auswärtige Amt, "die Filmorganisation an die Nachrichtenabteilung der deutschen Botschaft in Konstantinopel anzulehnen oder in das geplante Unternehmen für deutsche Filmpropaganda eingehen zu lassen." Auch hierbei gilt Schumacher als Initiator. Er hatte bereits am 27. September Oppenheim ermutigt, den Orientverband zu gründen. Trotzdem zögerte das Auswärtige Amt. Es empfahl "dilathorische Behandlung dieses Planes". [114)]

Aber die Gründung der Balkan-Orient-Film-Gesellschaft war nicht mehr aufzuhalten. Sie wurde beschlossen, und zwar von der Zentralstelle für Auslandsdienst - also Schumacher - und der militärischen Filmstellenvereinigung deutscher Filmfabrikanten, die sich davon ein Geschäft versprach.

Am 30. November unterzeichnete von Buri für die Reichskanzlei den Entwurf einer Beteiligung Schumachers an der neuen Gesellschaft in Höhe von 100 000 Mark. "Die Summe wird aus Reichsmitteln vergütet, die Rechte an diesen Anteilen gehen an das Reich über", heißt es darin. Am 7. Dezember 1916 wurde die Gründung der Balkan-Orient-Film-Gesellschaft durch Justizrat Landau notariell beglaubigt. Die Reichskanzlei überwies 100 000 Mark an Schumacher. Dabei wurde ausdrücklich vermerkt: "... welcher Direktor des Bundes Deutscher Verkehrsvereine ist und zur Zeit Leiter der Bilderzentrale in der Zentralstelle für Auslandsdienst." [115] Seine Funktion innerhalb der Deutschen Lichtbildgesellschaft, die zuvor am 18. November gegründet worden war, wurde nicht erwähnt.

Das Stammkapital der neuen Firma in Höhe von 200 000 Mark setzte sich wie folgt zusammen:
Schumacher (als Strohmann) 100 000 Mark,
die Messter-Film-Gesellschaft mit 27 400 Mark, davon 5 400 Mark in bar, 22 000 Mark Scheinanlage,
die Eiko-Filmgesellschaft mit 26 400 Mark,
die Deutsche Biscop Gesellschaft mit 27 300 Mark, davon 5 300 bar, 22 000 Mark Scheinanlagen,
die Greenbaum Filmgesellschaft mit 6 300 Mark, davon 1 300 Mark bar, 5 000 Mark Scheinanlagen,
die Luna-Filmgesellschaft mit 6 300 Mark, davon 1 300 bar, 5 000 Mark Scheinanlagen,
die Imperator-Filmgesellschaft mit 6 300 Mark, davon 1 300 bar, 5 000 Mark Scheinanlagen.
Geschäftsführer der Balkan-Orient-Film-Gesellschaft wurden: Major Steuer vom Bild- und Filmamt, Schumacher und Altmann. [116]

Am 13. Dezember 1916 kam das Ereignis auch in die Presse. Der Kinematograph berichtete: Eine Balkan-Orient-Filmgesellschaft sei Mitte voriger Woche gegründet worden. Zweck der Gesellschaft sei die regelmäßige Versorgung des Balkans und des Orients mit deutschen Filmen. Bisher würde der Markt in diesen Ländern von französischen Filmen beherrscht. Der Vorsitzende der Gesellschaft sei Direktor Altmann von der Messter-Film.
Die Hintergründe, die zu dieser Gründung geführt hatten, blieben unerwähnt.

Erste feierliche Sitzung des polnischen Staatsrates. Am 5. November 1916 hatten sich Deutschland und Österreich geeinigt, einen neuen unabhängigen polnischen Staat zu gründen. Eine bis dahin im Untergrund wirkende polnische „Nationalregierung" war bereit, den deutschen Vorstellungen zu folgen. In Deutschland entstand damals eine Polen-Euphorie.

Bilder aus Warschau. — Margueritentag in Warschau. Ein kleiner polnischer Legionär beim Blumenverkaufen an einen Feldgrauen. 3712. Mit solchen Bildern und dem Film „Die Proklamation des neuen Königreichs Polen" sollte Deutschlands Unterstützung des Selbstbestimmungsrechtes der Völker herausgestellt werden.

Im eroberten Riga. – Die siegreichen Regimenter werden mit Blumen geschmückt.
Die Befreiung der baltischen Länder vom russischen Joch hat begreiflicherweise bei der Bevölkerung große Begeisterung ausgelöst.

Riga, September 1917
Daß sich selbst der deutsche Kaiser so schnell im eroberten Riga sehen ließ, war sicher für sein Ansehen von großem Wert. Solche Fotos hatten vor allem im Inland ihre propagandistische Wirkung.

Ein Teil der zahlreichen Gefangenen an Deck von S.M.S. „Wolf". 7329. Der Hilfskreuzer „Wolf" hatte auf monatelangen Kaperfahrten zahlreiche Handelsschiffe, die für feindliche Interessen fuhren, versenkt. Die Mannschaft war an Deck jeweils übernommen worden.

Die Wiederinstandsetzung der rumänischen Erdölgruben durch die deutsche Verwaltung. — Abfüllen von erbeuteten Benzinvorräten in einen bereitstehenden Kesselwagenzug.
1611. Nach der Eroberung von Rumänien wurde auf einer Konferenz am 12. Mai 1917 von deutscher Seite „die unbeschränkte Konzession auf alle Erdölvorkommen Rumäniens gefordert".

In Venezien. – Verkehr auf der Brücke über den Tagliamento. Wer Ende 1917 einen Blick auf die Landkarte von Oberitalien warf, konnte erkennen, wie weit deutsche und österreichische Truppen vorgedrungen waren. Solche Fotos, wie auch ein entsprechender Film, sollten im Ausland wie im Inland wirken.

Gegen Italien. – Rast deutscher Jäger an einer der Paß-Straßen. Wie das Foto aus Venezien, sollten auch mit diesem und vielen anderen die deutsch-österreichischen Erfolge im Spätherbst 1917 in Oberitalien bekundet werden.

8. "Eine militärische Stelle für einen Kino-Operateur"

Wenn man untersucht, auf Grund welcher Unterlagen die Herren des Weberschen Arbeitsausschusses in ihrem Schreiben vom 3. August an das Auswärtige Amt glaubten, auf das "Interesse für die Ausgestaltung einer deutschen Filmpropaganda bei den hohen Reichs- und Staatsbehörden" hinweisen zu können, stößt man immer wieder auf Schumachers Funktion in der Zentralstelle für Auslandsdienst und seine Teilnahme an allen wichtigen Sitzungen im Auswärtigen Amt, die sich bis dahin mit Aufklärungstätigkeit, vor allem in den neutralen Ländern, beschäftigt hatten. Dabei erwies sich auch, wie sehr Schumacher sich bemühte, seine Kenntnisse anderen mitzuteilen. Andererseits muß man zugeben, daß er auch - wie bereits erwähnt - an der starren Haltung der Behörden den Filmleuten gegenüber Kritik übte. Die Militärs zeigten jedoch wenig Verständnis. So hatte sich die Eiko-Film am 14. Mai 1915 bemüht, Filmaufnahmen von Großadmiral von Tirpitz machen zu dürfen. Ihre Bitte wurde vom Reichsmarineamt abgewiesen, weil der Großadmiral "grundsätzlich" abgeneigt sei, sich filmen zu lassen. [117]

Nicht viel anders war es der Messter-Film im Juli 1915 ergangen, obwohl Oskar Messter selbst in der Pressestelle beim stellvertretenden Generalstab mit Fragen des Einsatzes der Kino-Operateure zu tun hatte. [118]

Nur Schumacher, als Leiter der Bilderzentrale bei der ZfA auch für den Wochenschaueinsatz im Ausland zuständig, gelang es, nach einem Gespräch mit Fregattenkapitän Fischer, daß Fotografen und Kinooperateure innerhalb des Marinebereiches Aufnahmen machen durften. Er mußte sich zwar "zunächst allein auf der kaiserlichen Kommandatur in Wilhelmshaven und an Bord von SMS Kaiser Wilhelm vorstellen und eine Verpflichtung zur Verschwiegenheit über alles, was er sah", unterschreiben. [119] Aber die Aufnahmen, die dann zustande kamen, befriedigten selbst seinen Chef. Freiherr von Mumm schrieb an Tirpitz, "die in den letzten Wochen bei den Stationenkommandos Wilhelmshaven und Kiel hergestellten Aufnahmen würden sich zur Aufklärung im neutralen Ausland vorzüglich eignen." [120]

Eine Änderung der bis dahin negativen Haltung gegenüber der Kinematographie wurde erst im Juli 1916 deutlich. Dabei mag die Ein-

wirkung der deutschen Botschaft in Konstantinopel, der Erfolg der österreichischen Filmarbeit, die ja, wie bereits Major Schweitzer in seinem Aufsatz erwähnt hatte, die österreichische Heeresleitung in die Hände genommen hatte, aber auch mancherlei andere Kritik an der unzureichenden deutschen Filmtätigkeit ihren Anteil gehabt haben.
Bemerkenswert sind weitere Ausführungen von Oberst von Wrisberg in seinem bereits erwähnten Schreiben an den Chef des Generalstabes vom 14. Juli 1916. Die Tatsache, daß das Auswärtige Amt mit den kinematographischen Vorführungen auf dem Balkan einverstanden war, mag ihm Anlaß gewesen sein, weitere Vorstellungen bezüglich einer öffentlichen Filmarbeit vorzutragen. Das Auswärtige Amt, schrieb er, beabsichtige derartige Vorführungen nicht nur auf dem Balkan, sondern in allen neutralen Ländern durchzuführen. Dabei werde nur dann Erfolg erzielt, wenn dort <u>zugkräftige</u> (unterstrichen im Original, der Verf.) neue Filme gezeigt werden könnten. Neben den bereits genehmigten Aufnahmen kämen noch in Frage:

1. Aufnahmen aus dem Operations- und Etappengebiet, die "ein anschauliches Bild der Geschoßwirkung", die Anwendung und Wirkung von Nahkampfmitteln, den Bau von Kriegsbrücken, die Durchführung von Flußübergängen, Tätigkeitsbilder aus einem Kraftwagenpark, vom Betrieb auf einem Feldbahnhof und von Gefangenentransporten zeigten.
2. könnten daneben Truppenübungen hinter der Front oder im Heimatgebiet Eindruck bei den Massen hervorrufen.
3. sei es erwünscht, auch Aufnahmen von der Kriegsindustrie, z.B. von Krupp oder militärischen Werkstätten "im Interesse unserer Waffenindustrie" herzustellen.

Wrisberg versichert, die Aufnahmen im Heimatgebiet würden unter der notwendigen Wahrung militärischer Geheimnisse im unmittelbaren Benehmen zwischen dem stellvertretenden Generalstab und den stellvertretenden Generalkommandos, sowie der Generalinspektion des Ingenieur- und Pionierkorps und der Feldzeugmeisterei durchgeführt.
Im Schlußabsatz geht Wrisberg auf die weiteren Entwicklungsmöglichkeiten ein: "Sollten Euer Exzellenz auch im Operations- und Etappengebiet eine weitere Förderung der Angelegenheit zusagen können", so sei das Kriegsministerium bereit, "beim stellvertretenden General-

stab eine militärische Stelle für einen Kinooperateur" zu schaffen. Dieser könnte dann auf jeweiligen Befehl der Obersten Heeresleitung unter Umständen in Begleitung eines Offiziers an die für die Aufnahme geeignete Stelle geschickt werden. [121)]

Am 29. Juli 1916 kam es im Auswärtigen Amt zur entscheidenden Sitzung. Teilnehmer waren neben Generalkonsul Thiel, der eingeladen hatte: Major Würz vom preußischen Kriegsministerium, Major Nicolai und Hauptmann Kroeger vom Generalstab des Feldheeres, Major Schweitzer vom stellvertretenden Generalstab, Korvettenkapitän Wittmann vom Admiralstab und Reichsmarineamt, Oberstleutnant von Haeften von der Militärischen Stelle des Auswärtigen Amtes, Landrat Freiherr von Braun vom Reichsamt des Inneren und Gesandter von Buri, sowie "Direktor" Schumacher von der Zentralstelle für Auslandsdienst.

Generalkonsul Thiel, der eingangs festgestellt hatte, daß bei allen beteiligten Ressorts Einverständnis darüber bestehe, daß mehr geschehen müsse, "um teils defensiv, teils offensiv" Filmpropaganda zu betreiben, erteilte Schumacher das Wort "zu einer zusammenfassenden Darstellung über die Bedeutung der Propaganda durch das Bild allgemein und den Film im besonderen".

Schumachers Referat beschränkte sich im Wesentlichen auf Zahlen. Die Messter-Woche sei von 34 Millionen Menschen gesehen worden, darunter 12 Millionen Deutschen, 8,5 Millionen in Österreich und den verbündeten Ländern, 5,8 Millionen in neutralen Staaten, in den USA 4 Millionen und in Südamerika 3,5 Millionen. Durch die Zentralstelle für Auslandsdienst seien in verbündeten und neutralen Ländern über 236 000 Meter Film gezeigt worden, davon entfielen 100000 Meter auf Messter-Wochen, 50 000 auf die Eiko-Woche und weitere 50 000 Meter auf eigene Filme.

Die letztere Angabe ist deshalb erstaunlich, weil in den Zensurangaben dieser Jahre die ZfA nicht als Filmproduzent zu ermitteln war. Vermutlich sind diese "eigenen Filme" doch über eine Privatfirma vertrieben worden.

Schumacher betonte, die Wichtigkeit der Filmpropaganda erweise sich in dem Ruf nach Film, der von allen Seiten ertöne. Bedauerlicherweise seien für eine Filmpropaganda im großen Stil bisher ausreichende Mittel nicht zur Verfügung gestellt worden. In diesem Zusammenhang

erinnere er daran, daß die ZfA zwar immer den Standpunkt vertreten habe, Filmpropaganda sei auf geschäftlicher Grundlage zu organisieren. Jedoch könne man ohne amtliche Unterstützung nicht auskommen. Schumacher machte unumwunden klar, worin die "Hauptschwierigkeit" bestand. Es sei die Beschaffung interessanter Sujets. Zwar seien die Bedenken rein militärischer Natur vom Abwehrstandpunkt aus zu begreifen, aber es könnte nicht übersehen werden, daß das Publikum gelangweilt würde, wenn militärisch interessante Filme ausgeschaltet würden. An manchen Stellen bestünde eine gewisse Abneigung gegen Filmaufnahmen und Filmpropaganda überhaupt. Eine weitere "Erschwerung", so Schumacher, bilde der Umstand, daß die Filme wegen der zeitraubenden Zensuren nicht schnell genug herauskämen. Bezüglich der finanziellen Mittel teilte Schumacher mit, es stünden für die Filmpropaganda im Etat der ZfA monatlich zwischen 12 bis 15 000 Mark zur Verfügung. In den Balkanstaaten und in der Türkei seien bis zu Jahresbeginn eine große Anzahl von Filmen (nach Traub Wochenschaukopien) vertrieben worden. Eine Anzahl von Kopien gehe regelmäßig nach New York. Die Versendung habe jedoch infolge von Verkehrsschwierigkeiten erhebliche Einschränkung erfahren. In Skandinavien und in Holland sei bisher wenig geschehen. Dort müßten neue Organisationen aufgebaut werden. Schumacher faßte zusammen, die Errichtung einer besonderen photographischen Abteilung bei der Obersten Heeresleitung, wie sie in Frankreich und England bestünden, sei sehr erwünscht. Die Stelle müsse in ständiger Fühlung mit der ZfA stehen.
Über den letzten Punkt, der erneut beweist, wie sehr Schumacher an den Ausbau seiner Stellung dachte, kam es zur Diskussion. Major Nicolai, der ja auch an der Sitzung vom 10. Juli teilgenommen hatte, erklärte - wohl in Erinnerung an das Schreiben von Oberst von Wrisberg an den Chef des Generalstabes des Feldheeres vom 14. Juli -, der Generalstab sei bereit, auf den Vorschlag der Einsetzung einer militärischen Stelle, der ein ständiger Kino-Operateur beizugeben wäre, einzugehen. Er ließ offen, wo diese Stelle zu etablieren sei. Auch von Haeften hielt sich zurück. Er stellte nur zur Debatte, wer die Propagandastelle übernehmen solle. Thiel ließ keinen Zweifel daran, daß es für ihn wünschenswert war, sie in die Hände der ZfA zu legen.
Major Würz vom Kriegsministerium erinnerte an die aktuelle Aufgabe.

Die Filmpropaganda auf dem Balkan müsse mit größter Beschleunigung durchgeführt werden. Er vertrat bezüglich der Finanzen die Auffassung, daß die Mittel, die der ZfA zur Verfügung stünden, nicht zur Bestreitung der neuzubegründenden Stelle heranzuziehen seien. Es sei vielmehr Sache des Kriegsministeriums, hierfür aufzukommen. Schließlich bestand Einverständnis darüber, daß die Stelle - aus dem Protokoll war nicht zu ersehen, ob MAA oder eine noch zu gründende Stelle gemeint war - nur mit der Bearbeitung militärischer Filme betraut würde. Die Aufnahme wirtschaftlicher Filme würde durch Beauftragte der ZfA zu erfolgen haben. [122]

Was mag Schumacher veranlaßt haben, noch am gleichen Tage, dem 29. Juli 1916, dem Konsul Cremer in Amsterdam mitzuteilen: "Die heute im AA stattgefundene Besprechung, an der Vertreter des kaiserlichen Hauptquartieres, des Kriegsministeriums, des stellvertretenden Generalstabes, des Reichsmarineamtes, des Reichsamtes des Inneren und des ZfA teilnahmen, hat als Ergebnis zu verzeichnen, daß bei der Obersten Heeresleitung eine besondere Abteilung für die Herstellung amtlicher Aufklärungsfilme an der Front und im Etappengebiet eingerichtet wird. Ferner soll mit Unterstützung des Kriegsministeriums und des Reichsamtes des Inneren hinter der Front in den deutschen Städten eine Reihe von Aufnahmen ermöglicht werden, die bisher nicht zulässig waren." [123]

Nachträglich bat Nicolai in das Sitzungsprotokoll einzufügen, die militärische Zensur müsse der stellvertretende Generalstab ausüben, "dem auch die neue Stelle anzugliedern" sei. Auch Landrat von Braun äußerte sich eine Woche später zum Sitzungsprotokoll. Das Reichsamt des Inneren könne kein Geld zur Verfügung stellen, da "die Filmpropaganda lediglich Sache der auswärtigen Politik" sei. Im übrigen sei das Reichsamt des Inneren selbstverständlich gerne bereit, Aufnahmen der Kino-Operateure bei "Massenspeisungen, von Jugendspielplätzen und Straßenbildern" zu ermöglichen. [124]

Am 8. August 1916 teilt von Wrisberg dem Auswärtigen Amt mit, der Chef des Generalstabes des Feldheeres habe sich damit einverstanden erklärt, kinematographische Aufnahmen im Operations- und Etappengebiet zu fördern. Beim Chef des stellvertretenden Generalstabes der Armee werde ein Offizier mit entsprechendem Unterpersonal, dem die Aufnahme kinematographischer Darstellungen übertragen werde, eingestellt. [125)]

Welche Bedeutung dieser Maßnahme zukommt, schildert der stellvertretende Kriegsminister, Generalleutnant von Wandel, in einem ausführlichen Schreiben vom 25. August 1916 an den Reichskanzler. Er umreißt darin nochmals die Situation des deutschen Filmes gegenüber der feindlichen Filmpropaganda, der es gelungen sei, einen "ungünstigen Einfluß für unser Ansehen" auszuüben. Es sei durch die Filmpropaganda erreicht worden, "unsere bedeutenden militärischen, industriellen und wirtschaftlichen Leistungen" zu verkleinern und zu entstellen, die Bevölkerung auch in den neutralen Ländern gegen das Deutschtum aufzuhetzen und den Deutschenhaß zu nähren. Es sei daher eine "gebieterische vaterländische Pflicht", sich mehr als bisher des Filmes als Gegenmittel zu bedienen. Zunächst komme es darauf an, durch geeignete Kinodarstellungen im neutralen und verbündeten Ausland, namentlich auf dem Balkan, "unser Ansehen zu stärken, unsere Unbesiegbarkeit" vor Augen zu führen, Handelsbeziehungen neu zu beleben oder zu erobern. Gleichzeitig müsse im eigenen Land das Kino dazu benutzt werden, die nationalen und staatlichen Interessen zu fördern, die Volksstimmung zu heben und den unbeugsamen Willen zum Siege den breiten Massen als unbedingt notwendiges Mittel zur Sicherung unserer Zukunft einzuprägen.

Im Gegensatz zu von Braun hält der stellvertretende Kriegsminister die Filmpropaganda nicht nur für eine Sache der auswärtigen Politik. Von Wandel betonte, eine allgemeine, planmäßige Lichtspieltätigkeit sei erforderlich. Er berichtete über die eingeleiteten Maßnahmen und das Einverständnis des Chefs des Generalstabes des Feldheeres. Beim stellvertretenden Generalstab sei die entsprechende Stelle geschaffen, und die Kommandobehörden und Dienststellen um Unterstützung gebeten worden. Das Auswärtige Amt beabsichtige, "die in erster Linie für den Balkan dringende Filmaufklärung auch auf die übrigen neutralen Länder" auszudehnen. Auch im Inland sei eine einheitliche Filmtätigkeit, die in nationaler Weise auf die Volksseele einwirke, "schleunigst" zu schaffen.

Und nun wird deutlich, daß von Wandel an diesem 25. August 1916 Vorstellungen folgt, die er um diese Zeit noch kaum aus seinem Ministerium oder der Obersten Heeresleitung bezogen haben kann. Er schlägt dem Reichskanzler "die Gründung einer Gesellschaft" vor, mit deren Hilfe das Ziel am schnellsten zu erreichen sei, und "für die die Vorbedingungen bereits gegeben" seien. Staatsminister a.D. von Hentig habe sich bereits seit Jahren mit dem Film als politisches Werbemittel beschäftigt. Unter seinem Vorsitz habe am 24. Juli 1914 "in Dresden" eine Interessentengruppe von Gelehrten-, Industrie- und Handelskreisen getagt. Dieser Gedanke sei erneut auf einer Sitzung am 6. April 1916 durch einen "Ausschuß zum Studium der Frage einer deutschen Film- und Lichtbilder-Vortragspropaganda im Ausland" aufgegriffen worden. Es bedürfe nur noch der Genehmigung der Satzungen und des Zusammentrittes einer derartigen Gesellschaft. Diese Gesellschaft müsse verpflichtet werden, die geeigneten Filme für das In- und Ausland zusammenzustellen und zu vertreiben. [126)]

Man sieht, von Wandel erliegt Vorstellungen, die ihm zugespielt worden sind. Er verwechselt die Rolle des Staatsministers von Hentig, der am 24. Juli als Sitzungsvorstand teilnahm, aber nicht zu den eigentlichen Initiatoren und den Mitgliedern des Ausschusses, der am 6. April getagt hatte, gehörte. Vielleicht spielt die Tatsache eine Rolle, daß von Hentig auch weiterhin die "Veredlung und Förderung des Lichtspielwesens zu gemeinnützigen, vaterländischen Zwecken" betrieb, wobei es ihm gelungen war, für diese Zwecke u.a. Max Reinhardt, den Schauspieler Paul Wegener, den Schriftsteller Davis Trietsch, den Reklamefilm-Produzenten Julius Pinschewer zu gewinnen. [127)]

Die Gedankengänge des stellvertretenden Kriegsministers zielen weit über das hinaus, was die darin Erwähnten je mitzumachen bereit gewesen wären. Er schreibt, "an den Ausschuß" - und meint, an die zu gründende Filmgesellschaft - würden alle militärischen neuen Filme abgegeben und die Einzelwünsche der stellvertretenden Generalkommandos geleitet werden. Und - in weiterer Voraussicht - "eine solche Gesellschaft mit möglichst wenig amtlichen Charakter böte gegenüber einer staatlichen Einrichtung den Vorteil, daß die geschäftliche Seite im Vordergrund stehe, "der politische Einschlag verdeckt und

die Reichsleitung nicht unmittelbar beteiligt sei".
Von Wandel nimmt in diesem Schreiben an den Reichskanzler vieles vorweg, was erst eineinhalb Jahre später, aufgrund neuer Konstellationen, Wirklichkeit wird. Es sei selbstverständlich Bedingung, heißt es darin, daß diese Gesellschaft mit den Reichsbehörden, vor allem dem Reichsamt des Inneren, dem Auswärtigen Amt, dem Kriegsministerium und dem stellvertretenden Generalstab permanent Fühlung halte. Sollte es sich herausstellen, meint von Wandel - auch darin der Zeit voraus -, daß noch besondere Reichsmittel für diese Einrichtung gebraucht werden, so müßten sie bei der allgemein anerkannten Bedeutung des Filmes "als Machtmittel" bereitgestellt werden. [126)]
Es ist klar, daß von Wandel mit seinen Ausführungen auf die um diese Zeit noch nicht gegründete Deutsche Lichtbild-Gesellschaft zielt. Daß sich diese dann aber jenen Vorstellungen und auch denen der Obersten Heeresleitung entziehen würde, konnte er nicht ahnen. Wohl angetan von der Überzeugungskraft seiner Darstellung und Argumente, hatte von Wandel Abschriften dieses Briefes "sämtlichen Staatsministern und Staatssekretären, den Chefs des Generalstabes des Feldheeres und des stellvertretenden Generalstabes der Armee und des Reichsmarineamtes zugehen lassen.
Wieweit das Webersche Vorhaben auch in anderen Köpfen spukte, erweist sich aus einer Korrespondenz zwischen Kriegsministerium und dem preußischen Kultusministerium.
Darin wird das Vorhaben der Obersten Heeresleitung begrüßt und zugleich gebeten, "zu überlegen", ob beim Kultusministerium nicht auch eine eigene Filmstelle, wie beim stellvertretenden Generalstab, eingerichtet werden müsse. "Wie die Erfahrung gezeigt habe, seien alle bisherigen Versuche einer Veredlung der Filmindustrie und einer damit in Verbindung gebrachten deutschen Kulturpropaganda nicht immer zu befriedigenden Ergebnissen gelangt. Aus diesem Grunde sei die "finanzielle und moralische Unterstützung aller Reichs- und Staatsbehörden für die Durchführung des Weberschen Planes" notwendig. [128)]

Die Reaktion des Kriegsministeriums auf dieses Schreiben ist nicht bekannt.

Die entscheidenden Schritte sind getan. Es ist jetzt möglich, auf breiter Basis den Aufbau der Organisation voranzutreiben. Am

12. Oktober 1916 ergeht seitens des Kriegsministeriums ein Rundschreiben, worin ersucht wird, "künftig Mitteilung über besonders geeignet erscheinende Ereignisse nicht mehr an den stellvertretenden Generalstab, sondern die Militärische Stelle des Auswärtigen Amtes zu richten, bei der eine Film- und Fotostelle neu geschaffen sei. Ihr Leiter sei Freiherr von Stumm. 129)

Man sieht, die ursprüngliche Absicht, die Stelle beim stellvertretenden Generalstab einzurichten, wurde fallengelassen. Jetzt lag sie in der Hand des energischen Oberstleutnant von Haeften, von dem Ludendorff später in seinen Erinnerungen schreibt, er sei ein geistig ungemein hochstehender, von glühender Vaterlandsliebe erfüllter Offizier, "der alles, was er erfaßt, mit seiner vom realen Schwung getragenen Arbeitskraft durchdringt und die Gabe besitzt, seine Mitarbeiter fortzureißen". 130)

Im Auswärtigen Amt war man schon bald von dem neuen Kollegen nicht mehr so angetan, wie der General. Ein vertrauliches Schreiben des Freiherrn von Mumm an den Staatssekretär vom 13.9.1916 läßt auf Schwierigkeiten, die sich zwischen dem Oberstleutnant von Haeften und den Zivilisten ergaben, schließen.
"Es sei fortgesetzt nötig", schreibt von Mumm, den Versuchen des Herrn von Haeften, die Autorität der Obersten Heeresleitung gegenüber der des Auswärtigen Amtes durchzusetzen, entgegenzutreten und zu verhindern, daß die politische Propaganda im neutralen Ausland, die zweifellos zum Geschäftsbereich des AA gehöre, diesem aus den Händen genommen wird. Begründet seien diese Versuche, so Mumm, "in einem gewissen Übereifer des Herrn von Haeften, der offenbar den Wunsch habe, bei der Obersten Heeresleitung seinen Befähigungsnachweis zu erbringen". Zum größten Teil gingen diese Versuche wohl von der Obersten Heeresleitung - und in Klammern - Major Nicolai aus. 131)
Er habe, schreibt von Mumm, Generalkonsul Thiel veranlaßt, hierüber eine Aufzeichnung zu machen, die er in der Anlage beifüge. Thiel schildert darin, daß von Haeften seine Organisation im Auswärtigen Amt personell stark ausgebaut habe. Er beschäftige jetzt schon drei Offiziere, zwei Schriftsteller und größeres Unterpersonal. Außerdem stehe, so Thiel, Haeften im Begriff, die an sich in hohem Grade

wünschenswerte Herstellung militärischer Filme in einem besonderen Büro mit eigener Filmfabrik zu organisieren. "Kurz, er dehnt sich gewaltig aus". Haeften habe sofort nach dem Wechsel in der Obersten Heeresleitung eine Reise in das große Hauptquartier unternommen, um über die seiner Meinung nach erforderlichen Maßnahmen für die Ausgestaltung seiner Stelle mit Hindenburg und Ludendorff Fühlung zu nehmen". [132)]

Es ergab sich bald ein Vertrauensverhältnis zwischen Ludendorff und von Haeften, das weitere Wirkungen zur Folge hatte. So teilte Ludendorff in einem Geheimschreiben vom 9. Januar 1917 dem Auswärtigen Amt mit, die Unterstellung der Militärischen Stelle beim Auswärtigen Amt unter die politische Abteilung der Obersten Heeresleitung werde aufgehoben. "Sie tritt unmittelbar unter die Oberste Heeresleitung", schreibt Ludendorff. "Ihr Leiter hat das Recht des unmittelbaren Vortrages bei mir". In den Ausführungsbestimmungen hierzu wird festgelegt, nach welchen Weisungen der OHL sich die einzelnen Organe der MAA zu fügen haben. [133)]

Von Haeftens Selbstbewußtsein gegenüber dem Auswärtigen Amt wird aus einer Stellungnahme vom 20. Januar, also kurz danach, deutlich. Darin schreibt er: "Der Leiter der MAA kann als Organ der OHL keine dienstlichen Belehrungen von einem Beamten des AA annehmen. Erachtet das Auswärtige Amt solche für notwendig, so dürfte ein entsprechendes Ersuchen des Herrn Staatssekretärs an den Herrn Chef des Generalstabes des Feldheeres erforderlich sein." [134)]

Später, im April 1918, äußerte von Haeften gegenüber Deutelmoser, "daß er bei Meinungsverschiedenheiten die Politik des General Ludendorff zu vertreten habe, von dem er vielfach auch solche Aufträge erhalte, die außerhalb des vereinbarten Arbeitsgebietes der MAA lägen." [135)] Doch eilt dies der Entwicklung 1916 voraus.

Im Anschluß an das Rundschreiben vom 12. Oktober 1916 hatte das preußische Kriegsministerium im Armee-Verordnungsblatt Nr. 454 vom 23. Oktober 1916 mitgeteilt, Filmaufnahmen militärischen Inhaltes seien lediglich von der militärischen Film- und Photozentrale anzufertigen. Gesuche um Aufnahmeerlaubnis seien an die Militärische Stelle der Nachrichtenabteilung des Auswärtigen Amtes zu richten.

Oberstleutnant von Haeften ließ demnach noch offen, ob Aufnahmen militärischen Inhaltes auch durch Privatfirmen erfolgen könnten.
Am 13. Januar 1917 wurde mitgeteilt, es sei beabsichtigt, aus den militärischen Film- und Fotostellen, denen die Herstellung militärischer Filme obliege und der in der Errichtung befindlichen Bild- und Film-Verwertungsstelle ein einheitliches Amt, das Bild- und Filmamt, zu bilden. Diesem Amt sei auch ein entscheidender Einfluß über die Ein- und Ausfuhr von Filmen einzuräumen.
Nun ging es nicht mehr um die Einstellung eines Offiziers mit entsprechendem Unterpersonal.

Ministerialdirektor Deutelmoser, seit dem 1. November 1916 Direktor der Nachrichtenabteilung des Auswärtigen Amtes, schlug am 14. Januar 1917 eine Besprechung aller beteiligten Stellen vor, um die Anträge zur Gründung des Bild- und Filmamtes sicherzustellen.
Deutelmosers Tagesordnung sah vor:

1. Überführung der Bilderzentrale der Zentralstelle für Auslandsdienst auf das Bild- und Filmamt,
2. Angliederung der gesamten Film- und Bildzensuren, die bisher der Abteilung III des stellvertretenden Generalstabes unterlag,
3. Besprechung mit Major Schweitzer und Besichtigung seines reichhaltigen Bildarchives.

Weiterhin plante Deutelmoser "Zentralisierung der ganzen Filmpropaganda" und schließlich etwas rigoros: "Alle Filmtheater, welche vaterländische Filme nicht bringen wollten, sollen auf Grund des Zivildienstgesetzes als im vaterländischen Interesse nicht notwendig" geschlossen werden.
Deutelmoser war bei seiner Berufung zum Leiter der Nachrichtenabteilung des Auswärtigen Amtes ein hervorragender Ruf vorausgegangen. Hermann Diez schildert ihn in der "Leipziger Illustrirten Zeitung" (Nr. 3826/1916) als "hoch- und vielseitig gebildet, von klarem und energischen Willen, als durchgreifende Organisationskraft. Als Persönlichkeit von liebenswürdigen, gewinnenden Formen, von vortrefflicher und durch strenge Sachlichkeit wirkender Redner und als Mann von klarem Verständnis für die Aufgaben und Bedürfnisse der Presse, von redlichem Willen, deren Bedürfnissen gerecht zu werden", wodurch er sich ein reiches Maß an Vertrauen in kurzer Zeit erworben habe.

Zu den Besprechungspunkten, die Deutelmoser für den 14. Januar vorgeschlagen hatte, gehörte auch: Geeignete Tätigkeit der Deutschen Lichtbildgesellschaft "nur unter Mitwirkung des Bild- und Filmamtes". [136)]

Der Gründungserlaß bezüglich des Bild- und Filmamtes erging am 30. Januar 1917 seitens des preußischen Kriegsministeriums und war von Oberst von Wrisberg unterzeichnet. In einem Rundschreiben an alle hohen militärischen Stellen und alle Reichsämter wird betont, die Errichtung erfolge im Einverständnis mit der Obersten Heeresleitung anstelle der bisherigen militärischen Film- und Fotostelle bei der Militärischen Stelle des Nachrichtendienstes des Auswärtigen Amtes. In dem Erlaß werden alle dienstlichen Beziehungen des Bild- und Filmamtes geregelt. Der Stärkenachweis in der Anlage läßt erkennen, welchen Umfang das neue Amt mit 13 Offizieren, 30 und mehr Unteroffizieren und einer Anzahl Gemeiner sowie männlicher und weiblicher Hilfsdienstpflichtigen, dazu einer Reihe Beamter und Beamtenstellvertreter annimmt. Neben der Leitung des Amtes waren fünf Stellen vorgesehen, und zwar eine Filmstelle, eine Bildstelle, der Inlanddienst, der Frontdienst, der Auslandsdienst. In der gedruckten mehrseitigen Anlage heißt es: "Das Amt solle alle bisher bestehenden oder im Entstehen begriffenen Unternehmungen, die die Aufklärung durch Bild und Film im Inland und im neutralen Ausland zum Ziel haben, in sich vereinigen, um jede Zersplitterung von Bestrebungen auf diesem Gebiet zu vermeiden." Das Bild- und Filmamt habe die Aufgabe, alles irgendwie erreichbare zweckdienliche Bild- und Filmmaterial zu beschaffen, "ganz gleich, aus welchen Quellen es stammt". [137)] Eine Ende 1917 vom Bild- und Filmamt herausgebrachte "Filmliste Nr. 1" macht diese Unterscheidung durch die Signierung deutlich.

Wichtigstes Instrument des Amtes waren die sieben Filmtrupps. Verantwortlich für einen Filmtrupp war ein Offizier mit dem Titel Filmführer. Jeweils drei Filmtrupps waren an der Westfront und der Ostfront eingesetzt. Wie noch darzustellen ist, wurden die Trupps jedoch häufig von einem Kriegsschauplatz zum andern kommandiert. Lediglich der Filmführer des Filmtrupps Orient verblieb längere Zeit an seinem Standort. Es gab zwar beim Amt einen Ein-

satzleiter, es scheint aber, als ob sich auch der Chef des Bild- und
Filmamtes und sogar der Chef MAA in gewissen Fällen für den Einsatz
interessiert hat. Hierüber ist noch zu berichten.
Die Filmtrupps bestanden in der Regel aus dem Filmführer, dem Kino-
Operateur, dem Photographen und dem Hilfspersonal. Je nach Lage
konnte der Filmtrupp über einen Kraftwagen mit Fahrer verfügen, oder
es wurde ihm ein solcher zur Verfügung gestellt. Die Kameras, für
Film und Photo, wie auch der Rohfilm bzw. die Glasplatten für die
Photographien, kamen vom Bild- und Filmamt. Das belichtete Material
war umgehend, per Kurier, nach Berlin zu senden, wo es in den Werkstätten des Amtes entwickelt und kopiert wurde. Lediglich der Filmführer Wilhelm Riegger vom Orienttrupp konnte sich in Nazareth, wo
er stationiert war, ein eigenes Photolabor einrichten, da die Transporte zu lange gedauert hätten.
Die fertigen Kopien der Filme, wie auch die Bilder kamen nach Freigabe durch die militärische Zensur in drei Kanäle, zum Inlandsdienst
für den Einsatz in der Heimat, zum Auslandsdienst für den Einsatz in
den befreundeten und neutralen Ländern und zum Frontdienst, wo sie
zusammen mit Spielfilmen in der Etappe den Frontsoldaten vorgeführt
wurden.
Im Falle des Filmtrupps Orient war der Filmführer auch für den Einsatz von Filmen für die Truppe bzw. im besetzten Gebiet zuständig.
Auch hierüber ist noch zu berichten.
Bei den Gesandtschaften in befreundeten und neutralen Ländern mußten
Mitglieder der Gesandtschaft bzw. Botschaft den Einsatz der Filme
und Bilder beobachten und über Erfolg oder Mißerfolg wöchentlich be-
richten. Ihnen oblag zudem die Beobachtung der feindlichen Propa-
ganda. [138)]
Damit im Heimatbereich die Aufklärung mittels Film und Bild nach
Maßgabe der Militärs gesichert war, wurden bei den jeweiligen
Generalkommandos Lichtspieloffiziere ernannt.

9. Verzögerte DLG-Gründung

Der Verlauf der Gründung der Deutschen Lichtbild-Gesellschaft e.V. entwickelte sich zu einem Verwirrspiel, das sich später auch auf die Geschichtsschreibung auswirkte (siehe hierzu Anmerkungen Seite 83). Es lag nicht an den vier Beauftragten des "Ausschusses zum Studium der Frage einer deutschen Film- und Lichtbilder-Vortragspropaganda im Ausland", den Herren Professor Dr. Dade vom Deutschen Landwirtschaftsrat, Dr. Herle vom Bund der Industriellen, Dr. von Stojentin vom Centralverband der Industriellen und Direktor Schumacher vom Bund deutscher Verkehrsvereine, daß der vorgesehene Gründungstermin für die neue Gesellschaft nicht eingehalten wurde. Am 14. September 1916 schrieben die vier Herren dem Auswärtigen Amt unter Bezug auf das erwähnte Schreiben vom 3. August, die Gründung des Unternehmens werde am Mittwoch, den 27. September vormittags 11 Uhr im Hotel "Der Kaiserhof" in Berlin stattfinden. "Mit Rücksicht auf die große nationale Bedeutung des Unternehmens" gaben sie der Hoffnung Ausdruck, mit der Teilnahme der interessierten amtlichen Stellen rechnen zu dürfen. 139)

Wie erinnerlich, hatten dem Schreiben vom 3. August auch die Einladungen für weitere Reichsämter beigelegen. Über Herrn von Mumm erreichte eine solche Einladung auch das Reichsmarineamt und dieses beauftragte Korvettenkapitän Wittmann, an der Sitzung teilzunehmen.

Aber es klappte nicht. Aus einer Notiz von Korv.Kpt. Wittmann vom 27. Sept. 1916 ist zu ersehen, daß er am 26. September an einer vereinbarten Vorbesprechung teilgenommen hatte. In seiner Notiz heißt es, es habe sich herausgestellt, daß die Film- und Vortragspropaganda erst nach dem Kriege in Aussicht genommen sei, sie befände sich noch so sehr im Stadium der Entwicklung, daß zur Zeit eine Beteiligung der militärischen Behörden nicht in Frage komme. Wittmann fügte hinzu, im Einvernehmen mit der Propagandadienststelle des stellvertretenden Generalstabs sei daher von einer Beteiligung abzusehen. 140)

Diese ausdrückliche Wiederholung, daß eine Beteiligung des Militärs nicht in Frage komme, ist deshalb bemerkenswert, weil zu einem späteren Zeitpunkt, nach der Gründung der DLG, der Vorsitzende des geschäftsführenden Ausschusses der DLG in einem Rundschreiben betont, "an den der Gründung vorausgehenden Verhandlungen haben auch die beteiligten amtlichen Stellen, das Auswärtige Amt, der Große Generalstab, das Kriegsministerium, das Kultusministerium usw., teilgenommen. 141)

Man ist versucht, anzunehmen, daß den vier Herren des vorbereitenden Ausschusses aus Leipzig, als sie die Einladung an das Auswärtige Amt am 14. September ergehen ließen, unbekannt oder entgangen war, daß sich inzwischen ein Mann eingeschaltet hatte, der an der berühmten Sitzung vom 6. April 1916 selbst nicht teilgenommen hatte, wohl aber enge Vertraute von ihm, und zwar Dr. von Stojentin vom Centralverband der Industriellen, Dr. Schuchart vom Deutschen Überseedienst-Transozean GmbH und Generalsekretär Geisler vom Verein für das Deutschtum im Ausland. Der Mann, der nun die Dinge der DLG in die Hand nahm, war der Vorsitzende des Verwaltungsrates der Friedrich Krupp AG, Dr. Alfred Hugenberg. Er saß seit 1911 im Direktorium des CDI (Centralverband der Industriellen), er hatte Einfluß auf die Deutsche Überseedienst Transozean GmbH und auf den Verein für das Deutschtum im Ausland. 142)

Innerhalb von kurzer Zeit gelang es ihm nun, Ludwig Klitzsch, den bis dahin getreuen Gefolgsmann von Siegfried Weber, in seine Dienste zu verpflichten.

Welche Umstände die Gründung verzögert hatten, stellte Schumacher in einem Schreiben vom 15. November 1916 an das Auswärtige Amt durchaus überzeugend dar. Er schrieb, die verschiedenen Verhandlungen mit dem Centralverband der Industriellen, dem Bund der Industriellen und dem Deutschen Überseedienst hätten erst jetzt ihren Abschluß gefunden. Die vorgesehene Gründung der DLG sei nunmehr auf Sonnabend, den 18. November 1916, um 11 Uhr, im Hotel Adlon anberaumt. 143) Von den drei Organisationen, die Schumacher erwähnt, sind zwei in Hugenbergs Hand. Die Deutsche Übersee-Transozean GmbH war inzwischen am 5. September 1916 aufgeteilt worden in die der Regierung nahestehenden Transozean GmbH und die "Deutsche Übersee-Dienst GmbH" (DÜD), von der Hugenberg-Freund Ludwig Bernhard betont, sie vertrete die Interessen der Schwerindustrie.

Alfred Hugenberg, der Mann im Hintergrund, dessen Freundeskreis in Posen vor dem ersten Weltkrieg nach Meinung seiner Freunde die Rolle einer Nebenregierung in der ostmärkischen Ansiedlungspolitik gespielt habe, bestimmte von November 1916 an den weiteren Kurs der Deutschen

Lichtspielgesellschaft. [144)]
Nach der Darstellung von Dr. Schweighoffer, dem Vorsitzenden des geschäftsführenden Ausschusses, waren an der Gründung am 18. November 1916 beteiligt:
Der Allgemeine Deutsche Bäderverband, die Auslands GmbH, der Bund deutscher Verkehrsvereine, der Bund der Industriellen, dem der Reichstagsabgeordnete Stresemann nahestand, der Deutsche Handelstag, der Deutsche Städtetag, die Deutsche Überseedienst GmbH, das Internationale öffentliche Verkehrsbüro, der Messe-Ausschuß der Leipziger Handelskammer, der Reichsverband deutscher Städte und der Verein für das Deutschtum im Ausland.
Es sei hinzugefügt, daß nicht nur die Deutsche Überseedienst GmbH, sondern auch die Auslands GmbH eine Gründung Hugenbergs war, der unter anderem der Aufbau einer eigenen Presseorganisation oblag, "um den Einfluß der SPD" zu mindern. [145)]
Schweighoffer, Mitglied des Hauses der Abgeordneten, hatte Mitte Dezember 1914 an den Kriegszielbesprechungen der Alldeutschen unter Class teilgenommen. Er galt als der "zäheste, wichtigste und einflußreichste Mitarbeiter". [146)] In seinem Rundschreiben zur Gründung der DLG heißt es, das vaterländische Interesse erfordere dringend, in Zukunft und nach Eintritt des Friedens, durch systematische Beeinflussung der öffentlichen Meinung des Auslandes das Verständnis für deutsches Wirtschaftsleben und deutsche Kultur im Ausland zu fördern und zu heben.
Zweck der Deutschen Lichtspielgesellschaft sei die Veranstaltung planmäßiger Werbearbeit für Deutschlands Kultur, Wirtschaft und Fremdenverkehr durch Bild und bewegliche Lichtbilder "auf nationaler gemeinnütziger Grundlage". Es läge im allseitigen Interesse, eine Zersplitterung der Werbetätigkeit zu vermeiden, alle Sonderbestrebungen, die dem Endzweck nur abträglich sein könnten, hintenanzuhalten. Die an der Gründung der Deutschen Lichtspielgesellschaft beteiligten Körperschaften böten Gewähr dafür, daß alle interessierten Kreise durch ihre maßgebenden Vertretungen in angemessener Weise Einfluß auf die Leitung der Geschäfte nehmen könnten.

Deutlicher noch als durch die Gründungsgesellschaften und Körperschaften wird der neue Kurs unter Hugenberg durch die Mitglieder des Verwaltungsrates der DLG gekennzeichnet. An der Spitze als

Präsident des Verwaltungsrates Landrat a.D. Max Röttger, Vorsitzender des Centralverbandes deutscher Industrieller, 1909 an der Spitze des Krupp-Direktoriums, Präsident der Essener Handelskammer, Vorsitzender des Bergbauvereins, zum engsten Kreis um Hugenberg zu zählen. Weitere Mitglieder des DLG-Verwaltungsrates waren: Friedrich Gontard, Vorsitzender des Bundes deutscher Verkehrsvereine, Geh.Reg.Rat Dr. von Böttinger, Mitglied des Herrenhauses, Direktor Eidlitz vom öffentlichen Verkehrsbüro in Berlin, Kommerzienrat Friedrichs, Vorsitzender des Bundes der Industriellen, Syndikus Hirsch, Mitglied des Reichstages und des Hauses der Abgeordneten, er galt im Reichstag als politischer Repräsentant der Schwerindustrie, als Syndikus der Essener Handelskammer war er Mitarbeiter Hugenbergs.

Die Liste der Verwaltungsmitglieder geht weiter mit Dr. Kämpf, Präsident des Deutschen Reichstages, er vertritt hier den Deutschen Handelstag, Dr. Köhler, Direktor des Messeamtes für die Mustermessen in Leipzig, Dr. A. Lohmann, Reeder in Bremen, Stadtrat Dr. Luther, Geschäftsführer des Deutschen Städtetages, Dr. Mehnert, Wirklicher Geheimer Rat, stellvertretender Präsident des deutschen Landwirtschaftsrates, Oberbergrat Dr. Morsbach, Vorsitzender des Allgemeinen Deutschen Bäder-Verbandes, von Reichenau, Kaiserlich Deutscher Gesandter z.D., Vorsitzender des Vereins für das Deutschtum im Ausland, Dr. Roesicke, Mitglied des Reichstages, Vorsitzender des Bundes der Landwirte, er gehörte seit 1915 zum Umkreis von Hugenberg. Ferner: Geh.Justizrat Dr. Riesser, Mitglied des Reichstages, Vorsitzender des Centralverbandes des deutschen Bank- und Bankiergewerbes, Bürgermeister Saalmann, Vorsitzender des Reichsverbandes Deutscher Städte, Dr. Hjalmar Schacht, Direktor der Nationalbank für Deutschland, schließlich noch Reg.Rat Dr. Schweighoffer, erster Geschäftsführer des Centralverbandes Deutscher Industrieller, Dr. Soetbeer, vom Deutschen Handelstag, Dr. Stresemann, Mitglied des Reichstages, Präsidialmitglied des Bundes Sächsischer Industrieller.[147]

Stresemann stand Hugenberg distanziert gegenüber. Er soll sich über die "brutale, verletzende, höhnisch verachtende Art und Form", mit der Hugenberg gegenüber wirtschaftlichen Verbänden auftrat, kritisch geäußert haben.[148]

Auf der Liste des DLG-Verwaltungsrates steht an 23. Stelle Dr. Andrew Thorndike, Geschäftsführer der von Hugenberg gegründeten Auslands GmbH,

er galt als Hugenbergs ältester Mitarbeiter und seine rechte Hand
bei der Organisation der Auslands GmbH im März 1914 und des Krupp-
Nachrichten Büros 1915. Später wurde er Generaldirektor der von
Hugenberg gegründeten und an den Scherl-Verlag angebundenen Ala-
Anzeigen GmbH, der vierzig Zeitungsverleger als Mitglieder ange-
hörten. 149)

Als letztes Verwaltungsmitglied wird nach Verleger Siegfried Weber
noch Kapitän z.S. Wilhelm Widenmann aufgeführt. Über seine Person
und seine nicht unwichtige Rolle wird noch berichtet. Er gehörte
mit Dr. Thorndike, Dr. Schweighoffer, Dr. Soetbeer und Dr. Herle
zum geschäftsführenden Ausschuß der DLG.

Wie nebenbei erscheint auf der Liste der Mitglieder auch der Name
Alfred Hugenberg. Seit März 1916 beherrschte er den August Scherl
(Zeitungs) Konzern.

Nach Bernhard waren die Hauptmerkmale seines Wesens seine Abneigung,
sich mitzuteilen, seinen Augen fest und voll unbewegter Wachsamkeit
schien nichts zu entgehen. Nun, im November 1916, nahm er auch Einfluß auf den Film.

In der gedruckten Propagandaschrift der DLG wurde die Werbewirksam-
keit des Filmes "als Pionier deutscher Werbearbeit", seine Wirkung
auf die Massen im Vergleich zum Buch oder zu einer Zeitschrift unterstrichen. Unter der Überschrift "Kulturpropaganda als Grundlage
wirtschaftlicher Erfolge" heißt es, es gehe um die Erweckung von
Sympathien für die deutsche Industrie durch Darstellungen ihrer
Ausmaße und ihrer Leistungen von "interessanten Fabrikationsvor-
gängen und Einzelheiten". Solche Darstellungen müßten dazu führen,
daß man sich im Ausland daran gewöhne, in erster Linie an Deutschland zu denken, wenn man den eigenen Bedarf nicht selbst befriedi-
gen könne.

Schließlich könnte mit Hilfe des Filmes der deutsche Fremdenverkehr
durch Aufnahmen schöner deutscher Landschaften, den Hinweis auf
heilkräftige Quellen und auf zahlreiche historische und architektonische "Merkwürdigkeiten" gefördert werden. Solche Aufnahmen
sollten auch in dramatische Filme eingebaut werden. Im Schlußwort
der Werbeschrift wird auf die Weltorganisation der französischen
Firma "Pathé" und seine Geldmacht hingewiesen, die den Feinden ein
Übergewicht gegeben hätten, gegen die die deutsche Werbearbeit nur
langsam, Schritt für Schritt, Boden gewinnen könne. "Und zwar nur

dann", heißt es in dem Schlußwort, "wenn ihr die silbernen Kugeln zu Gebote stehen, die zwar nicht allein den Sieg entscheiden, aber seine Vorbedingung sind."

Aus diesem sichtlich gewichtigen Grund appelliert die Werbeschrift "an alle Kreise, die in kluger, wirtschaftlicher Voraussicht heute schon der Gestaltung der Dinge nach dem Friedensschluß ihr Augenmerk zuwenden" mit der dringenden Mahnung, an ihrem Teil mitzuwirken an der Aufbringung der Mittel für diesen wichtigen, "vielleicht wichtigsten" Teil der deutschen Auslandswerbearbeit. Sie, diese Kreise, würden ihre Belohnung finden in den unausbleiblichen direkten Errungenschaften materieller Natur und in noch viel höherem Maße in den kulturellen, geistigen, sittlichen und nationalen Werten, die so geschaffen würden. [147)]

Daß die Herren der Deutschen Lichtbildgesellschaft nicht nur in ihrer Werbung, sondern auch in ihren Verhandlungen mit den Vertretern des Reiches sehr wirkungsvoll auftraten, hatte sich bereits kurz nach der Gründung gezeigt, als sie erreichten, daß ihnen die Anteile der Filmfirmen an der "Balkan-Orient-Filmgesellschaft", die auf Anregung und mit Mitteln des Reiches gegründet worden war, übertragen wurden.
Am 30. April 1917 konnte Schumacher dem Auswärtigen Amt mitteilen, die 100 000 Mark der sechs Berliner Filmfirmen seien am 26. April an die DLG abgetreten, die Geschäftsführung sei auf die DLG übergegangen, Geschäftsführer seien: Schumacher (er nennt sich selbst an erster Stelle), Klitzsch und Coböken. Er vergißt nicht hinzuzufügen: "Im Sinne meiner kürzlichen Besprechung mit Herrn Ministerialdirektor Deutelmoser werde ich nach wie vor die Interessen der mir zu Händen gegebenen 100 000 Mark Anteile des Reiches zu vertreten bemüht bleiben." [150)]
So befand sich die Balkan-Orient-Film-Gesellschaft zu 50 Prozent in der Hand der Deutschen Lichtbild-Gesellschaft, die versichert hatte, sie werde "auf gemeinnütziger nationaler Basis" tätig sein.

Wie wirkungsvoll das neue Unternehmen agierte, läßt sich aus der Korrespondenz mit dem Reichsmarineamt ersehen. Das erste Schreiben der DLG, gerichtet an den Staatssekretär des Reichsmarineamtes,

Admiral von Capelle, vom 14. Mai 1917, ist unterschrieben von Wilhelm Widenmann als Vorsitzender des Arbeitsausschusses und Ludwig Klitzsch als geschäftsführender Direktor der DLG.
Wilhelm Widenmann war für das Reichsmarineamt kein Unbekannter. Er war mit 19 Jahren 1890 in die Kaiserliche Marine eingetreten, hatte die Marineschule 1893 als Leutnant z.S. verlassen, war 1903 als Kapitänleutnant zur Marineakademie gekommen und hatte es über verschiedene Etappen 1908 zum Korvettenkapitän, 1912 zum Fregattenkapitän und schließlich 1914 zum Kapitän z.S. gebracht. In den Jahren 1907 bis 1911 war er als Marineattaché an der deutschen Botschaft in London tätig, im August 1915 wurde er Vorstand des Nachrichtenbüros des Reichsmarineamtes und 1915 Abteilungschef im Allgemeinen Marinedepartement des Reichsmarineamtes. 151)
Er konnte sich rühmen, Zugang zur kaiserlichen Familie zu haben, und hatte, nach eigener Aussage, bei seinen regelmäßigen Besuchen als Gast der Familie Krupp in Essen dort "interessante Persönlichkeiten der rheinisch-westfälischen Wirtschaft" kennengelernt. Das Nachrichtenbüro des Reichsmarineamtes hatte er vom September 1915 bis März 1916 geleitet. 152)
Daß Hugenberg diesen "kämpferischen Mann" in die Leitung der Deutschen Lichtbild-Gesellschaft holte, läßt darauf schließen, daß er zu den von Widenmann erwähnten "interessanten Persönlichkeiten" gehört hatte, die er bei seinen Krupp-Besuchen kennengelernt hatte. Nun stand Widenmanns Namen unter dem Schreiben der DLG an Admiral von Capelle. Man könnte meinen, daß es fast überflüssig war, darin noch zu erwähnen, daß die Gesellschaft "unter Mitwirkung der bedeutendsten Körperschaften des öffentlichen Lebens" entstanden war, daß sie "auf gemeinnütziger und nationaler Grundlage arbeitend" eine systematische Werbearbeit für Deutschlands Kultur und industriellen Errungenschaften, sein Wirtschaftsleben, sein Verkehrswesen und für seine landschaftlichen Schönheiten betreiben wolle.
Widenmann und Klitzsch gaben auch ihre "amtlichen Verbindungen" zu erkennen, verwiesen auf die "der DLG vom Auswärtigen Amt zur Bearbeitung überwiesenen Teile des Auslandes" - gemeint war natürlich die "Balkan-Orient-Film-Gesellschaft" - und kamen schließlich zu ihrem Hauptanliegen. Es gelte, auch im Inland die Werbearbeit aufzunehmen, "um dauernde Schäden zu verhüten". Die DLG habe sich deshalb entschlossen, dem belehrenden und bildenden Film zu der ihm

gebührenden Stellung im Kinoprogramm zu verhelfen. Habe doch der
Preußische Innenminister von Loebel selbst vor dem Abgeordnetenhaus den Rückgang des belehrenden und bildenden Filmes beklagt.
Aus diesem Grunde werde die DLG in Zukunft an die Lichtspielhäuser
ein regelmäßig zweimal wöchentlich erscheinendes und abwechselndes
Programm mit einer Gesamtlänge von ca. 900 bis 1000 Metern abgeben.
Dieses Programm werde sich zusammensetzen aus Aufnahmen von Deutschlands Landschaften, historischen Stätten, Heilquellen und Erholungs-
orten, sowie Verkehrswegen. Ferner sollten in dieses Programm Bilder
von deutschen Industrieanlagen gehören, die "die Leistungen deutscher
Technik tunlichst in einem Produktionsvorgang veranschaulichen oder
hygienische und soziale Einrichtungen in Großbetrieben".
Weiterhin sollten "allgemeinverständliche wissenschaftliche Darstellungen aus Natur-, Erd- und Völkerkunde, die auch zu Unter-
richtszwecken dienen könnten", folgen. Das Zentralinstitut für Erziehung und Unterricht habe sich zur Mitwirkung bereiterklärt.
Um den lehrhaften Charakter des Beiprogrammes nicht allzusehr her-
vortreten zu lassen, werde man ein "aktuelles Bild oder ein kurzes
Lustspiel" beifügen.
Das eigentliche Anliegen kommt am Ende des Schreibens: Widenmann
und Klitzsch bitten Seine Exzellenz Admiral von Capelle, er möge
"die ihm unterstellten, in Betracht kommenden Instanzen zu nach-
drücklicher Beachtung der Frage der belehrenden und bildenden
Filme veranlassen". Dem Schreiben wird eine eindrucksvoll aufge-
machte Broschüre, "Der Film im Dienst der nationalen und wirtschaftlichen Werbearbeit - Herausgegeben von der Deutschen Lichtbild-Gesellschaft" beigefügt. Bei der Lektüre dieser Broschüre
stoßen die Leser auf die bemerkenswerten Namen der 25 Mitglieder
des Verwaltungsrates der DLG, von denen jeder für sich bereits
eine gewisse Macht darstellt. [153)]
Das Reichsmarineamt antwortete am 16. Juni 1917, "in vollem Verständnis für den Wert systematischer und zielbewußt betriebener
Werbearbeit sei man gerne bereit, die DLG in ihren anerkennens-
werten Bestrebungen zu unterstützen".
"Darüber, in welcher Weise die Ziele der DLG innerhalb meines Ge-
schäftsbereiches gefördert werden können, werde ich zunächst Erhebungen anstellen." Die "Erhebungen" realisierten sich in einem
"Rundschreiben an die nachgeordneten Marine-Dienststellen", in dem

"Anregungen" befürwortet werden. [154)]
Man erinnert sich aber zugleich, daß durch kriegsministeriellen Erlaß das Bild- und Filmamt in allen Fragen der Kinematographie neuerdings zuständig war und teilte auch diesem mit, die DLG sei mit der Bitte um Unterstützung ihrer Bestrebungen an das Reichsmarineamt herangetreten. Nach den von der DLG gemachten Ausführungen seien diese der amtlichen Förderung wert, doch bäte man um Äußerung hierzu. [155)]
Das Bild- und Filmamt antwortete am 22.8. sehr deutlich ablehnend, die DLG sei ein "auf Erwerb gerichtetes Privatunternehmen, das sich wiederholt in Gegensatz zum Bild- und Filmamt gebracht habe. Es wird daran erinnert, daß das Bild- und Filmamt gemäß Erlaß des Kriegsministeriums die "alleinige Zentralstelle für Aufklärung mit Bild und Film sei". Die DLG bemühe sich um halbamtlichen Charakter, der ihr aber nicht zukomme. Es erscheine deshalb vorerst nicht angebracht, der Gesellschaft schon jetzt amtliche Unterstützung zuteil werden zu lassen. [156)]

Offensichtlich hat der Name von Kapitän Widenmann stärker gewirkt als das Schreiben des Bild- und Filmamtes. Bereits am 21. September 1917 läßt das Reichsmarineamt die DLG wissen, daß es zwar im allgemeinen Sache der DLG bleiben müsse, Vorschläge für Filmaufnahmen zu machen, daß sie aber in nachfolgenden "Vorgängen, die sich für Filmaufnahmen eignen dürften", benennen möchte.
Und nun folgt eine erstaunlich lange Liste von Vorschlägen:
Sei es "Leben und Treiben in Kasernen, in der Marineschule, auf Schiffsjungenschiffen, an Bord von Linienschiffen, von Schulschiffen, von großen und kleinen Kreuzern, vom Betrieb einer Torpedowerkstatt, in einer Marinemaschinenanstalt, vom Leben und Treiben in einem Hafen, vom Ein- und Auslaufen von Schiffen, vom Dienstbetrieb auf Fliegerstationen, auf Luftschiffplätzen, am Kaiser-Wilhelm-Kanal, bei der Küsten-Nachrichtenstelle oder von meteorologischen Arbeiten. [157)]
Auch das Rundschreiben hatte bereits Echo erweckt.
Das Sanitätsamt der Marine antwortete dem Reichsmarineamt am 15.8.1917, im Marinelazarett Hamburg könnten viele Aufnahmen gemacht werden, z.B. von Besuchstagen, vom Ausmarsch der Verwundeten mit Kapelle, von einer Hafenrundfahrt, vom Gottesdienst im Freien,

von der Beschädigtenwerkstatt und von künstlerischen und unterhaltenden Veranstaltungen. Schließlich habe das Sanitätsamt noch eine Bitte, ob die DLG Filme für die Verwundeten zur Verfügung stellen könne? [158]

Es verwundert nicht, daß die DLG auf die Vorschläge schnell einging. Dem Wunsch, für die Verwundeten Filme zur Verfügung zu stellen, komme sie "natürlich mit Vergnügen" nach.

Lediglich das Kommando der Hochseestreitkräfte hatte Bedenken. Es teilte dem Reichsmarineamt mit, daß es vorzuziehen sei, die Filmaufnahmen durch das Bild- und Filmamt vornehmen zu lassen, nicht nur, weil es ähnliche Ziele verfolge wie die DLG, sondern, weil es den Vorzug habe, eine militärische Einrichtung zu sein. Aber einschränkend: "Sollten sich Schwierigkeiten entgegenstellen, sei das Hochseekommando bereit, der DLG die erbetene Genehmigung zu erteilen. [159] Das Reichsmarineamt antwortete, es habe der DLG bereits die Unterstützung der Marineverwaltung zugesagt und bat, die von ihr nachgesuchte Genehmigung auch für den Befehlsbereich zu erteilen. [160]

So problemlos wie für die Deutsche Lichtbild-Gesellschaft hatte sich das Jahr 1917 für das auch noch junge Bild- und Filmamt nicht entwickelt. Es mußte seine Ziele einem größeren Kreis offenlegen. Dies geschah natürlich ohne Heranziehen der Öffentlichkeit, ohne die Presse, zehn Wochen nach seiner Gründung.

Anmerkung zu 9. Verzögerte DLG-Gründung

An dieser Stelle scheint es angebracht, auf die Darstellungen der
DLG-Gründung in anderen Arbeiten einzugehen.
Ludwig Bernhard, seit 1907 zum Hugenberg-Freundeskreis gehörend,
schildert in seinem Buch "Der Hugenberg-Konzern" (Berlin 1928) sehr
eingehend und aus nächster Nähe beobachtend, die Entwicklung der
zum Hugenberg-Konzern gehörenden Unternehmungen des Zeitungs-,
Nachrichten- und Anzeigenwesens. So den Erwerb des Scherlverlages,
die Gründung des Syndikats Übersee-Dienst (1913), der Auslands GmbH
(1914), der Ala-Anzeigen AG (1915), der Deutschen Übersee-Dienst
GmbH (DÜD) am 5. Sept. 1916, sowie der anderen Konzernteile. Bei
der Schilderung von Hugenbergs ersten Filmkontakten beschränkt er
sich auf zwei Sätze: "Schon im Jahr 1916 bemühte sich Hugenberg,
auf den Film Einfluß zu gewinnen, weil er die populäre Propaganda-
kraft des Films für fast ebenso mächtig hielt, wie die der Presse.
Er gründete deshalb mit Hilfe der Auslands GmbH am 18. November 1916
die "Deutsche Lichtbild-Gesellschaft" als eingetragenen Verein"
(S. 91). Bernhard belegt diese Behauptung nicht und geht auch nicht
auf die Hintergründe ein.

Hans Traub, Leiter der Ufa Lehrschau, also Angestellter der Ufa,
kannte dank seiner Auszüge aus den Heeresakten in etwa die Entwicklung. In seiner Ufa-Jubiläumsschrift 1943 "Die Ufa - ein Beitrag zur Entwicklungsgeschichte des deutschen Filmschaffens" hebt
er auf S. 17 auch hervor, bei dem Ausschuß zum Studium der Frage
einer deutschen Film- und Lichtbilder-Vortragspropaganda im Ausland habe es sich um einen "Vorläufer" der DLG gehandelt. Dabei
scheint es, als benutze er den Ausdruck "Vorläufer" in dem Sinne,
wie man etwa sagt, Anschütz' "Photographische Flinte" sei ein Vorläufer der Filmkamera. Auf Seite 24 aber heißt es dann, Hugenberg
habe am 15.9.1916 Ludwig Klitzsch in den Vorstand der Deutschen
Überseedienst GmbH berufen und ihn mit der Gründung der DLG beauftragt. Nun kann man die Jubiläumsschrift eines Angestellten,
die im Einvernehmen mit der Ufa-Direktion erstellt und im Ufa-

Buchverlag erschien, nicht als hieb- und stichfeste historische
Quelle werten, zumal im Jubiläumsjahr Goebbels die Ufa führte und
auch auf alle Publikationen über den Film Einfluß hatte.
Auch Heinz Kuntze-Just übernimmt in seiner mehr journalistischen
Ufa-Geschichte "Guten Morgen Ufa" (Film-Telegramme 1960) die Version von Hans Traub, wenn er schreibt (S. 13): Hugenberg holte
den Mann mit den interessanten Propaganda-Ideen (gemeint ist
Klitzsch) in den Vorstand der am 15. September 1916 gegründeten
"Deutschen Überseedienst GmbH" und beauftragte ihn mit der Bildung
der "Deutschen Lichtbildgesellschaft". Schließlich muß auch noch
Dankwart Guratzsch, dessen außerordentlich gründliche Arbeit über
den Hugenberg-Konzern "Macht durch Organisation" (Bertelsmann 1974)
Beachtung verdient, zitiert werden. Er übernimmt auf S. 309 die
Traub-Version: Am 16. November 1916 sei auf Veranlassung der
"Deutschen Überseedienst GmbH" die Deutsche Lichtbildgesellschaft
gegründet worden. Immerhin stellt er richtig (S. 312), am 28.2.1917
schied Ludwig Klitzsch aus dem Verlag Weber aus, am 1.3.1917 trat
er in die Leitung des Deutschen Überseedienstes ein und übernahm
eineinhalb Jahre später die Generaldirektion der Deutschen Überseedienst Verlags GmbH."
Es sei hier nochmals an die in dieser Arbeit belegten Daten erinnert:
Am 6. April 1916 hatte der "Ausschuß für das Studium der Frage
einer deutschen Film- und Lichtbilder Vortragspropaganda im Ausland" einen vierköpfigen Arbeitsausschuß gewählt und mit den Vorbereitungen zur Gründung eines Unternehmens beauftragt. Dieser
vierköpfige Ausschuß, in Leipzig, dem Sitz des Weber-Verlages
ansässig, hatte am 3. August 1916 das Auswärtige Amt darüber
unterrichtet, in der ersten Septemberhälfte würde eine Gründerversammlung einberufen und zugleich Einladungen, auch für andere
Behörden, sowie die Satzung der neuen Gesellschaft mit dem Namen
"Deutsche Lichtbild-Gesellschaft" beigefügt. Zwar gehörte dem Arbeitsausschuß auch Dr. Stojentin vom "Centralverband der Industriellen", auch eine Hugenberg-Organisation, an, aber es scheint unwahrscheinlich, daß Hugenberg um diese Zeit bereits eingriff. Zudem besagt die Aktennotiz von Korvettenkapitän Wittmann vom Reichsmarineamt, der an der Gründungsversammlung am 27. September teilnehmen
sollte, daß eine Vorbesprechung am 26. September ergeben habe,

daß die geplante Film- und Vortragspropaganda erst nach dem Krieg in Aussicht genommen sei. Sie befände sich noch im Stadium der Entwicklung. Zwei Monate später entschuldigt Schumacher, der zum vierköpfigen Arbeitsausschuß gehört, die Verzögerung mit der Erklärung, Verhandlungen mit der Deutschen Überseedienst GmbH "und dem Centralverband der Industrie hätten erst heute", also am 15. November 1916, ihren Abschluß gefunden. Er lädt erneut zum 18. November ins Hotel Adlon ein.

Wenn die Verhandlungen mit dem DÜD und CDI erst am 15. November 1916 beendet waren, scheint es nicht sehr wahrscheinlich, daß sich Hugenberg schon im September entschlossen hatte, Klitzsch in den Vorstand der DÜD zu berufen und mit der Gründung der DLG zu beauftragen. Es ist zu vermuten, daß er Klitzsch überhaupt erst im September 1916 kennen gelernt hatte, daß er wahrscheinlich von diesem "Zahlenmenschen", wie man Klitzsch nannte, beeindruckt war und sich aus dieser Bekanntschaft und dem, was Klitzsch vortrug, die weitere Entwicklung ergab.

Feldlazarett in der Kirche von Braisne, das die Franzosen bei ihrem panikartigen Rückzuge zurücklassen mußten. Ein Foto, das zur Beruhigung der deutschen Frauen und Mütter in der Heimat verbreitet wurde. Nicht nur Fotos sollten zeigen, wie für deutsche Verwundete gesorgt wurde, sondern auch der Film „Im Lazaret Asfeld" vom August 1917.

Zu den Angriffen der Franzosen an der Westfront. — Stoßtrupp vor dem Sturm.
2949. Der Kameramann, der diese Aufnahme drehte, müßte angesichts seiner Position dem Feind ein günstiges Ziel geboten haben. Es ist anzunehmen, daß dieses Bild in der Etappe entstand.

Von der französischen Kampffront. — Einschlagende Granaten im Kampfgebiet vor Craonne. 2981. Fotos und Filme, die von Flugzeugen aus gemacht wurden, gehörten zu den wenigen, die den Eindruck von echten Kriegsaufnahmen vermittelten. Es gab eine Spezialeinheit der Infanterieflieger, die solche Fotos und Filme erstellte.

Im sterbenden St. Quentin. Das schwere Feuer französischer Artillerie. Bergung der kostbaren Bücher und Gemälde aus den Trümmern des Justizpalastes. — Verpacken der Bücher und Gemälde. 3978. Der Zweck solcher Fotos ist eindeutig. Sie sollten Deutschland als Kulturland herausstellen, gerade weil die feindliche Propaganda Deutsche als Kulturbarbaren darstellte.

Der Kaiser bei den siegreichen Cambraikämpfern. — Der Kaiser bei der Besichtigung eines erbeuteten schweren englischen Langrohrgeschützes. Rechts vom Kaiser Exz. v.d. Marwitz und links Kronprinz Rupprecht von Bayern. 6363. Bei diesem Foto handelt es sich um ein Beispiel von vielen, die den Kaiser nach der Tankschlacht von Cambrai bei der Truppe zeigen.

Die Volksabstimmung für den Rat von Flandern. Kundgebung der Flamen in Antwerpen (Sonntag, den 3. Febr. 1918). — Umzug der Flamen durch die Straßen Antwerpens.
7163. Mit deutscher Unterstützung hatten 200 Flamenführer den Rat von Flandern gebildet. Der Kaiser wünschte, daß die Unabhängigkeitsbewegung der Flamen unterstützt würde.

Die Kinokamera mit ihren erstaunten Bewunderern im Taurus. 2682. Der Taurus, das Grenzgebirge im Süden der Türkei zum Ägäischen Meer. Die türkischen Einwohner dieses Gebietes mögen den deutschen Soldaten mit der Kinokamera bewundert haben.

Deutsche Flieger-Abwehrbatterie an der Heeresstraße vor Bir-es-Seba. 3164. Der bayerische Innenminister hatte am 5. Februar 1916 geschrieben, es werde weiten Kreisen immer unklarer, ob und wann weitergekämpft werden müsse. Der Balkan, Bagdad, der Suez lägen zu weit außerhalb des heimatlichen Gesichtskreises. Trotzdem versprach man sich propagandistische Wirkung von Filmen und Fotos der Palästinafront.

Kaisertage in Konstantinopel. — Der Einzug des Kaisers über die Parabrücke: Der Kaiser mit dem Sultan und Exz. Enver Pascha. 5393. Die militärische Situation der türkischen Verbündeten war unsicher geworden. Der Besuch des Kaisers sollte die Stimmung der Türken heben.

Der Kaiser an Bord der ,,Goeben" im Gespräch mit türkischen Würdenträgern.
5446. Der Kreuzer ,,Javus Sultan Solim" war vorher als schwerer Kreuzer ,,Goeben" im Oktober 1914 der Türkei übergeben worden.

10. Aufklärung in Theorie und Praxis

Die Formen, in denen das Kriegsministerium die militärische Stelle des Auswärtigen Amtes und damit auch das Bild- und Filmamt unterstützte, entsprachen rein militärischen Vorstellungen. Ausgesprochene Fachkräfte standen nicht zur Verfügung. Aber man hatte vage Vorstellungen von den psychologischen Wirkungen des lebendigen Bildes auf die Masse.
So teilte das Kriegsministerium dem Oberkommando in den Marken, den stellvertretenden Generalkommandos - die Generalkommandos waren bis 1918 oberste Kommando und Verwaltungsbehörde eines Armeekorps, die stellvertretenden Generalkommandos waren die entsprechenden Behörden in der Heimat -, dem Reichsamt des Innern, dem Reichsmarineamt und den Kriegsministerien der Königreiche Bayern, Sachsen und Württemberg, also in München, Dresden, Stuttgart. mit, daß die Aufklärung der breiten Schichten der Bevölkerung durch "Aufklärungsstellen im Inland" erfolgen werde. Zu diesem Zweck sollten bei den stellvertretenden Generalkommandos "Lichtspieloffiziere", als Spezialisten für die Aufklärung mittels Film, aufgestellt werden. Außerdem sollten bei jeder höheren Verwaltungsbehörde Aufklärungsstellen geschaffen werden. Zu deren Unterstützung sollten Vertreter der Kreise und der kreisfreien Städte, der Schulverwaltung, der Presse, des Handels, der Industrie, des Handwerks und der Arbeiterschaft hinzugezogen werden. Schließlich plante man noch, auch unter den Kriegsgefangenen durch die Lichtspieloffiziere aufklärende Aktionen durchführen zu lassen. Vermutlich versprach man sich davon, daß sich diese Aufklärung -etwa der Unbesiegbarkeit Deutschlands - in den Briefen der Kriegsgefangenen an ihre Angehörigen widerspiegeln würde. Nun mußten allerdings zuerst einmal die Aufklärer lernen, wie man mit Hilfe des Films aufklärt. Zu diesem Zweck wurden die inzwischen bei den stellvertretenden Generalkommandos ernannten Lichtspieloffiziere zu einer Besprechung am 12. und 13. März 1917 in den Räumen des Bild- und Filmamtes in Berlin eingeladen. Bei dieser Gelegenheit sollten alle mit der Aufklärung verbundenen Fragen besprochen und geklärt werden. [161]

Den Vorsitz dieser Versammlung führte Generalleutnant Hoffmann, Chef der UK-Abteilung des Kriegsministeriums. Wortführer des

Ministeriums war Major Würz. Oberstleutnant von Haeften vertrat die
MAA und Oberstleutnant Freiherr von Stumm das Bild- und Filmamt. Zu
dessen Unterstützung wurden der Leiter der Bildstelle, Oberstabsarzt
Dr. Meissner, und vom Inlandsdienst Dr. Wagner und Direktor Thomas
hinzugezogen.
An die Teilnehmer wurden in grafischen Darstellungen die Organisation des Bild- und Filmamtes und weitere Drucksachen verteilt. Schon
daraus, aber auch aus den einführenden Worten von Major Würz und vor
allem aus dem Vortrag von Dr. Wagner konnten die Teilnehmer ersehen,
welchen Umfang das Bild- und Filmamt in der kurzen Zeit bereits angenommen hatte und wie dieser noch weiter wachsen würde. Es ging bei
dieser Besprechung, wie auch Würz betonte, lediglich um die Inlandspropaganda. Bis in die kleinsten Bezirke Deutschlands müsse durch
Bild und Film die Bevölkerung aufgeklärt werden, war seine Forderung.
Es komme darauf an, die Filmpropaganda den örtlichen und ländlichen
Verhältnissen anzupassen. Die örtlichen Behörden und alle Personen,
die beauftragt seien, mit Bild und Film Aufklärung und Propaganda
zu machen, sollten jeweils beim Bild- und Filmamt das erforderliche
Material beantragen.
Das eigentliche Referat hielt Dr. Wagner, der ausführlich die Organisation des Amtes umriß. Film und Bild sollten in unterschiedlicher
Weise eingesetzt werden. Bei Film seien drei Arten vorgesehen, und
zwar Spielfilm, belehrender Film und Werbefilm. Die Bildpropaganda
sah vor, das Bild in der Zeitung, was damals noch eine Seltenheit
war, wenn man von illustrierten Zeitungen absieht, das Photo zum
Aushang, das Lichtbild, heute würde man das Dia sagen, und das
künstlerische Bild, also Zeichnungen, Graphiken und schließlich
Gemälde. Schlachtengemälde gab es damals von zum Teil sehr bekannten Künstlern.
Recht anspruchsvoll hörte es sich an, wenn Wagner von der Absicht
sprach, die Formen des Films und des Bildes qualitativ zu heben,
um stärker zu wirken. Auf diesem Gebiet sei in Deutschland wenig
geschehen, weniger als auf Seiten der Feinde. Die Bedeutung der
Karikatur sei bei uns bisher noch nicht erkannt. Zu diesem Zweck
sei beim Bild- und Filmamt ein Strich-Klischee-Dienst ins Leben
gerufen worden. Es müßte sich zeigen, in welchem Umfang sich die
Zeitungen für diese Einrichtung interessierten, um zwischen den
Text auch Zeichnungen bringen zu können. Bezüglich des Aushangs

von Bildern wollte man sich an Schulen, Postämter und Behörden mit
Publikumsverkehr wenden. Die Bilder sollten wöchentlich ausgewechselt
werden. Es sei bereits ein Lichtbilder-Archiv aufgebaut worden. Nach
Wagner könnten schon weit über 100 Serien mit 25 000 Nummern in Kürze
herausgegeben werden. Diese Serien sollten den Grundstock für Vorträge bei Vereinen, Verbänden, Schulen bilden. Eine Wanderausstellung
mit Zeichnungen und Gemälden von Künstlern sollte schließlich auch
weite Kreise in der Provinz ansprechen.

Zur Organisation der Aufklärung sollte bei jedem Generalkommando eine
Aufklärungsstelle geschaffen werden, an der sowohl Militär- wie auch
Zivilstellen zu beteiligen waren. In der Diskussion zeigte sich, daß
Oberstleutnant von Haeften in weite Zukunft sah. Die Organisation
des Bild- und Filmamtes sollte nach ihm nicht nur im Krieg, sondern
auch im Frieden wirksam sein. Er benutzte den Ausdruck "das Machtmittel der Bildpropaganda", das vom Staat bisher gar nicht oder nur
ungenügend benutzt worden sei. Es sollte in Zukunft in politischer,
erzieherischer und ethischer Beziehung angewendet werden. Nach dem
Kriege würde die Organisation in zivile Hände übergeben. Im Kriege
käme man am schnellsten auf dem Wege der militärischen Organisation
zum Ziel.

Man war sich einig, daß Spielfilme und belehrende Filme durch die
Filmindustrie produziert werden sollten. Nach Haeften sollten auch
Aufnahmen im Etappengebiet und den besetzten Gebieten von der Privatindustrie erstellt werden. Die sieben Filmtrupps sollten nur an
der Front arbeiten. Es zeigte sich später, daß diese Absicht, die
Privatindustrie im Etappengebiet zuzulassen, nicht immer eingehalten wurde. Immerhin hatte man, wie Haeften ausdrücklich betonte,
die Absicht, die Privatindustrie zu fördern und nicht etwa zu
schädigen.

Strittig war die Frage, ob die Frontaufnahmen und die belehrenden
Filme des Bild- und Filmamtes kostenlos an die Kinos abgegeben
werden sollten. Dr. Meissner warnte davor, die Filme kostenlos
abzugeben, weil dann die Kinobesitzer weniger interessiert seien.
Dagegen vertrat ein Lichtspieloffizier die Meinung, man müsse
gerade "die besten unseres Volkes", die bisher vom Kino nichts

wissen wollten, gewinnen. Ihretwegen müsse man Gratisvorstellungen geben. Allerdings dürfe die Absicht, zu werben und Stimmung zu machen, öffentlich nicht bekannt werden. Auf die Widersprüchlichkeit, einerseits die Propagandaabsicht verhüllen zu wollen, andererseits aber auf die Wichtigkeit dieser Filme aufmerksam machen zu wollen, wies Geheimrat Walde vom sächsischen Kriegsministerium hin. Dabei kam heraus, daß die Presse bis dahin in die Erörterung über das Bild- und Filmamt nicht eingeschaltet worden war, weil es die Oberste Heeresleitung nicht wünschte, wie von Haeften zugab. Deshalb war an Ludendorff ein Ersuchen gerichtet worden, daß der Presse die Organisation des Bild- und Filmamtes bekanntgegeben werden dürfe. Es sollten Vertreter der gesamten deutschen Presse zu einer Vorführung von Filmen des Bild- und Filmamtes eingeladen werden. Erst danach sollte auch die Filmindustrie unterrichtet werden. 162)

Es war offensichtlich doch einiges durchgesickert. Der Kinematograph hatte schon vorweg zur Beruhigung der Industrie betont, die Organisation der amtlichen Kriegsaufnahmen werde die bisherige Aufnahmetätigkeit der Messter- und der Eiko-Gesellschaften nicht berühren. Es sei fraglich, ob die amtlichen Kriegsaufnahmen überhaupt der Öffentlichkeit zugänglich gemacht würden. 163)
Nachher stellte sich heraus, daß die Filme des Bild- und Filmamtes im Inland durch die Industrie, nämlich durch die Lichtspieltheater, verbreitet wurden. Man war sich nicht ganz sicher, ob dies von selbst laufen würde. Deshalb sicherte man sich die Hilfe der stellvertretenden Generalkommandos.
Die erheblichen Kosten für die riesige Organisation des Bild- und Filmamtes wurden als Kriegskosten aufgefaßt. Bis dahin waren alle Kosten vom Kriegsministerium und von der Intendantur anstandslos bewilligt worden. 164)
Wenige Tage nach dieser Sitzung gab Hindenburg persönlich seinen Segen. Er erklärte am 19.3.1917, die Bedeutung der Kinematographie für die Zwecke der Aufklärung und Belehrung wisse er voll und ganz zu würdigen. Diese Würdigung habe in der Schaffung des Bild- und Filmamtes ihren greifbaren Ausdruck gefunden. Es gehöre zur Tätigkeit dieser Stelle, die deutsche Filmindustrie auf die Wege zu führen, die im Interesse des deutschen Volkes und unseres Vaterlandes beschritten werden müßten. 165)

Am 27. April 1917 kam es zur ersten Vorführung von Bufa-Filmen vor der Presse im Bankettsaal des Hotels Rheingold in Berlin. Es wurden folgende Filme vorgeführt, wobei die Titelangaben etwas von den amtlichen Titeln der Filmliste Nr. 1 abweichen:

"Gefangenenlager" (vermutlich "in Wünsdorf") 225 m
"Die Kruppwerke" (entspricht vermutlich dem Bufa-Titel "Der eiserne Film", 3. Teil (Stahlwerk) 300 m
"Ein Tag bei Generalfeldmarschall Hindenburg" (Bufa-Titel "Unser Hindenburg") 214 m
(Deutsche) "Minensuchflottille in der Ostsee", 245 m
"Ein Kampftag in der Champagne", 2 Teile, 448 m,
sowie der Spielfilm "Der feldgraue Groschen", hergestellt im Auftrag des Bild- und Filmamtes von der Projektions Union AG mit Frieda Richard, Käthe Haack, Margarete Kupfer, Regie: Georg Jakoby und als Beispiel der französische Film "Die Rache der Belgierin".
Der Film über Hindenburg und Ludendorff im großen Hauptquartier fand die besondere Aufmerksamkeit der Presse. [166]

Wenige Tage später, am 2. Mai 1917, hatte das Bild- und Filmamt einen noch größeren Erfolg zu verzeichnen. Im festlichen Rahmen und in Anwesenheit der Kronprinzessin erfolgte die Uraufführung des Filmes "Graf Dohna und seine Möve", aufgenommen von Kapt.Lt. Wolf während der Kaperfahrt des Hilfskreuzers. Es war "ein gesellschaftliches Ereignis". Umrahmt wurde die Filmvorführung durch Darbietungen des Blüthner-Orchesters und dem Vortrag eines Gedichtes von Rudolf Presber. Die Presse bezeichnete den Film als "unschätzbare Urkunde für alle Zeiten". Das Bild- und Filmamt hatte den Film von Kapitänleutnant Wolf erworben und an die Projektions Union AG für 100 000 Mark zum Verleih verkauft. Der Film war ein großer Erfolg. Man zog seinen Einsatz im neutralen Ausland in Erwägung. [169] Allerdings wurde lt. Kinematograph polizeilich verfügt, daß etwa begleitende Musik bei Versenkungen von Schiffen zu schweigen habe. Dieses Verbot war eine Folge schwedischer Kritik, da die Schweden als seefahrendes Volk jede Schiffsversenkung schmerzlich empfanden.
Der Wert der Aufklärung, der mit Hilfe des Films erzielt wurde, fand nun auch amtlicherseits immer stärker Anerkennung. Der neue Chef des Kriegspresseamtes, Major von Stotten, vertrat auf einer

Sitzung am 4. April 1917 die Überzeugung, das neue Filmamt könnte
auch den Generalkommandos gute Dienste tun. Diese Überzeugung wurde
durch "Richtlinien für Aufklärung und Propaganda", die für den Bereich des stellvertretenden Generalkommandos des X. Armeekorps
herausgegeben worden waren, bestätigt. Darin wurden die Kirche,
die Schulen, die Vereine, die Theater und die Kinos aufgefordert,
"alle Mittel", Presse, Flugblätter, Flugschriften einzusetzen, "um
Klarheit über Ursache und Zweck des Krieges" zu verbreiten und "die
Zuversicht und Opferbereitschaft der Bevölkerung" zu stärken. 168)
Auch Maßnahmen gegen antimonarchistische Propaganda sollten ergriffen werden. Dieses Thema kam auf einer Besprechung der zentralen
militärischen und zivilen Behörden am 25. Mai 1917 zur Sprache.
Haeften trat dafür ein, Fürstlichkeiten beim Kontakt mit Soldaten
an den Fronten zu filmen, aber "ohne Byzantinismus", wie er ausdrücklich betonte. Bei dieser Gelegenheit schlug Haeften die Gründung "einer Reichsstelle für Propaganda" vor. Dieser Vorschlag erfolgte ohne Zweifel im Einvernehmen mit Ludendorff, zumal Ludendorff bereits am 17.12.1916 in einem Schreiben an den Reichskanzler
die "Einrichtung einer Zentralstelle zur straffen Führung der Presseangelegenheiten" angeregt hatte. Aber Unterstaatssekretär Wahnschaffe lehnte Haeftens Vorschlag ab. Dabei wäre zu beachten, daß
Haeften seinen Vorschlag aus einer erneut gestärkten Position gemacht hatte. Wenige Tage zuvor war der Tätigkeitsbereich der Militärischen Stelle des Auswärtigen Amtes durch Befehl des Generalstabschefs erheblich erweitert worden. Haeften war dadurch maßgeblich in die Führung und Gestaltung der Inlandspropaganda eingeschaltet worden. So konnte er im Zuge einer zentralen Propagandaaktion,
die aus Anlaß des Beginns des 4. Kriegsjahres erfolgte, einen eigenen Propagandaplan entwickeln. Nach diesem Plan erfolgte auch der
Einsatz von Filmen. 169)

Das Bild- und Filmamt selbst sah sich jedoch trotz der erfolgversprechenden Betätigung seines Chefs gelegentlich Schwierigkeiten
gegenüber Angriffen ausgesetzt. Bis zum 30. Juni 1917 war der Zentralvertrieb seiner Filme vom Bild- und Filmamt der "Flora-Filmgesellschaft" übertragen worden. Plötzlich wurde Anfang Juni in
nationalistischen Zeitungen "die Verjudung der Filmbranche" gegeißelt und dabei vor allem auf die "Flora-Film" verwiesen. Das

Bild- und Filmamt beeilte sich, den Verdacht, mit einer jüdischen Filmgesellschaft zusammenzuarbeiten, nicht auf sich sitzen zu lassen. Es erklärte, der Vertrag mit der "Flora" sei geschlossen worden, ehe das Bild- und Filmamt bestanden habe. Der Vertrag sei aber bereits zum 1. Juli gekündigt worden. [170] Daß es sich um eine fadenscheinige Ausrede handelte, war offenkundig. Richtig war natürlich, daß der Vertrag von der Vorgängerin des Bufa, der Militärischen Film- und Photostelle im November 1916 geschlossen worden war. Immerhin hatte die Florafilmgesellschaft bis dahin die Bufa-Filme lt. Zensurangaben des "Kinematographen" unter ihrem Namen herausgebracht. Wegen solcher "Unzulänglichkeiten" entschloß sich das Bild- und Filmamt, ab 1. Juli 1917 den Verleih neu zu ordnen. Für jeden Generalkommandobezirk wurde eine Verleihfirma bestimmt. Der Umbina-Film Komp. GmbH übertrug das Bild- und Filmamt das Vertriebsrecht der "militärischen Filme in den besetzten Gebieten, ausgenommen der Balkan und der Orient". Die beiden letzteren waren bekanntlich der Deutschen Lichtbildgesellschaft und ihrer Balkan-Orient-Filmgesellschaft vorbehalten.

Zu den "Unzulänglichkeiten" gehörte, daß die Verleiher bis zum 30. Juni den Lichtspieltheatern "amtliche militärische Filme" nur dann überlassen hatten, wenn diese auch andere Filme abnahmen. Durch den neuen Vertrag wurden derartige Handhabungen unmöglich gemacht. [171]

Ab August 1917 wurden auch Jugendprogramme angeboten. Das erste derartige Jugendprogramm sah folgende Filme vor:

1. als Spielfilm   "Der Müller von Flandern"
        ferner   "Jerusalem"
                   "Die Ausbildung von Sanitätsjungen"
                   "Die Anfertigung von Handgranaten"
                   "Räumung einer Stadt im besetzten Gebiet".

Zu diesem Jugendprogramm äußerte sich das Bild- und Filmamt gegenüber dem bayerischen Kriegsministerium, es sei nicht als reines Schulprogramm anzusehen, sondern vielmehr ein normales Programm für das Kino, zu dem auch Jugendliche zugelassen werden könnten. Es sei deshalb zweckmäßig, das Wort Jugendprogramm bei Veröffentlichungen und in Zeitungen möglichst zu meiden.

Das Bild- und Filmamt bat aber zugleich, auf dieses Programm besonders aufmerksam zu machen und es den Lehrern zu empfehlen, eventuell sogar neben den üblichen Abendveranstaltungen nachmittags Schülervorstellungen zu schaffen.
Von Sonnenburg notierte dazu, ein sorgfältig ausgewähltes Jugendprogramm sei zweifellos ein wichtiges Aufklärungsmittel, es verdiene daher die moralische Unterstützung. Jedoch sei das bayerische Kriegsministerium hierfür nicht zuständig, sondern das Kultusministerium. An dieses gab von Sonnenburg das Bufa-Schreiben weiter, mit dem Zusatz, der Vertreter des bayerischen Kriegsministeriums in Berlin habe das Programm gesehen und als geeignet für Jugendliche bezeichnet. 172)

In seinem Vortrag vor den Aufklärungsoffizieren hatte Dr. Wagner hervorgehoben, das Bild- und Filmamt sehe es als seine Aufgabe an, das für die Aufklärung und Belehrung geschaffene Bild- und Filmmaterial allen Kreisen, soweit möglich, zur Verfügung zu stellen. Er erwähnt zwar in seinem Vortrag alle Bezirksverleiher, die wöchentlich mit neuen Programmen versorgt werden, nicht aber die Vergabe von Frontaufnahmen an die Wochenschauen. Trotzdem kann als sicher angenommen werden, daß Frontaufnahmen in die Wochenschauen kamen. Eine "Extra-Ausgabe" der Messter-Woche vom Februar 1917 "Besuch Kaiser Karl I. im Großen Hauptquartier am 26. Januar 1917" trägt den Untertitel: "Amtlicher deutscher Film". Diese Extraausgabe hatte eine Länge von 149 m (in 35 mm), was fast der Länge einer ganzen Messter-Woche entsprach.
Messter hatte seine Wochenschauen in Inseraten mit einer Länge von "ca. 150 - 200 m" angekündigt. Der Film des Bild- und Filmamtes "Besuch Kaiser Karls im Großen Hauptquartier" hatte laut Filmliste Nr. 1 eine Länge von 206 m, nach der politischen Zensurangabe nur eine Länge von 161 m. Beide Längen reichten also aus, die "Extraausgabe der Messter-Woche" zu schaffen. Für Messter hätte kein Grund vorgelegen, eigene Aufnahmen mit dem Untertitel "Amtlich deutscher Film" zu versehen.

Nach dem Organisationsplan des Bild- und Filmamtes gab es Vertretungen in Spanien, Holland, Skandinavien, in der Schweiz, auf dem

Balkan und im Orient (unabhängig von der Deutschen Lichtbildgesellschaft), in Südamerika und in Nordamerika. Daß im Ausland auch Organisationen benutzt wurden, deren Stellung dem Reich zwielichtig erschienen, erwies sich in Schweden. Dort war für den Einsatz deutscher Filme der Vertreter der Firma Kathreiner-Malzkaffee in Stockholm, Bintz, zuständig. Das Büro, über das die Filmgeschäfte abgewickelt wurden, trug die Bezeichnung "Schwedenkonsortium". Im März 1917 äußerte sich Deutelmoser gegenüber Legationsrat Schmidt, das Auswärtige Amt sei damit einverstanden, daß das gesamte militärische, politische und sonstige Bild- und Filmmaterial des Bild- und Filmamtes in Skandinavien durch das Schwedenkonsortium verbreitet werde, obwohl das Schwedenkonsortium eine Schöpfung der Auslands GmbH in Essen sei. Von dieser seien auch der Deutsche Überseedienst, die Deutsche Lichtbildgesellschaft und die Auslands-Anzeigen GmbH mehr oder weniger abhängig. Deutelmoser fügte hinzu: "Wir hätten also die Schwerindustrie während des Krieges amtlich in den Sattel gehoben, damit sie uns nach dem Kriege hohnlächelnd davonritte und unbekümmert um uns, ihre eigenen Wege einschlage." 173)

Das Bild- und Filmamt hatte, laut Gründungsformulierung, die Aufgabe, die Aufklärung durch Bild und Film im In- und Ausland nach den Weisungen der Obersten Heeresleitung und des Auswärtigen Amtes vorzunehmen. Aber der Etat-Hinweis stellt die größere Abhängigkeit von der Obersten Heeresleitung deutlich heraus. Danach wurde das Bild- und Filmamt mit 45 000 Mark aus dem Propagandafond des Ib der Obersten Heeresleitung für die Zentralstelle für Auslandsdienst in Höhe von 150 000 Mark gespeist. Das war das Doppelte des Zuschusses des Auswärtigen Amtes. 174)

Hier wird deutlich, wie sehr auch die ZfA finanziell von der Obersten Heeresleitung abhängig war. Es wird daraus zugleich ersichtlich, wie stark die Stellung des Herrn Schumacher nach allen Seiten hin abgesichert war.

Die Versorgung der Front mit Filmen war eine der Aufgaben des Bild- und Filmamtes. Dr. Wagner hatte in seinem Vortrag 800 Frontkinos genannt, die mit Programmen versorgt würden. Wie solche Frontkinos aussahen, schilderte der "Kinematograph" am 18. Juli 1917. Ein Mitarbeiter, heißt es darin, habe die Gelegenheit gehabt, das Kriegskino eines großen Truppenübungsplatzes zu besuchen. Eine alte Scheune

sei mit wenigen Mitteln in ein "hübsches Theater" umgewandelt worden.
Es habe sogar über eine Offiziersloge verfügt.
Nach Dr. Wagner gehörte zu den weiteren Aufgaben des Bild- und Filmamtes die Schaffung einer Propagandaorganisation, die sich über das neutrale Ausland, nach Friedensschluß über das ganze Ausland verbreite. Aus genauer Kenntnis der Propaganda und Filmerzeugung der fremden Länder werde die deutsche Industrie rechtzeitig mit Anregungen und Aufträgen versorgt, um dem deutschen Film die Führung zu sichern und ihn zu einer werbenden Macht zu gestalten. 162)

Noch im gleichen Jahr, am 17. Dezember 1917, wurde als erster Schritt in dieser Richtung eine "Filmverteilungs GmbH" mit einem Stammkapital von 20 000 Mark gegründet. Im Zusammenhang damit stellte das Kriegsministerium 179 Bufa-Filme für Zwecke der Propaganda in Südamerika kostenlos zur Verfügung. 175)

Aber die Wünsche der Kinobesitzer im neutralen Ausland standen im Jahr 1917 im Widerspruch zu den Produktionsgegebenheiten des Bild- und Filmamtes. So heißt es in einem Bericht aus Bern, die deutschen Kriegsfilme seien nicht erwünscht. Die italienischen, französischen und amerikanischen Filme mit ihren talentvollen Schauspielern seien in der Qualität den deutschen weit überlegen. 176) Und der Vertreter des Bild- und Filmamtes in Amsterdam meldete am 12. September 1917, wichtig sei die Länge der Filme. An kurzen Filmen sei man nicht mehr interessiert, sondern nur an Filmen von mindestens 1000 m Länge - was damals einer Laufzeit von etwa 45 Minuten entsprach. 177) Diesen Wünschen wurden demnach die Frontfilme des Bild- und Filmamtes mit durchschnittlichen Längen von 300 bis 600, manchmal auch 900 m nicht gerecht.

Um diese Zeit, im September 1917, waren seitens des Bild- und Filmamtes gerade die Spielfilme "Jan Vermeulen, der Müller von Flandern" und "Das Tagebuch des Dr. Hart" mit jeweils etwas über 1000 m Länge herausgebracht worden. Aber dieses Angebot reichte sichtlich nicht aus, denn in einer Notiz um dieselbe Zeit heißt es: "Das Bild- und Filmamt wird vom Ausland ständig bedrängt, genügend Spielfilme zu liefern. Da dies aber nicht die eigentliche Aufgabe des Bild- und Filmamtes sei, habe von Haeften die Absicht, sich mit der Privat-

industrie in Verbindung zu setzen, um durch deren Unterstützung dem Mangel an guten, langen Spielfilmen abzuhelfen. [178)]
Die Folge dieser Bemühung wird aus einer Mitteilung der Gesandtschaft in Den Haag ersichtlich. Sie schrieb am 25. Oktober, man werde sich an die Firmen Messter und Eiko wegen der Lieferung langer Spielfilme wenden. Das Bild- und Filmamt müsse jedoch für sämtliche Kosten aufkommen. [179)]

Die neuen Probleme, die auf die maßgebenden Männer, wie Haeften, zukamen, wurden immer deutlicher. Aber die ersten Schritte, diese Probleme zu heben, waren inzwischen schon getan.

Wie schwer es war, im Herbst 1917 Propaganda für Deutschland zu machen, wird auch auf anderen Gebieten der Kultur ersichtlich. In einem Brief an Haeften vom 14. Oktober 1917 heißt es: "Falls wir oder die Verbündeten nach Venedig kommen sollten", müßte man rechtzeitig Filme vorführen, die das Kultur- und Kunstverständnis der Deutschen hervorheben. Die Italiener seien schon jetzt dabei, die beweglichen Kunstschätze zu entfernen, um sie vor den Deutschen zu schützen. [180)]

Inzwischen ging der Streit mit der Deutschen Lichtbild-Gesellschaft weiter. Immer wieder fielen Seitenhiebe der Bufa-Vertretungen auf sie ab.
So berichtet Legationssekretär von Hentig am 18.11.1917 an Major von Gillhausen, den Leiter der Bufa-Filmstelle, in der Türkei werde nichts mehr für die Propaganda getan, vor allem, seit die Balkan-Orient-Filmgesellschaft lediglich auf Erwerb hinziele. [181)]

Auch die Filmindustrie sah, trotz aller Beschwichtigungen, im Bild- und Filmamt mit seiner ständigen Ausweitung eine bedrohliche Konkurrenz. Am 6. Oktober 1917 richtete der Abgeordnete Dr. Müller-Meiningen im Reichstag eine dreiteilige Anfrage:

1. Ob dem Reichskanzler bekannt sei, daß das Bufa an die Kinobesitzer Fragebogen verschicke, durch welche sie zum Verrat ihrer Geschäftsgeheimnisse und zur Bekanntgabe ihrer Bezugsquellen aufgefordert würden? Ob ferner dem Reichskanzler be-

kannt sei, daß von amtlichen Stellen ein Druck zur Beantwortung dieser Fragen ausgeübt werde, sowie darüber, daß die amtlichen Filme unter starkem Druck und ständiger Kontrolle an die Kinotheater abgegeben würden.

2. Ob bekannt sei, daß das Bild- und Filmamt alle Filmkopieranstalten vollkommen mit amtlichen Filmen belegt habe, so daß die private Filmindustrie seine Lieferverpflichtungen nicht mehr einhalten könnte.

3. Ob die Regierung beabsichtige, das gesamte Film- und Kinowesen zu verstaatlichen. Ob das Bild- und Filmamt bereits eine Vorstufe auf dem Wege zur Verstaatlichung darstelle. Was gedenke der Reichskanzler zu tun, um diesen Eingriffen in die Gewerbefreiheit zu begegnen? [182]

Der letzten dieser für das Bild- und Filmamt peinlichen Anfrage lag zu Grunde, daß der Leiter des Amtes, Oberstleutnant von Stumm, seinem Vorgesetzten von Haeften vorgeschlagen hatte, wegen der gesteigerten Nachfrage nach Kopien, die Räume der Union-Film in Tempelhof zu erweitern und in eine Kopieranstalt umzubauen. Hinzu kam, daß das Oberkommando in den Marken eine Zusammenfassung der Filmfabrikationsbetriebe eingeleitet hatte, weil Kopier- und Entwicklungsmaschinen auf dem Markt nicht mehr zu haben waren. [183]

Zur ersten Frage antwortete die Regierung, die Fragebogen verfolgten den Zweck, dem Bild- und Filmamt eine möglichst genaue Übersicht über die augenblicklichen Verhältnisse der einzelnen Theater, der Aufnahmefähigkeit für die amtlichen Filme und ob und in welchem Umfang ein Beiprogramm untergebracht werden könne, zu verschaffen. Ein Druck zur Beantwortung dieser Fragen sei vom Bild- und Filmamt nie ausgeübt worden.

Zum zweiten Punkt der Anfrage erklärte die Regierung, es entspräche nicht den Tatsachen, wenn behauptet werde, das Bild- und Filmamt belege die bestehenden Kopieranstalten derartig mit Aufträgen, daß die Privatindustrie in ihrer Tätigkeit gehemmt werde. Wenn Kopieranstalten Aufträge der Privatindustrie mit der Behauptung abgelehnt hätten, sie seien vom Bild- und Filmamt mit Beschlag belegt, so

handele es sich um falsche Angaben. Das Bild- und Filmamt habe am
1. August eine Kopieranstalt gemietet, um den steigenden Bedarf für
die Versorgung des In- und Auslandes und der Feldarmee gerecht werden zu können. Schließlich sei die Schwierigkeit in der Herstellung
von Kopien für die Privatindustrie, die dem Bild- und Filmamt wohl
bekannt sei, in erster Linie auf Personalmangel, zum Teil aber auch
auf die Einschränkung des Verbrauches an elektrischem Strom zurück-
zuführen. Letztere ermögliche nur eine 50-prozentige Ausnützung der
vorhandenen Kopiermaschinen.

Eine Verstaatlichung des gesamten Bild- und Kinowesens sei nicht beabsichtigt. 182)

Noch ehe die Antwort der Regierung vorlag, hatte von Sonnenburg für
das Bayerische Kriegsministerium zu der Anfrage Stellung genommen
und festgestellt, daß das Kriegsministerium die Kinobesitzer ersucht
habe, den Verlangen auf den Fragebogen nicht stattzugeben. In Bayern
könne daher von einem Druck amtlicher Stellen nicht die Rede sein,
auch nicht von einer Abgabe der amtlichen Filme unter starkem Druck
und ständiger Kontrolle an die Kinotheater. Es werde demnächst zwischen Bufa und der Firma Ostermayer, mit Zustimmung des Kriegsministeriums, ein Vertrag abgeschlossen, der Ostermayer ein Monopol
für den Vertrieb der Bufa-Filme in Bayern einräume. Ostermayer habe
erklärt, er sei im Stande, die Filme in den zugkräftigen Kinotheatern
unterzubringen. 184)

Am 7. November 1917 unterrichtete das Kriegsministerium in Berlin
sämtliche preußischen Kriegsamtsstellen, sowie die Kriegsministerien
in Bayern, Sachsen und Württemberg, den Reichskommissar für die Koh-
lenverteilung und das Reichsamt des Inneren, daß es gelte, trotz
Einschränkungen auf dem Gebiet der Strom- und Kohleversorgung, den
Betrieb der Lichtspieltheater aufrecht zu erhalten. In diesem Rundschreiben werden Vorstellungen entwickelt, die 25 Jahre später fast
genauso hätten formuliert werden können. Es heißt dort: "Das Lichtspieltheater dient neben dem Unterhaltungszweck der Förderung vater-
ländischer Gesinnung und der Veranschaulichung der Kriegsführung zu
Lande, Wasser und in der Luft." Erfahrungsgemäß gehe das Publikum
mit Vorliebe in Kinovorstellungen, in denen das dramatische Element

im Vordergrund stehe; deshalb dürften die belehrenden und aufklärenden Filme nicht allein Verwendung finden. Es müsse vielmehr als notwendig anerkannt werden, daß das Drama und das Lustspiel als Hauptteil der Darstellung verbleibe. Das Material für den belehrenden und aufklärenden Teil der Kinovorstellung werde vom Bild- und Filmamt geliefert. Das Programm der Lichtspielhäuser setze sich zum größten Teil aus einem Drama von 1100 - 1300 m (ca. 1 1/4 Stunden Spielzeit), einem Lustspiel von 500 - 600 m (1/2 Stunde Spielzeit) und aus belehrendem und aufklärendem Filmmaterial (1/2 Stunde) zusammen. Das kriegswirtschaftliche Interesse an Lichtspielhäusern sei dadurch bedingt, daß es weiten Kreisen des Volkes eine Zerstreuung biete und zum anderen dadurch, daß Aufklärung und Belehrung in wirkungsvoller Form stattfänden.
Das Rundschreiben gibt Hinweise, wie Strom und Heizung gespart werden könnten. Was die Kohlebelieferung betreffe, so sei es zur Zeit oft unmöglich, selbst die dringendsten Forderungen zu erfüllen. Von Fall zu Fall müsse entschieden werden, wie weit andere Anforderungen unter der großen Bedeutung des Kinos zurückgestellt werden könnten.[185]

Daß seitens des Auswärtigen Amtes in dieser Zeit auch für junge Künstler, die später zu großem Ruhm gelangten, etwas getan wurde, beweist das Engagement des Gesandten Harry Graf Kessler, der an der deutschen Gesandtschaft in Bern die Interessen des Bild- und Filmamtes vertrat. Er verschaffte Helmut Herzfeld, der sich dann John Heartfield nannte, und dem noch unbekannten Maler Georg Grosz Arbeit beim Bild- und Filmamt.
Graf Kessler, nicht nur Diplomat, sondern Mitbegründer des Insel-Verlages, Begründer der "Cranach-Presse" in Weimar und Kunstmäzen, berichtete am 19. November 1917 dem Auswärtigen Amt, der Maler Georg Grosz sei ein außerordentlich witziger Zeichner. Er habe zudem die amüsante Idee, monatlich einen gezeichneten Film, eine Art Karikatur der Weltchronik, zu produzieren.[186] Daraufhin empfing am 22. Dezember 1917 Generalkonsul Kiliani Georg Grosz und dessen Freund, den Maler Herzfeld - alias Heartfield -, der damals die Zeitschrift "Neue Jugend" gemeinsam mit seinem Bruder Wieland Herzfeld herausbrachte. Georg Grosz hatte 1916 zum ersten Mal seine Zeichnungen in dieser Zeitschrift sehr erfolgreich veröffentlicht.[187]

Kiliani bzw. das Auswärtige Amt nahmen die Vorschläge der beiden
Künstler positiv auf. Beide bekamen einen Arbeitsauftrag beim Bild-
und Filmamt. So grotesk es erscheint, die beiden Kriegsgegner Grosz
und Heartfield schufen für die deutsche Kriegspropaganda einen Trick-
film mit dem Titel "Piére in St. Nazaire", der die Landung der ame-
rikanischen Truppen auf französischem Boden karikierte. Wieland
Herzfelde, der jüngere Bruder, der 1918 zu dieser Produktion stieß,
schildert sehr witzig Einzelheiten dieser Arbeit:
"Ich lag, in wessen Wohnung es war, weiß ich nicht mehr, auf einem
Kachelofen ziemlich unbequem auf dem Bauch, weil dicht über mir die
Zimmerdecke war, und knipste die Arbeit von Grosz und Heartfield.
Sie bewegten mit Stäbchen einzelne Gliedmaßen von Gestalten, die
Grosz gezeichnet hatte und Heartfield auf Karton geklebt hatte.
Nach diesen meinen Fotos wurde dann der Film hergestellt. Wieland
Herzfelde imponierte damals die Art, wie von Grosz gezeichnete
Wolkenkratzer kurz nach der Landung der Amerikaner aus dem fran-
zösischen Boden schossen.
Helmut Herzfeld und Georg Grosz hat die Arbeit besonders deswegen
befriedigt, weil sie beide vor einer weiteren Musterung bewahrt
blieben. Sie zogen deshalb auch die Arbeit endlos hinaus. Am Ende
wurde der Film nicht abgenommen. Einmal weil die Art, wie Georg
Grosz die deutschen Soldaten gezeichnet hatte, bei den Auftrag-
gebern, so schreibt Wieland Herzfelde, das Gegenteil von Begeisterung erweckt habe. Und dann, weil die Amerikaner zu dem Zeitpunkt,
da der Film fertig war, bereits an der Westfront durchgebrochen
waren. Trotz dieses Ärgers behielten Heartfield und Grosz ihre
Stellung beim Bild- und Filmamt. Graf Kessler hielt nach wie vor
seine schützende Hand über sie. Eine Kopie ihres Films war noch
in den 20er Jahren im Besitz von Heartfield. Bei einem Einbruch
in seiner Wohnung wurde der Film gestohlen.

Wieland Herzfelde hat danach noch an einem weiteren Film des Bild-
und Filmamtes als Assistent mitgewirkt. Es handelte sich um einen
Film über die Herstellung von Kartoffelflocken. Der Film wurde zum
Teil in der Nähe von Kyritz aufgenommen. Herzfeldes Aufgabe war
unter anderem, mittels eines Hakens von einer Starkstromleitung
Strom für die Beleuchtung der Fabrikhalle, in der die Aufnahmen
stattfanden, zu leiten. Er hatte einerseits für genügend Licht

für die Aufnahmen zu sorgen, andererseits aber auch dafür, daß der
Kartoffelstaub nicht durch allzu große Hitze in Explosion geriet.
In der Fabrikhalle hätten auch englische Gefangene gearbeitet. [188)]
Über die Fabrikation dieser beiden Filme liegen nur die Berichte
von Wieland Herzfelde vor. Sie sind durch die vorhandenen Unterlagen des Bild- und Filmamtes und die Veröffentlichungen der Polizeizensur nicht belegt.
Während der erstere, der die Landung der Amerikaner karikierte, als
Propaganda auch im Ausland, war der zweite vermutlich zur Aufklärung
der Bevölkerung gedacht.

Produktion und Auslandspropaganda liefen natürlich nebeneinander.
Ende November 1917, also zu der Zeit, da Herzfeld und Grosz von
Kiliani empfangen worden waren, kam eine Vereinbarung mit Oberstleutnant Kinkelen vom Auslandsdienst zustande. Kinkelen erhielt
danach das Alleinvertriebsrecht der militärischen Filme für Venezuela, Kolumbien, Equador, Peru, Chile, Argentinien, Bolivien,
Uruguay, Paraguay, Brasilien und Guayana. Am 12. Februar 1918 wurde
der Vertrag, der bis Kriegsende gültig sein sollte, auch auf Zentralamerika, Westindien und Spanien ausgedehnt. [189)]

Die ständigen Konflikte zwischen Heeresleitung und Reichsleitung
wurden im Januar 1918 Anlaß zu einer Neuordnung. Am 28. Januar 1918
gab das Armee-Verordnungsblatt Nr. 70 bekannt, im Einvernehmen mit
der Obersten Heeresleitung werde das am 30. Januar 1917 errichtete,
bisher der OHL/MAA nachgeordnete Bild- und Filmamt dem preußischen
Kriegsministerium unterstellt. Die bearbeitende Stelle sei die Nachrichtenabteilung des Kriegsministeriums.

Es ist nicht auszuschließen, daß die Unterstellung unter das Kriegsministerium Anlaß war, die Filmliste 1 mit den bisher erreichten
eigenen Produktionen und den in Auftrag gegebenen bzw. mit Hilfe
angekaufter Aufnahmen herausgegebenen Filmen als Beweis der etwa
einjährigen Tätigkeit, aber auch weiteren Kreisen vorzulegen. Immerhin enthält die Liste noch den im Januar 1918 von der Zensur
freigegebenen Spielfilm "Das Tagebuch des Dr. Hart", der Einblick
in das Feldsanitätswesen geben sollte. Die Regie hatte Paul Leni

geführt, später bekannt geworden durch die Filme "Hintertreppe" und "Das Wachsfigurenkabinett", in den Hauptrollen Heinrich Schroth, Käthe Haack und Dagny Servaes. An der Kamera stand Carl Hoffmann. Produzent war die Projektions AG "Union" (PAGU) Berlin. Im gleichen Monat Januar waren noch an Frontfilmen des Bild- und Filmamtes die Filme "Soll und Haben des Kriegsjahres 1917", "Der Waffenstillstand von Brest-Litowsk", "Die englischen Tanks von Cambrai" und "Des Kaisers Weihnachtsreise" von der Zensur freigegeben worden. Aus den Bezugsbedingungen war zu ersehen, welche Filme unmittelbar vom Bild- und Filmamt bezogen werden konnten und welche Filme nur zur Vorführung vor geschlossenen Gesellschaften, Jugend-Organisationen, Lazaretten, Schulen und für Veranstaltungen der Armee oder Marine verliehen wurden. [190]

11. "Die Gewissenlosigkeit der DLG"

Die Befürchtung, die DLG könnte ihre Beziehungen zu höchsten Reichsstellen dazu benutzen, ihre ehrgeizigen Pläne unter dem Mantel amtlicher Berechtigung zu verfolgen, war nur zu begreiflich. Bereits im Januar 1917, also zwei Monate nach ihrer Gründung, waren ihr die Anteile der Filmfirmen an der Balkan-Orient-Film GmbH angetragen worden. Zwar verwaltete Schumacher als Strohmann des Reiches noch die Hälfte des Stammkapitales, 100 000 Mark, aber seine enge Verbundenheit zur DLG hatte sich schon durch seine Mitgliedschaft im fünfköpfigen Arbeitsausschuß zur Gründung der DLG in der zweiten Hälfte 1916 erwiesen.

Zur Empörung des Bild- und Filmamtes hatte die DLG am 18. Januar 1917, also noch vor der offiziellen Gründung des Bild- und Filmamtes, in einem "Abgrenzungsvorschlag" gefordert, ihr als Arbeitsgebiete den Balkan und den Orient, ferner den Einsatz von Wanderkinos zuzuweisen. Durch ein Abkommen mit Bintz sollte ihr auch Schweden als Vertriebsgebiet zugesichert werden. Die Produktion von Filmen aus der Wirtschaft und dem zivilen Leben sollten ausschließlich zu ihrem Aufgabengebiet gehören.

Was aber den Zorn des Bild- und Filmamtes am meisten erregte, war die Forderung, nach Friedensschluß sollte das Bild- und Filmamt in der Deutschen Lichtbildgesellschaft aufgehen. [191)]
Kein Wunder, daß Oberstleutnant von Stumm auf diese Ansprüche entsprechend reagierte. Für die Zeit des Krieges müßte unbedingt darauf bestanden werden, daß die Tätigkeit der DLG eingeschränkt werde, schrieb er am 23. Januar 1917 an Unterstaatssekretär von Radowitz, zumal die DLG dazu neige, die Organisation des Bild- und Filmamtes zu erschüttern und sogar zu ersetzen. Deshalb müsse darauf verzichtet werden, das Arbeitsgebiet der DLG auf Schweden oder andere Länder außerhalb des Balkans auszudehnen. Die Arbeit des Bild- und Filmamtes dürfe nicht auf Aufnahmen militärischer oder politischer Art beschränkt werden.
Um andererseits den Einfluß des Bild- und Filmamtes zu sichern, schlug von Stumm vor, einen Vertreter des Bild- und Filmamtes mit Sitz und Stimme in den Aufsichtsrat oder den Vorstand der DLG zu

berufen. Möglicherweise hatte die DLG von diesem Protestschreiben keine Kenntnis genommen, denn schon am 9. Februar wiederholte Landrat Rötger, Vorsitzender des Verwaltungsrates der DLG, auf einer Besprechung zwischen DLG und MAA die Forderung, das Arbeitsgebiet des Bild- und Filmamtes ausschließlich auf politische und militärische Filme zu beschränken. Nach der Protokollnotiz "verlangte er, entweder volle Beseitigung der Balkan-Orient-Gesellschaft oder ihre Eingliederung als Tochtergesellschaft in die DLG." 192)
Gleichwohl versuchte das Kriegsministerium, zu einer Beilegung der Differenzen zu kommen. Das Interesse, zu einer Zusammenarbeit mit der DLG zu kommen, war sichtlich stark. Am 12. Februar schrieb es an das Auswärtige Amt, die DLG müsse mit dem der militärischen Stelle der Nachrichtenabteilung des AA unterstehenden Bild- und Filmamt unbedingt zusammenarbeiten. Es dürfe nur durch Vermittlung des Bild- und Filmamtes in den Besitz des Materials der amtlichen Stellen gelangen. 193)
Nach den Notizen vom 12. März 1917 führte das Auswärtige Amt "langwierige Verhandlungen", um einen zu großen Einfluß der DLG oder die Errichtung eines Monopolgebietes in der Türkei durch die DLG zu verhindern. 194)
Aber Landrat Rötger wehrte sich "gegen jede Beeinflussung durch das Auswärtige Amt" und auch gegen die Entwürfe einer Zusammenarbeit mit der DLG, die von Deutelmoser stammten. Rötger sah DLG und das Bild- und Filmamt als "zwei gänzlich gleichgestellte Konkurrenzunternehmen". 195)

Wie stark sich diese Vorstellung festgesetzt hatte, konnte man Ausführungen von Ludwig Klitzsch auf der Hauptversammlung der DLG entnehmen. Er betonte, die DLG werde auch dafür sorgen, daß der deutsche Film im Ausland zur Geltung komme. Sie habe deshalb als Grundlage den Aufbau eines großen deutschen Filmarchives in Angriff genommen, um nach Bedarf Bilder und Filme zusammen mit deutschen und fremdsprachigen Textmanuskripten ins In- und Ausland abgeben zu können. Dieses Bild- und Filmarchiv werde zugleich eine Fundgrube für in- und ausländische Journalisten und Schriftsteller, denen dadurch die Möglichkeit gegeben werde, ihre Aufsätze zu illustrieren. 196)
Man sieht, hier wird für Schumachers Bilderzentrale, die inzwischen dem Bild- und Filmamt angeschlossen worden war, ein Konkurrenzunter-

nehmen aufgebaut. Schumachers Reaktion auf diese für ihn zwiespältige Situation ist nicht überliefert.

Auch die Presse sah die DLG als Konkurrenz des Bild- und Filmamtes. Beim Reichsverband Deutscher Lichtspieltheater war, nicht ganz unberechtigt, der Eindruck entstanden, die DLG bediene sich amtlicher Unterstützung, um den Einsatz ihres Beiprogrammes in den Kinos zu erreichen. Örtliche Polizeiorgane hatten durch ihre Bereitschaft gegenüber der DLG dazu beigetragen. Direktor Coböken, DLG, vermochte die Kinobesitzer zu beruhigen. Es habe der DLG ferngelegen, von den Behörden eine Unterstützung zu erbitten.
Immerhin konnte man den Ankündigungen der DLG entnehmen, daß "zahlreiche Behörden und die wichtigsten Zentralorganisationen des öffentlichen Lebens" am Beiprogramm der DLG mitarbeiten. Der Kinematograph stellte dazu fest: "Soweit uns bekannt ist, gibt es ein Bild- und Filmamt, das eine eigene Propagandaabteilung besitzt. Es wäre für uns sehr interessant zu erfahren, ob dieses Amt mit der Deutschen-Lichtbild-Gesellschaft Hand in Hand arbeitet, wie das Verhältnis zueinander ist". [197)]

Um dieses Verhältnis zu klären, kam es am 29. März im Auswärtigen Amt zu einer vertraulichen Sitzung. Den Vorsitz führte Oberstleutnant von Haeften, anwesend waren: Generalkonsul Kiliani vom Auswärtigen Amt, Major Würz vom Kriegsministerium, Geheimrat Dr. Meister vom Innenministerium, Ministerialdirektor Schmidt vom Kultusministerium, Oberstleutnant von Stumm, Graf von Ortenburg, Leiter des Auslandsdienstes und Dr. Wagner vom Bild- und Filmamt. Von Haeften war in Angriffsstimmung. Er erinnerte an die Entwicklung der letzten Monate: die Gründung der MAA, dann des Bild- und Filmamtes "mit sieben militärischen Filmtrupps an den Fronten". Er betonte, die Inlandorganisation sei auf dem besten Wege gewesen, als plötzlich die DLG entstanden sei, "und zwar unter Führung der Schwerindustrie". "Die Balkan-Orient-Film GmbH des Bufa" sei in die DLG übergegangen. Die Verhandlungen hätten gezeigt, daß die DLG sich auch das Bild- und Filmamt "einverleiben" wollte. Die DLG habe Monopolbestrebungen. Man stünde jetzt, schloß von Haeften, am Scheideweg und vor der Frage, ob der Staat oder die Schwerindustrie die Sache in der Hand behalten sollten. In der Diskussion wandte sich Major Würz "scharf" dagegen, der DLG einen amtlichen Charakter zu verleihen. Die staatlichen Filminteressen seien im Bild- und Filmamt zu konzentrieren. Es klingt bereits an, daß das Kriegsministerium eine Ausweitung der Aufgaben des Bild- und Filmamtes im Auge hatte, nachdem sich die DLG den Vorstellungen des Reiches entzogen hatte.

Die Sitzungsteilnehmer waren sich einig in ihrem Urteil. Sie waren gegen die Vergrößerung des Machtbereiches der DLG. Das Bild- und Filmamt müßte nicht nur erhalten, sondern auch gestärkt werden. Der Deutschen Lichtbildgesellschaft wurde mitgeteilt, das Auswärtige Amt habe "in der Filmfrage" die Führung. Die DLG solle ihre Bedeutung auf dem Balkan unter Beweis stellen. [198)]

Zugleich wurde immer wieder "unangenehm vermerkt", daß die DLG Zeitungsnotizen verbreite, in welchen behauptet werde, sie sei "unter Mitwirkung des Reiches" gegründet worden. [199)]

Auch anderswo fand die DLG Kritik. Als die DLG gegenüber bayerischen Behörden den Wunsch ausdrückte, "man möge die Lichtspieltheaterbesitzer durch Auflagen zwingen, die Beiprogramme der DLG zu spielen", berichtete die Münchener Polizeidirektion am 19. Juli 1917 dem bayerischen Kriegsministerium, sie habe vom Polizeipräsidium Berlin die Auskunft bekommen, die Deutsche Lichtbildgesellschaft diene in erster Linie den Interessen der Schwerindustrie. Der Präsident des Verwaltungsrates, Landrat a.D. Dr. Röttger, sei zudem Vorsitzender des Zentralverbandes Deutscher Industrieller. Die DLG habe keinen amtlichen Charakter, stehe der preußischen Staatsregierung, wie dem Reich völlig unabhängig gegenüber. Sie habe bisher in Berlin eine über das Maß wohlwollender Stellungnahme hinausgehende Unterstützung nicht gefunden. In der Kinopresse werde die Gemeinnützigkeit der Gesellschaft stark in Zweifel gezogen. Man sehe zwar diese Angriffe für unberechtigt oder mindestens übertrieben an, aber das Polizeipräsidium in Berlin glaube nicht, eine Unterstützung des Unternehmens vorbehaltlos empfehlen zu können. In den Kreisen der Kinobesitzer stehe man den Bestrebungen der Deutschen-Lichtbild-Gesellschaft mit geteilten Gefühlen gegenüber. Während man einerseits ihre Bemühungen um Bildung gerne anerkenne, könne man andererseits die Befürchtung nicht gänzlich unterdrücken, daß die Gesellschaft sich zu einem lediglich materiellen Interessen dienenden Filmver-

leihgeschäft entwickele. Der Wunsch der Gesellschaft, man möge die
Lichtspieltheater durch Auflagen zwingen, ihr Programm zu spielen,
könne keine Berücksichtigung finden, weil zu einem solchen Vorgehen
jede gesetzliche Unterlage fehle. 200)
Zu diesem Thema schrieb der Redakteur Oscar Geller im Kinematographen: "Bei uns in Süddeutschland beginnt nämlich die ganze Geschichte etwas brenzlich zu werden, denn man fragt sich - und nicht
zu Unrecht - wie kommt ein Berliner (und somit preußisches) Unternehmen dazu, unsere Behörden in Bayern dazu zu bestimmen, dem Publikum vorzuschreiben, welche Art Filme es sich ansehen solle. Diese
Frage ist doch sicher berechtigt. Die Affäre wird aber noch weitaus
verwickelter, wenn man erfährt, daß es sich um ein rein privates
Unternehmen handelt, das sich bloß sehr geschickt mit dem Mäntelchen
des Patriotismus drapiert, und daß dahinter Leute stehen, deren politische Überzeugung uns im Süden stark gegen den Strich geht. Mit
welchem Recht werden also unsere Behörden in Anspruch genommen, die
Geschäfte jener Leute zu versehen?" ... "Wenn es sich um eine Propaganda durch den Film handelt, so ist doch das Bild- und Filmamt dazu
da, handelt es sich aber bei der Deutschen Lichtbildgesellschaft um
ein privates Geschäftsunternehmen, woher dann seine so exorbitante
Machtstellung, daß es von Berlin aus bayerischen Behörden seinem
Willen untertan macht?! Eine erschöpfende Aufklärung scheint mir da
sehr wünschenswert und je früher sie erfolgt, um so besser." 201)

Von Sonnenburg hatte schon zuvor den bayerischen Innenminister im
gleichen Sinne unterrichtet, aber auch die Argumente der DLG angeführt. Die DLG habe sich die Aufgabe gestellt, die deutschen Filmtheater mit populärwissenschaftlichen, kurzen Filmen und Landschafts-
und Industrieaufnahmen zu versorgen. Gerade an solchen Beiprogrammfilmen bestehe in Deutschland großer Mangel. Daher werde auch das
Unternehmen in einschlägigen Geschäftskreisen zunächst freudig begrüßt. Doch dürfe, so folgerte Sonnenburg, ein Zwang zur Aufführung
solcher Filme vorerst überhaupt nicht veranlaßt werden. 202)
Ein paar Tage später notierte er, das Reichsamt des Inneren habe mitgeteilt, daß der Gesellschaft keine behördlichen Aufträge zuteil
würden und habe ersucht, einstweilen davon abzusehen, mit der Gesellschaft behördlicherseits in Verbindung zu treten. 203)

Inzwischen hatten in Berlin die Auseinandersetzungen zwischen MAA bzw. Bild- und Filmamt und DLG immer schärfere Formen angenommen.
Am 19. April bat Oberstleutnant von Haeften das Auswärtige Amt, an alle Missionen im Orient und auf dem Balkan Anweisungen ergehen zu lassen, die Deutsche Lichtbild-Gesellschaft "bei Ausführung ihrer Tätigkeit" zu überwachen und regelmäßig darüber zu berichten. Aus den monatlichen Berichten der Auslandsvertretungen ersieht man, daß dieser Bitte entsprochen wurde. [204]

Oberst von Wrisberg, Kriegsministerium, schrieb zwar am 9. Mai 1917 an den Reichskanzler: "Die DLG muß vorläufig noch als eine vollkommen private Gründung angesehen werden." Aber im nächsten Satz bittet Wrisberg "um Mitteilung, ob und inwieweit man der Gesellschaft einen amtlichen Charakter zuzubilligen beabsichtige". Er selbst vertrat den Standpunkt, "vom Erfolg" der Gesellschaft auf dem Balkan dürfte es abhängen, "ob man ihr weitere Zugeständnisse" machen wollte. [205]

Am 22. Mai 1917 forderte von Haeften "beschleunigte Liquidation" der Balkan-Orient-Film-Gesellschaft, denn diese Gesellschaft und das darin investierte Kapital des Auswärtigen Amtes seien es, welche dem Verwalter dieses Kapitals und der DLG den Anlaß geben, sich als behördliche oder mindestens als behördlich unterstützte Organisation zu fühlen und sich in dem gegen das Bild- und Filmamt geführten Wettbewerb als halbamtlich hinzustellen.
Der Vorwurf gegen den "Verwalter des Kapitals" zielt eindeutig auf Schumacher. Dieser protestierte gegen eine Liquidation: Die Einführungskosten seien sehr hoch gewesen, die Gesellschaft bestehe erst vier Monate. Allein 114 Filme seien nach dem Balkan und in die Türkei versandt worden, für weitere 30 000 Mark seien Filme in Auftrag gegeben worden, deren Auswertung dauere monatelang. Bei einer Liquidation der Balkan-Orient-Filmgesellschaft müßte das alles als Verlust gebucht werden.

Trotzdem war es kein Wunder, daß Schumachers Ansehen gelitten hatte. Deutelmoser stellte fest, Schumacher könne nicht mehr Treuhänder des Reiches bleiben, da er gleichzeitig Angestellter der DLG sei. Für ihn sei Dr. Huck zu bestellen. [206]

Zu den schärfsten Angriffen auf die DLG kam es am 1. Juni. Zu dieser
Sitzung hatte das Auswärtige Amt Vertreter der Bundesregierungen und
der Reichsämter eingeladen. In der Einladung heißt es, der Leiter der
Militärischen Stelle des Auswärtigen Amtes, Oberstleutnant von
Haeften, beabsichtige, einen Vortrag über Zweck und Bedeutung des
bei der MAA begründeten Bild- und Filmamtes zu halten. Dem Vortrag
werde sich eine Aussprache über die Art der Zusammenarbeit des Bild-
und Filmamtes mit den staatlichen Behörden anschließen.
Nach den noch vorhandenen Auszügen aus dem Sitzungsprotokoll bestand
Haeftens Referat im Wesentlichen aus Vorwürfen gegen die DLG.
Er rekapitulierte erneut mit Heftigkeit die Entwicklung der vergangenen Monate. Das Bild- und Filmamt habe zur Durchführung der
gesamten Betriebsorganisation die DLG am meisten geeignet gehalten,
da sie sich nach dem Gründungsstatut auf gemeinnütziger Grundlage
habe entwickeln wollen. Noch vor der Gründung der DLG habe das Auswärtige Amt die Balkan-Orient-Filmgesellschaft ins Leben gerufen.
Danach habe sich gezeigt, daß die DLG eine Schöpfung der Schwerindustrie war, die den Staat ausschalten wollte. Bereits im Januar
1917 habe sie versucht, das Bild- und Filmamt "übers Ohr zu hauen".
Trotzdem habe das Auswärtige Amt der DLG zunächst den Orient als
Betätigungsfeld "zugewiesen". Jedoch sei auf dem Balkan, mit Aus-
nahme von Bukarest, nichts geleistet worden. In dieser Gleichgültig-
keit zeige sich die ganze Gewissenlosigkeit der DLG. Von Haeften
erinnerte an einen Beschluß vom 29. März, wonach eine Zusammenarbeit zwischen Bufa und DLG nicht erfolge. Er habe danach jede Verbindung zur DLG abgebrochen. Die Folge sei gewesen, daß die DLG das
Bild- und Filmamt in der Presse öffentlich angegriffen habe. So
hätten sich ihre wahren Absichten und der krasse Egoismus der
Schwerindustrie erwiesen.
Haeften berichtete weiter, er habe in diesem Sinne auch Ludendorff
Vortrag gehalten. Die beiden maßgebenden Herren der DLG, Rötger und
Widenmann, seien darüber sehr betroffen gewesen, "namentlich darüber,
daß sie von den Behörden durchschaut worden seien". Es hätte danach
eine erregte Unterhaltung stattgefunden, wobei die Herren auf die
Politik des Reichskanzlers geschimpft und erklärt hätten, die DLG
könne nicht in die Hände dieser Regierung gelegt werden, denn die
Gefahr des Einflusses der Sozialdemokratie sei zu groß.

Haeften forderte "offenen Kampf" gegen die DLG und Stärkung des Bild- und Filmamtes. Er umriß seine Vorstellungen einer Arbeitseinteilung. Das Bild- und Filmamt werde mit der Umbina-Film im besetzten Gebiet tätig, das Auswärtige Amt mit der Balkan-Orient-Filmgesellschaft, in Skandinavien das Schwedenkonsortium, obgleich es auch eine Gründung der Schwerindustrie sei, in der Schweiz und in Holland würden eigene Organisationen eingesetzt. Das Bild- und Filmamt arbeite weiter in Spanien, in Süd- und Nordamerika.

In der Diskussion sprach sich Landrat von Jakobi trotzdem für eine Zusammenarbeit mit der DLG aus. Schließlich war man sich einig, daß das Bild- und Filmamt bestehen bleiben müsse, daß aber kein Krieg zwischen ihm und der DLG geführt werden sollte. Noch einmal wurde von Haeften deutlich, die DLG sei "brutal, leiste nichts, sammle unter Vorspiegelung idealer Bestrebungen fortwährend Geld und Organisationen". Er schloß: "Ich werde die Macht des Staates nicht preisgeben." 207)

Die Vorstellung, daß "eine Privatfirma da sein müsse, auf welche das Reich Einfluß habe", stand wenige Tage nach von Haeftens Ausbruch, am 11. Juni 1917, diesmal im Reichsamt des Inneren, zur Debatte. Die DLG scheine dazu nicht geeignet, wurde ausdrücklich betont. Und was schon oft erklärt worden war, wurde nochmals wiederholt, es scheine nicht angängig, der DLG, schon mit Rücksicht darauf, daß sie sich ausschließlich in den Händen der Schwerindustrie befinde, die gesamte Werbearbeit des Reiches im Inland, gewissermaßen als behördlicher Stelle, zu übertragen. 208)
Anschließend teilte der Reichskanzler sämtlichen Bundesregierungen mit, daß mit der DLG behördlicherseits nicht in Verbindung zu treten sei, das Bild- und Filmamt sei als Trägerin der Inlandswerbung in Aussicht genommen.
Drei Wochen danach, am 4. Juli 1917, schrieb Ludendorff den berühmten Brief an den Kriegsminister, in dem er den Zusammenschluß der bedeutendsten Filmfirmen zu einem Konzern als "dringende Kriegsnotwendigkeit" forderte. In diesem Filmgeschichte machenden Schreiben, das immer als die "Geburtsurkunde der Ufa" bezeichnet wird, kritisierte Ludendorff "das Bestreben mancher Kreise, den Film für ihre Sonderzwecke zu verwenden" und deutlicher werdend, "die Schwer-

industrie, die in der Deutschen Lichtbildgesellschaft eine Stelle geschaffen habe, die zur Zersplitterung führen müsse."

Es fragt sich, ob Ludendorff diesen Brief geschrieben hätte, wenn sich die DLG dem Wunsch des Reiches, genauer, der Obersten Heeresleitung, noch genauer, des Oberstleutnant von Haeften gebeugt hätte, denn sie war ja als "Privatfirma" vorgesehen, auf die das Reich Einfluß nehmen wollte.

Auf die Frage, welche Rolle der Vortrag von Oberstleutnant von Haeften bei Ludendorff, von dem er auf der bewegten Sitzung am 1. Juni im Bild- und Filmamt berichtet hatte, gespielt hat, ist noch zurückzukommen. Die bisherige Geschichtsschreibung der Ufa-Gründung ist auf diese Rolle nicht eingegangen.

12. Bayerische Kritik am Bild- und Filmamt

Was man in Berlin sichtlich nicht erwartet hatte, war die Kritik, auf die das Bild- und Filmamt bei den bayerischen Behörden, vor allem dem bayerischen Kriegsministerium stieß. Die Bayern wollten nicht, daß sich das Bild- und Filmamt über ihre Köpfe hinweg und ohne ihre Zustimmung mit bayerischen Filmgesellschaften und Lichtspieltheaterbesitzern wegen des Vertriebs seiner Filme in Verbindung setzte. Bayern berief sich immer wieder auf seine Sonderrechte im Verband des Deutschen Reiches, auf Vereinbarungen, die bereits in der Geburtsstunde des Reiches, 1870, geschlossen worden waren. Dabei galt die Kritik der bayerischen Behörden nicht nur den ihnen nicht genehmen Verhaltensweisen des Bild- und Filmamtes, sondern auch der Qualität seiner Produktionen.
An einer Sitzung der Aufklärungsoffiziere am 6. - 9. August 1917 im preußischen Kriegsministerium hatte für Bayern als Aufklärungsoffizier Hauptmann Semmelmann teilgenommen. Sein Bericht an das bayerische Kriegsministerium war eine Kette kritischer Äußerungen. So erklärte er, aus den Vorträgen der Herren Oberstabsarzt Dr. Meissner und Dr. Wagner seien "irgendwelche für die Aufklärung beachtenswerte Gesichtspunkte" nicht hervorgegangen. Bezüglich der Bufa-Film, insbesondere der Spielfilme, fiel seine Kritik noch härter aus. Der Eindruck dieser Filme, schreibt er, sei "kein unbedingt befriedigender" gewesen. Zwar seien die Aufnahmen besser, als bei vielen, der in den Lichtspielhäusern gezeigten Dramen und Lustspiele, doch könnten die Sentimentalitäten der Bufa-Filme nicht als wertvolle Reform bezeichnet werden.
Und noch krasser Semmelmanns Kritik über die Frontfilme. Die Kampfszenen hätten einen direkt schlechten Eindruck gemacht. Sie seien nicht imstande, der Bevölkerung ein einigermaßen wahres Bild vom modernen Stellungskampf zu vermitteln. Auf jeden Soldaten, der an der Front gestanden hätte, müßten die Aufnahmen lächerlich wirken. Trotz gegenteiliger Versicherung halte er sie für gestellt.
Semmelmann warnte in seinem Bericht, diese Filme in größerem Umfang für die Truppenaufklärung einzusetzen. Sie könnten der Kritik kaum standhalten.
Auch die auf dieser Tagung vorgeführten Lichtbildreihen des Bild- und Filmamtes fanden nicht die Zustimmung des bayerischen Teil-

nehmers. Er schrieb, diese Lichtbildreihen entsprächen nicht den bayerischen Bedürfnissen. Ein großer Teil der Bilder sei unkünstlerisch und für Bayern uninteressant.
Zusammenfassend schließt Semmelmann seinen Bericht mit einem vernichtenden Urteil: "Das Bufa arbeitet mit großen Mitteln auf einem ausgedehnten Gebiet. Sein Material ist zum Teil nicht einwandfrei und entspricht den bayerischen Anforderungen nur in Auswahl." Das Bild- und Filmamt sei von ihm erneut darauf hingewiesen worden, daß nur die bayerischen Zentralstellen im Stande seien, den Bedürfnissen des bayerischen Volkes Rechnung zu tragen, daß Bayern sich daher in der ganzen Aufklärungsarbeit Selbständigkeit bewahren müsse. Das Bild- und Filmamt sei erneut ersucht worden, sich nur an die bayerischen Zentralstellen zu wenden und einen Verkehr mit untergeordneten Behörden zu unterlassen.
Auf der Tagung, so Semmelmann, sei von den einzelnen Offizieren "zwar viel geredet, aber wenig Neues gebracht worden". Die Art und Weise, wie bei einigen "außerbayerischen Dienststellen" die Aufklärung "kommandiert" werde, könne noch recht schädliche Folgen zeitigen. Es sei "zum Beispiel kaum zu erwarten, daß auf die Dauer sich die Arbeiterführer damit zufrieden geben" würden, daß die Militärbehörden "unter Umgehung der Führer die Arbeitermassen zu beeinflussen" suchten. - Eine für die damalige Zeit erstaunliche Auslassung eines königlich bayerischen Offiziers. [209)]
Um nicht den Eindruck zu erwecken, als sei solche Kritik allgemein gewesen, sei eine freundliche Beurteilung der Arbeit und Produktionen des Bild- und Filmamtes erwähnt. Auf einer Tagung im Großen Hauptquartier, also eigentlich beim Arbeitgeber des Amtes, die alle Fragen der Propaganda behandelte, kam das Gespräch auch auf das Bild- und Filmamt. Zu der Tagung waren Offiziere der verschiedenen Armee-Oberkommandos geladen, von denen man wiederum nicht erwarten konnte, daß sie einer Einrichtung der Obersten Heeresleitung sehr kritisch gegenüberstünden. So war es kein Wunder, daß die Arbeit des Bild- und Filmamtes "allseitig dankbar anerkannt" wurde. Einer der Offiziere befand die Lichtbilder des Bufa "als sehr gut", meinte allerdings, die Sichtung und Ordnung könnte verbessert werden und kritisierte die den Lichtbildreihen beigefügten Vortragstexte. Bemängelt wurde, daß bei der Truppe belehrende Filme fehlten. Major von Drosow von der MAA wies darauf hin,

daß solche Filme von der Industrie produziert würden. Das ließ man
nicht gelten, das Bild- und Filmamt sollte die Produktion nicht der
Privatindustrie überlassen, sondern diese Filme selbst herstellen.
Abschließend resumierte Major Nicolai,"der Tätigkeit des Bild- und
Filmamtes sei außerordentliche Anerkennung gezollt worden". Und, im
Gegensatz zur bayerischen Meinung, fügte er hinzu, den militärischen
Filmen müsse auch bei der Truppe Beachtung geschenkt werden, denn mit
diesen Filmen könne man Anschauungsunterricht zum Heeresbericht geben. [210]

Aber zurück zu Hauptmann Semmelmanns Bericht über die Tagung vom
August 1917.

Semmelmanns größten Ärger hatte "das zweideutige Verhalten von Dr.
Wagner" erregt. Es ging um eine zurückliegende Abmachung zwischen
dem Bild- und Filmamt und dem bayerischen Kriegsministerium in Sachen
Filmverleih in Bayern.

Am 12. Juli 1917 hatte das Bild- und Filmamt das Bayerische Kriegsministerium um gutschriftliche Äußerung über die Firma Bayerische
Filmvertriebs-Gesellschaft gebeten und gleichzeitig gebeten, im
Falle des Einverständnisses seitens des Bayerischen Kriegsministeriums, diese Firma zur Unterzeichnung des beigefügten Verleih-Vertrages zu veranlassen.

Nun hatte sich aber auf der Berliner Tagung Dr. Wagner gegenüber
Semmelmann dahingehend geäußert, der Vertrag sei bereits unterzeichnet. Und dies, obwohl die Prüfung durch das bayerische Kriegsministerium noch nicht beendet war und das Bild- und Filmamt noch
keinen entsprechenden Bescheid erhalten hatte. In Bayern war man
empört. Man vermutete, Bayern sollte aus dieser Vertragsangelegenheit ausgeschlossen werden. Und man reagierte entsprechend gereizt. [211]

Dr. Wagner sah sich aufgrund dieser Mißstimmung genötigt, zu einer
Aussprache nach München zu kommen.

Zu Beginn seines Besuches mußte er sich von Oberstleutnant von
Sonnenburg einen Vortrag über die "staatsrechtlichen Verhältnisse
Bayerns" gegenüber dem Reich anhören. Vor allem wurde ihm vorgehalten, daß "Versuche preußischer Zentralstellen, unter Umgehung
der bayerischen Zentralstellen auf bayerische Verhältnisse Einfluß
zu gewinnen, unbedingt abgelehnt werden müßten, das gelte auch für

den ohne Wissens Bayerns und ohne Berücksichtigung seiner Wünsche abgeschlossenen Vertrag. Bayern, so Sonnenburg, sei ein selbständiger Staat. Er empfahl Herrn Dr. Wagner das Studium der Urkunden. Er "warnte" ihn, "etwa zu versuchen, in Bayern Filialen des Bild- und Filmamtes ohne das Einverständnis der bayerischen Landesbehörden" zu gründen. Bayern müsse in seinem Haus der eigene Herr bleiben und könne nicht dulden, daß die Autorität und das Ansehen der Landesbehörden durch derartige Berliner Filialen untergraben werde."

Dr. Wagners Verlegenheit angesichts dieser Standpauke war verständlich. Er begründete den Vertragsabschluß mit der Bayerischen Film-Vertriebsgesellschaft mit dem "starken Drängen" der Obersten Heeresleitung. Das Bild- und Filmamt habe die zufällige Anwesenheit eines Vertreters der Gesellschaft in Berlin zur Erledigung des Vertragsabschlusses benutzen wollen.
Oberstleutnant von Sonnenburg, nun aber einmal in Fahrt, nahm den Besucher aus Berlin noch mehr in die Zange und brachte die "unklaren dienstlichen Unterstellungsverhältnisse des Bild- und Filmamtes" zur Sprache. Er fragte unumwunden, wem eigentlich das Bild- und Filmamt unterstellt sei. Dr. Wagner kam sichtlich in Verlegenheit. "Sehr unentschieden" notierte von Sonnenburg in seinem mehrseitigen Aktenvermerk. Dr. Wagner gab zu, das Bild- und Filmamt empfange Weisungen von der Militärischen Stelle des Auswärtigen Amtes, aber auch vom preußischen Kriegsministerium und von der Obersten Heeresleitung. Sonnenburg gab sich damit nicht zufrieden. Nach mehreren Zwischenfragen äußerte sich Dr. Wagner dahingehend, das Bild- und Filmamt unterstehe "eigentlich dem Auswärtigen Amt", zugleich einschränkend, "obgleich es fortgesetzt Weisungen von der Obersten Heeresleitung erhalte". Sonnenburg notierte: "Praktisch gesprochen sind also Deutelmoser, Major Nicolai und Major Warnecke seine Hintermänner."

Als die Frage behandelt wurde, wie die Bufa-Filme am zweckmäßigsten unter Wahrung der bayerischen Rechte der Aufklärungsarbeit dienstbar gemacht werden könnten, bekam das Gespräch nach Hinzuziehung von Vertretern der Bayerischen Film-Vertriebsgesellschaft und der "Geschäftsstelle für Aufklärung ", Reg. Baumeister Ratinger und Prof. Jakob, unerwartet neue dramatische Zuspitzungen, und zwar in eine Richtung, die von Sonnenburg veranlaßte, nun die Partei des

Bild- und Filmamtes zu ergreifen.
Die beiden Vertreter der Bayerischen Filmvertriebsgesellschaft kritisierten einmal die Preise, die sie für die Bufa-Filme zu zahlen hätten und erklärten zum anderen, beim Publikum sei das Interesse an Kriegsfilmen "äußerst gering". Sonnenburg notierte, die beiden Vertreter hätten auf die Anwesenden keinen günstigen Eindruck gemacht, sie hätten die Ansicht wachgerufen, daß die Bufa-Filme bei ihnen nicht gut untergebracht seien. Sie hätten zudem kein großes Interesse für die Angelegenheit verraten. Nebenbei erwähnt Sonnenburg, beide Vertreter seien Ausländer, nämlich "galizische Juden". Es sei ihm, von Sonnenburg, klar, daß Professor Jakob als Vorsitzender der "Deutschen Wacht" vollkommen im Sinne der Alldeutschen Partei arbeite und zudem enge Beziehungen zur Deutschen Lichtbild-Gesellschaft habe. Sonnenburg notierte: Jakob sei bei dieser Besprechung am 7. und 8. September in einer Weise hervorgetreten, die sich mit seiner nicht amtlichen Stellung kaum vereinbaren lasse. Er, Sonnenburg, befürchte, daß Jakob entschlossen sei, seine Tätigkeit zu mißbrauchen, womit sich das Kriegsministerium nicht einverstanden erklären könne.
Dieses Gespräch endete damit, daß Dr. Wagner erklärte, der Vertrag mit der Bayerischen Film-Vertriebsgesellschaft werde seitens der Bufa gelöst. Sonnenburg empfahl, an ihrer Stelle den Münchener Produzenten und Verleiher Ostermayer zu nehmen, was dann auch geschah.

Noch am gleichen Tag faßte von Sonnenburg seine Eindrücke von diesem Gespräch in einem Bericht an den Staatsminister des Inneren, Dr. von Brettreich, zusammen: "Es scheint mir nicht ausgeschlossen, daß Prof. Jakob seine Beziehungen zur Geschäftsstelle benützen will, um seine Bestrebungen als Mitglied der im Sinne der Alldeutschen Partei werbenden "Deutschen Wacht" und den Zielen der einseitig im Interesse der Schwerindustrie tätigen Deutschen Lichtbild-Gesellschaft in weiten Kreisen" zu verbreiten. Auch die Tatsache, daß Prof. Jakob preußischer Universitätsprofessor ist, dürfte in weiten bayerischen Kreisen der Ansicht Raum geben, daß er zu führender Rolle in der Aufklärungstätigkeit der Zivilbevölkerung Bayerns infolge seiner naturgemäß nur geringen Kenntnis des bayerischen Volkscharakters wenig berufen erscheine. Über seine

Kritik an Professor Jakob vergaß von Sonnenburg nicht, sich befriedigt über seinen Erfolg bei Dr. Wagner zu äußern. In seinem Bericht heißt es, er habe das "eigenmächtige" Verhalten des Bufa abstellen können. Es sei nicht zu befürchten, daß das Bild- und Filmamt weiterhin versuchen werde, die bayerischen Zentralstellen auszuschalten. 212)

Die Bestellungen von Filmen für einzelne Truppenteile liefen in den darauffolgenden Wochen gemäß den Vereinbarungen über das bayerische Kriegsministerium.
Aber Ungeschicklichkeiten seitens des Militärs bereiteten neuen Ärger.
Das stellvertretende Generalkommando des VII. Armee Korps in Münster schrieb als Trägerin der Aufklärungsarbeit in seinem Bezirk an den Provinzialverband der Kinematographie für Rheinland und Westfalen, "mit Rücksicht auf die Wichtigkeit, die der Film für vaterländische Aufklärungszwecke" habe, sei die Unterstützung des Verbandes bei der Verbreitung der patriotischen Filme des Bild- und Filmamtes erwünscht, damit diese möglichst allgemein zur Kenntnis der Bevölkerung kämen. Das stellvertretende Generalkommando bäte daher, die dem Verband angeschlossenen Kinobesitzer auf die Wichtigkeit der Übernahme der Filme im vaterländischen Interesse hinzuweisen. Dies sei auch im eigenen Interesse der Kinobesitzer, "als bei dem großen Mangel an Menschen und Material, insbesondere an Kohlen, die Frage der Kriegswichtigkeit der Kino-Theater schon in nächster Zeit unter Umständen von erheblicher Bedeutung sein dürfte!" Das Generalkommando könne nur für den Fall dafür eintreten, daß Kino-Theater als kriegswichtige Betriebe zu berücksichtigen seien, wenn es die Auffassung gewänne, daß das einzelne Kino-Unternehmen sich auch wirklich rückhaltlos in den Dienst der vaterländischen Aufklärungsarbeit stelle.

Um zu beweisen, daß es mit diesem Text voll übereinstimme, sandte das Bild- und Filmamt Abschriften dieses Briefes auch zur Kenntnisnahme an das bayerische Kriegsministerium. Man hätte die Reaktion voraussehen können. Von Sonnenburg vermerkte: "Die vom stellvertretenden Generalkommando der VII AK gewählte Art, die Verbreitung der Bufa-Filme durch eine versteckte Drohung mit Entzug der Kohlen zu erreichen, kann nicht als besonders glücklich bezeichnet werden. Eine Aufklärung, die statt einer freiwilligen Mitarbeit eine erzwungene wählt, setzt sich Angriffen aus und schadet sich selbst."

Das Bayerische Kriegsministerium sah sich folglich nicht in der Lage, den vom Bufa empfohlenen Weg zu beschreiten. Und den bayerischen Standpunkt erneut unterstreichend, überließ man die Empfehlung der Bufa-Filme, die ja vor allem der Zivilbevölkerung zugängig gemacht werden sollten, dem Bayerischen Ministerium des Inneren.[213)]

Wie bereits dargestellt, mußten alle Filme neben der militärischen Zensur auch einer örtlichen Polizeizensur zur Freigabe vorgelegt werden. Das Bild- und Filmamt wehrte sich verständlicherweise bezüglich seiner eigenen Filme gegen diese Handhabung.
In einem Rundschreiben des MAA vom 15. September 1917 an alle deutschen Bundesregierungen heißt es, wiederholt seien den Verleihern, die den Vertrieb der amtlichen Filme in den einzelnen Generalkommando-Bezirken in Händen haben, von den örtlichen Behörden Schwierigkeiten bereitet worden, indem die Nachprüfung der Filme durch örtliche Zensurstellen verlangt worden seien. Eine Nachprüfung der Bufa-Filme durch andere Stellen erübrige sich, da die Filme des Bild- und Filmamtes vom Generalstab des Feldheeres und vom Berliner Polizeipräsidium zensiert würden. Die Filme seien für alle Landesteile geeignet. Das Bild- und Filmamt bitte daher, den in Frage kommenden Stellen Kenntnis von der Handhabung der Zensur zu geben und die Behörden anzuweisen, die Zensurkarten des Berliner Polizeipräsidiums als genügend anzuerkennen. [214)]

Zwei Monate später unterstützte das preußische Kriegsministerium nochmals nachdrücklich diesen Standpunkt, indem es in einem Rundschreiben an alle Armee Oberkommandos und Generalkommandos, sowie alle Kaiserlichen und Königlichen Gouvernements darauf hinwies, daß "eine nochmalige Zensur durch örtliche Zensurstellen nicht erforderlich sei". Das Bild- und Filmamt stelle "lediglich Filme her, die zur Hebung der Stimmung im Sinne des Durchhaltens und aufklärend wirken" sollten. Durch unnötige Verzögerung bei der örtlichen Zensur sei aber häufig dieser Zweck bei aktuellen Filmen geschädigt worden. Das Berliner Kriegsministerium schließt mit dem Ersuchen, dafür Sorge zu tragen, daß den Filmen des Bild- und Filmamtes keine

Schwierigkeiten gemacht würden. [215)]
Bayern ließ sich jedoch nicht beeindrucken. In einem Rundbrief des bayerischen Kriegsministeriums heißt es:
Soweit lediglich die militärische Zensur in Frage stehe, sei allerdings zuzugeben, daß eine Vorprüfung der Bufa-Filme durch die OHL eine weitere Tätigkeit der örtlichen Zensurstellen "nach dieser Richtung sich erübrigen" würde. Die Filme des Bild- und Filmamtes dienten aber nicht nur militärischen Zwecken. In ihrem Bestreben, die Stimmung im vaterländischen Sinne zu festigen, könnten sie unwillkürlich von bestimmten "innenpolitischen Tendenzen" nicht ganz unbeeinflußt bleiben.
In dieser Richtung müßte aber im Interesse der Sache die eigene Zensurgewalt der bayerischen Stellen "unbedingt und uneingeschränkt" aufrecht erhalten bleiben, sowohl aus staatsrechtlichen Gründen, wie auch im Hinblick auf die keineswegs ausnahmslos günstigen Erfahrungen mit den Filmen des Bild- und Filmamtes, das naturgemäß nicht in der Lage sei, von Berlin aus, dem andersgearteten süddeutschen Geschmack in seinen Darbietungen Rechnung zu tragen". Und ins Grundsätzliche gehend, hier, wie überall, wo es sich um geistige Werte und die Geistesrichtung der Massen, also um sogenannte Imponderabilien handele, sei angesichts der Entwicklung des deutschen Volkes und seiner Stämme jede Art von Zentralismus von Übel. Der bayerische Kriegsminister empfahl, es daher bei dem bisher geübten Verfahren zu belassen, umsomehr, als durch die Überprüfung der Filme in Bayern den Verleihern keine Schwierigkeit erwüchsen. [216)]

Am 27. November 1917 fand im Kriegspresseamt in Berlin eine Besprechung über die Vereinheitlichung der Filmzensur statt.
Bei dieser Gelegenheit machte die Oberzensurstelle den Vorschlag, zur Vereinheitlichung der Zensur die militärischen Filme jeweils dem stellvertretenden Generalstab bzw. in Bayern dem Kriegsministerium vorzuführen.
Dagegen wurde eingewandt, daß dadurch alle einschlägigen Filme, die in der Provinz erschienen, eine für die Filmindustrie unerträgliche Verzögerung erlitten. Man gab bekannt, Ludendorff habe vorgeschlagen, beim Bild- und Filmamt eine Zensurstelle einzurichten, der alle militärischen Filme, die in Deutschland erschienen, vorgelegt werden sollten. Das Kriegsministerium habe sich diesem Vorschlag

angeschlossen. Der Obermilitärbefehlshaber sei bereit, eine entsprechende Anordnung für das ganze Reich zu erlassen.
Hierzu erklärte Bayerns Vertreter, im Hinblick auf das in Bayern geltende Sonderrecht sei eine derartige Verfügung des Preußischen Obermilitärbefehlshabers für Bayern nicht verbindlich. Es sei fraglich, ob sich die bayerischen Staatsministerien zu einer Übernahme dieser Bestimmungen auf Bayern bereitfinden würden.
Major von Ohlberg versicherte auf diesen Einwand, daß in die bayerischen Sonderrechte selbstverständlich nicht eingegriffen werden solle.
Als das preußische Kriegsministerium am Schluß der Sitzung den Vorschlag machte, auch in Friedenszeiten die Zensur aller Filme dadurch zu vereinfachen, daß diese zentral bei der Polizeidirektion in Berlin erfolge, fand dieser einstimmig Ablehnung. [217]
Dies geschah drei Jahre vor der Verkündigung des Reichslichtspielgesetzes im Mai 1920, das schließlich die Vereinheitlichung, allerdings noch aufgeteilt auf Berlin und München, brachte.

Auch ein weiterer Versuch der Oberzensurstelle in Berlin scheiterte am Widerstand Bayerns. Die Oberzensurstelle hatte im Dezember 1917 in München angefragt, ob Bayern "Leitsätzen für die Filmzensur" zustimmen würde. Die Leitsätze sollten sich auf Filme, die Heeres- und Marineangelegenheiten, des Nachrichten- und Abwehrdienstes beziehen, sowie Darstellungen aus der Kriegsindustrie behandeln, außerdem auch Aufklärungsfilme einschließen. Alle diese Filme sollten nach diesen Leitsätzen in Zukunft unter "Ausschluß der örtlichen Zensurstellen und Polizeibehörden" einer einheitlichen militärischen und zugleich polizeilichen Prüfung beim Stellvertretenden Generalstab, bzw. bei den zuständigen Kriegsministerien, unterworfen sein. [218]
Bayern stimmte nicht zu.

Es sei hier kurz zum Bewußtsein gebracht, daß sich die Kriegslage im Jahr 1917 weiter verschlechtert hatte.
Im Westen war im März die Heeresleitung gezwungen, die deutsche Front zwischen Arras und Soisson in die befestigte "Siegfried-Linie" zurückzuverlegen. Am 6. April hatten die Vereinigten Staaten Deutschland den Krieg erklärt. Schon im Verlauf des Sommers 1917 erschienen erstmals amerikanische Truppen an der Front. Im

November-Dezember kam es zu den Tankschlachten bei Cambrai. Ein Einbruch in die Siegfried-Stellung konnte allerdings zurückgeschlagen werden. Es gelang sogar den deutschen Truppen, Gelände zu gewinnen. Im Osten dagegen hatte die Februar-Revolution den Zaren zur Abdankung gezwungen. Um die Revolution weiter zu schüren, konnte Lenin aus seinem Schweizer Exil mit deutscher Hilfe nach Rußland zurückkehren. Im Dezember kam es zu einem Waffenstillstand zwischen Rußland und den Mittelmächten.
Im Orient siegte im Februar das englische Korps über die Türken und besetzte Bagdad. Im April konnten englische Angriffe bei Gaza zurückgeschlagen werden. Im November fiel jedoch Gaza erneut in englische Hand.
Im Vordergrund der deutschen Innenpolitik stand der Kampf der "Alldeutschen", der konservativsten Gruppe, gegen den als flau bezeichneten Reichskanzler von Bethmann Hollweg. Der unter ihrem Einfluß stehende Ludendorff hatte am 12. Juli 1917 mit Billigung Hindenburgs dem Kaiser ein Ultimatum gestellt. Darin brachte er zum Ausdruck, es sei unmöglich, zu Reichskanzler Bethmann Hollweg das Vertrauen zu haben, das für eine nützliche Zusammenarbeit zwischen Reichskanzler und OHL unerläßlich sei. Er, Ludendorff, könne dem Kaiser nicht mehr dienen und bäte um seine Entlassung. Der Kaiser beugte sich diesem einzigartigen Vorgehen und gab dem Kanzler den Abschied. [219]
Wilhelm II. berief einen Bürgerlichen, den preußischen Beamten, Dr. Georg Michaelis, zum Nachfolger Bethmann-Hollwegs. Staatssekretär des Auswärtigen Amtes wurde von Kühlmann, der nun Deutelmoser zum Chef des Nachrichtendienstes ernannte. Michaelis war nur 100 Tage mühsam haltbar. Wilhelm II. wählte den 74-jährigen bisherigen bayerischen Ministerpräsidenten Graf von Hertling, einen Wissenschaftler und gläubigen Katholiken, der zwar mehrere Jahre politisch tätig gewesen war, dem es aber an Tatkraft fehlte, sich gegen die Oberste Heeresleitung durchzusetzen. Dieser übergab Deutelmoser das Amt des Pressechefs beim Reichskanzler, das bisher Freiherr von Braun innegehabt hatte. [220]

13. "Eine Schlacht gegen die DLG"

Ende 1917 war es soweit. Die ablehnende Haltung der Deutschen Lichtbildgesellschaft gegenüber den Vorstellungen Haeftens und der Reichsleitung veranlaßte die Oberste Heeresleitung ab Sommer 1917 eine noch mächtigere und, wie sie sich versprach, propagandistisch wirksamere Filmgründung zu betreiben.

Es sei in Erinnerung gebracht. Am 11. Juni 1917 hatte im Reichsamt des Inneren eine Besprechung über das Verhältnis zwischen Bild- und Filmamt und der DLG stattgefunden. Damals war einstimmig festgestellt worden, "daß es nicht angängig erscheine", der DLG, "schon mit Rücksicht darauf, daß sie sich ausschließlich in den Händen der Schwerindustrie befinde", die gesamte Werbearbeit im Inland, "gewissermaßen als einer behördlichen Stelle" zu übertragen. Hierfür sei das Bild- und Filmamt da. Da das Bild- und Filmamt nach dem Krieg auf politische Schwierigkeiten stoßen könnte, hatte man sich geeinigt, es müsse "eine Privatfirma da sein, auf die das Reich Einfluß habe". Die DLG kam hierfür wegen ihres Verhaltens nicht in Frage. Haeften hatte die Gründung einer Gesellschaft für Filmherstellung und Vertrieb gefordert und Ludendorff entsprechend Vortrag gehalten. So war es zu dem berühmten Brief vom 4. Juli 1917 an das preußische Kriegsministerium, der in der Filmgeschichte immer wieder als Anstoß zur Gründung der Ufa angesehen wird, gekommen (siehe Anlage).

Welche Rolle Haeften in dieser Sache gespielt hat, schilderte sein späterer Kollege im Reichsarchiv, Dr. Karl Demeter, 1925 in einer eingehenden Darstellung. [221] Demeter, der sich ausdrücklich auf die mündlichen Äußerungen von Haeftens und auf Akten des Reichsarchivs stützt, schildert darin nochmals Haeftens Bemühungen um die DLG, schildert nochmals die erheblichen Verschiedenheiten der Standpunkte, Meinungen und Interessen und bestätigt damit die Darstellungen des Verfassers. Danach hat das Bild- und Filmamt,"das bisherige Instrument" wegen seines behördlichen Charakters die weitergehenden Aufgaben nicht erfüllen können. Schließlich sei Haeften - Demeter verwendet statt des Namens die Bezeichnung "der Leiter der MAA" - zu der Ansicht gekommen, das Reich müsse den Aktien- bzw. Anteilbesitz der heimischen Filmindustrie, sowie die

Aktenmehrheit der Nordisk Film käuflich erwerben und so, unter rein staatlicher Regie, ein großes deutsches Filmunternehmen gründen. Nach Haeftens Ansicht habe die allgemeine Lage der deutschen Filmindustrie das Gelingen eines solchen Planes begünstigt.

Nach Demeter hat Ludendorff diesem Plan seine volle Zustimmung gegeben und darauf am 4. Juli 1917 einen diesbezüglichen Antrag an das preußische Kriegsministerium gestellt. Das Kriegsministerium sei zwar skeptisch gewesen, aber trotzdem habe das Projekt die Billigung der Obersten Heeresleitung, des Reichskanzlers und der in Frage kommenden Reichsämter gefunden. Haeften sei beauftragt worden, die Realisierung des Vorhabens im unmittelbaren mit dem Reichsschatzamt zu betreiben. Der Reichskanzler selbst habe diesem Amt die erforderlichen Weisungen zugehen lassen.

Nach Demeters Darstellung, die - man muß dessen bewußt sein - von Haeften inspiriert war, hat sich jedoch im Verlauf der Besprechungen erwiesen, daß die Gründung und der Aufbau eines so "riesigen Filmblocks", allein mit bürokratischen Kräften und allein auf rein staatlicher Grundlage nicht zustande kommen konnte. Demeter schreibt, "um so den verheißungsvollen Plan nicht im letzten Augenblick an formalen Fragen scheitern zu lassen, habe sich Haeften entschlossen, die privatwirtschaftliche Initiative in den Dienst seiner Sache" zu stellen. Bei Emil von Stauss, dem Direktor der Deutschen Bank, den er in seine Pläne eingeweiht habe, sei er auf größtes Interesse und Verständnis gestoßen.

In seiner weiteren Darstellung folgt Demeter den bekannten Daten der Filmgeschichte.

Stauss schlug die Gründung eines gemischt wirtschaftlichen Unternehmens unter Heranziehung des Großkapitals vor. Staat und Privatwirtschaft sollten gemeinsam beteiligt werden. Mit den in Frage kommenden Behörden wurden in diesem Sinne Gespräche geführt. Sie, wie auch der Reichskanzler stimmten dem neuen Plan zu. Aufgrund der Genehmigung des Reichskanzlers wurde das Vorhaben zur Entscheidung gebracht. Nach Demeter hat dann "auf Wunsch" von Haeften die Deutsche Bank und das preußische Kriegsministerium die weitere praktische Ausgestaltung in die Hand genommen. Demeter schildert sehr ausführlich die weiteren Verhandlungen, die dann am 18. Dezember 1917 zur Gründung der Universum Film AG mit einem Kapital von 25 Millionen geführt haben. [221)]

Immerhin sind die Verhandlungen, die zur Ufa-Gründung führten, sichtlich so geheim geführt worden, daß sie einen Schock bei der Leitung der Deutschen Lichtbild-Gesellschaft auslösten. Am 24. Dezember schrieb Ludwig Klitzsch an Hugenbergs rechte Hand und ältesten Mitarbeiter, Dr. Thorndike, die Ufa-Gründung sei "eine Schlacht gegen die DLG". Er bat Thorndike, seinen Brief dringend an Hugenberg weiterzugeben. Klitzsch zeigte sich in diesem Brief über die Kapitalverhältnisse der Universum-Film noch nicht sehr gut unterrichtet. Er folgerte irrtümlich, da Hauptaktionär der Ufa eine ausländische Firma, nämlich die Nordisk sei, dürfe die Ufa unter keinen Umständen den Anspruch erheben, ein Unternehmen von nationaler Bedeutung zu sein. Klitzsch hielt eine Gegengründung für möglich, denn die Ufa-Ausdehnung könne zu einer Gefahr für die DLG werden. [222] Daß aus dieser Gegengründung nichts geworden war, konnte van den Bergh am 12. April 1918 auf einer Sitzung des Ufa-Arbeitsausschusses mitteilen. [223]

Schon wenige Tage nach der Ufa-Gründung am 24.12.17 ergab sich zwischen von Haeften und dem Kriegsministerium unterschiedliche Auffassung über die Frage, in welchem Verhältnis die Ufa und das Bild- und Filmamt zueinander stehen sollten. Haeften vertrat die Meinung, nach dem Krieg müsse das Bild- und Filmamt die Ufa kontrollieren. Dagegen argumentierte van den Bergh, die Oberste Heeresleitung beabsichtige noch während des Krieges mit Hilfe der Ufa wirkungsvoll propagandistisch zu arbeiten. Die Ufa dürfe sich nicht auf wirtschaftliche Interessen beschränken. Sie müsse eine militärische Stelle werden. "Zudem werde die Ufa billiger arbeiten", fügte van den Bergh mit einem Seitenhieb auf das Bild- und Filmamt hinzu.
(Daß dieser Seitenhieb berechtigt war, stellte sich bei Kriegsende heraus. Erst danach wurde offenkundig, wie kostspielig das Bild- und Filmamt gearbeitet hatte.) Aber auch Major Grau widersprach den Vorstellungen Haeftens. Dabei entwarf er ein treffendes Bild der inneren Konstruktion des neuen Unternehmens. Die Ufa setze sich, so Grau, aus mehreren Firmen zusammen, die, wie etwa die Nordisk, die Messter-Film, die Union-Film, sämtlich selbständig weiter arbeiten würden. Die Ufa sei lediglich der Mantel. Das

Bild- und Filmamt könnte in gleicher Weise dazu kommen, sie könnte die "rein militärische Abteilung" der Ufa werden. Dies auch unter dem Gesichtspunkt, daß die Ufa "fast staatlichen Charakter" habe. Das Reichsschatzamt habe als "condition sine qua non" vorausgesetzt, daß alle bereits staatlichen Filmeinrichtungen in den Besitz der Ufa übergingen. [224)]

Drei Wochen später, am 14. Januar 1918, unterrichtete der preußische Kriegsminister die Reichsämter und preußischen Staatsministerien über die Gründung der Ufa. Sie sei "auf Wunsch der Obersten Heeresleitung" erfolgt, "und zwar unter erheblicher Kapitalbeteiligung des Reiches". In dem Rundschreiben wird als Aufgabe der Universum Film AG besonders herausgestellt, "die Kräfte der deutschen Filmindustrie zusammenzufassen", um diese vom Ausland unabhängig zu machen. Im Kriegsministerium ging man davon aus, daß die Ufa auch im Ausland mit den bisher vorherrschenden französischen und amerikanischen Filmen erfolgreich in Wettbewerb treten werde. Als wichtige Betätigung in der Heimat sollten der Ufa "bedeutende Aufgaben auf dem Gebiet der Volks-Bildung und -Aufklärung" zufallen. Aus diesem Grund waren der Ufa auch seitens der Regierung vertraglich weitgehende Förderung zugesichert worden. [225)]
In dem Rundbrief des Kriegsministeriums wurden die angeschriebenen Ressorts zu einer Besprechung zum 30. Januar 1918 in den Sitzungssaal des Kriegsministeriums eingeladen, "um der Bedeutung des Unternehmens noch größeres Gewicht zu verleihen".

Auf dieser Sitzung zeichnete Major van den Bergh in seinem einleitenden Referat sehr ausführlich ein schauriges Bild der deutschen Filmverhältnisse vor dem Krieg. Er stellte nochmals heraus, wie zersplittert "und rückständig" die deutsche Filmindustrie gewesen sei. Die eigene Produktion sei geringfügig, das Gebotene oft minderwertig gewesen, was zu ihrer Abhängigkeit von den großen Firmen des Auslandes, besonders Frankreichs, Amerikas und Italiens geführt habe. So sei das Filmwesen in Deutschland insgesamt ein Ausbeutungsobjekt für Leute, die rein persönliche Gewinnziele verfolgt hätten, gewesen, was die Überschwemmung des deutschen Marktes mit ausländischen Filmen und wirtschaftliche Nachteile für die deutsche Industrie zur Folge gehabt hätte.

Van den Bergh kam im weiteren Verlauf seiner Rede auf die Situation
seit Kriegsbeginn zu sprechen. Wenn auch die feindlichen Filme vom
deutschen Markt verschwunden seien, so sei doch ihr Einfluß auf das
neutrale Ausland geblieben. In diesem Zusammenhang betonte er nochmals die "überragende Bedeutung des Lichtbildes und des Films" sowohl für rein militärische Zwecke, als auch für die allgemeine Aufklärung und propagandistische Betätigung. Diese Bedeutung des Films
sei von den Feinden bereits frühzeitig erkannt worden. Aus all diesen Gründen, aus militärischen, wie auch Interessen des Reiches sei
ein umfassender Ausbau des Filmwesens in Deutschland geboten gewesen. Deshalb habe das Reich vor einem Jahr das Bild- und Filmamt
ins Leben gerufen. Es habe einen "gewaltigen Aufschwung" zu verzeichnen, betonte van den Bergh. Als "Hemmung" stellte er die Tatsache dagegen, daß die Nordische Filmgesellschaft, die allein in
Deutschland 40 große Filmtheater aufgekauft, sich auch in der
Schweiz, in Holland und in Österreich überragenden Einfluß gesichert habe. Zu den hemmenden Einflüssen rechnete van den Bergh
auch die Tätigkeit der Deutschen Lichtbildgesellschaft, wieder mit
dem Hinweis, "eine Gründung der Schwerindustrie", die sich bemühe,
die deutsche Filmindustrie unter ihrer Leitung zusammenzuschließen.
Erneut hören die Sitzungsteilnehmer, was sie schon früher anhören
mußten, wie sich die Dinge seit Sommer 1917 entwickelt hatten, daß
sich die Oberste Heeresleitung im Interesse einer großzügigen Propaganda an das Kriegsministerium gewandt habe. Van den Bergh schilderte die dann in Lauf gekommenen mehrwöchentlichen Verhandlungen
zwischen Reichskanzler, dem Reichsschatzamt und der OHL. Schließlich sei das gesteckte Ziel, die Gründung einer großen privaten
Aktiengesellschaft erreicht worden. Und als besonderen Hinweis,
wesentlicher Moment der Gründung sei, daß die behördliche Beteiligung ganz im Hintergrund bleibe, daß das Unternehmen "nach außen
nur als Privatgesellschaft erscheine".
Aus van den Berghs Vortrag ging hervor, daß der Ufa "jede staatliche Förderung" vertraglich zugesichert wurde, damit sie "wirt-
schaftlich erfolgreich arbeiten" könnte. Alle staatlichen Einrichtungen auf dem Gebiet des Bild-, Film- und Kinowesens sollten durch
Verkauf auf sie übergehen. Der gesamte Vertrieb amtlicher Filme
sollte auf sie übertragen werden. Der "überragende Einfluß", den
man ihr innerhalb der deutschen Filmbranche zugesichert hatte,

ging aus der Tatsache hervor, daß sämtliche deutsche Lichtspieltheater der Nordisk und ein Teil ihres dänischen Aktienkapitals erworben worden war.

Für das Bild- und Filmamt hatte van den Bergh wenig Tröstliches. Sie sollte "in verkleinerter Form" als Verwaltungs- und Vermittlerstelle zwischen den Behörden und der Universum Film AG bestehen bleiben. Ob es nach dem Krieg einer anderen Behörde angegliedert werden würde, stehe noch nicht fest. Die Ufa wiederum sei auch nach dem Krieg amtlicher Förderung würdig. Van den Bergh forderte die Herren der einzelnen Ressorts auf, sich zu überlegen, wie diese Förderung seitens ihrer Ämter aussehen könnte.

Major Grau, der am 23.12.1917 vom Kriegsminister freigegeben worden war, um in den Ufa-Vorstand eintreten zu können, legte in der Diskussion ein Zusammengehen von Ufa und DLG nahe, damit im Ausland ein Konkurrenzkampf deutscher Firmen vermieden werde. Die Ziele seien doch die gleichen.
Aber Oberstleutnant von Haeften, stets allergisch, wenn die DLG erwähnt wurde, lehnte "jegliches Zusammengehen" amtlicher Stellen mit der DLG ab und entwickelte erneut einen Überblick über die unerquicklichen Verhandlungen, die seit einem Jahr etwa zwischen Bufa und DLG hin- und hergingen. [226]

Mit der Bitte, die Bestrebungen der Ufa nach Kräften zu unterstützen und ihr alle Aufträge zur Herstellung von Filmen, die vergeben werden sollten, zu übertragen, wandte sich der Reichskanzler mit einem Schreiben vom 12.3.1918 auch an das Reichsmarineamt. [227]

Was aber mag den Reichskanzler am 12. März veranlaßt haben, nochmals alle die Gründe, die dazu geführt hatten, die Ufa, als "wichtiges Kriegsmittel", das es voll auszunützen gelte, zu wiederholen? War es möglicherweise die Denkschrift, die der inzwischen zum Oberst beförderte von Haeften im Einverständnis mit Ludendorff am 14. Januar der Reichsregierung unterbreitet hatte? Später beklagte sich Haeften bei General Schwertfeger, die Reichsregierung habe auf diese Denkschrift überhaupt nicht reagiert. Er hatte darin gefordert, die

Reichsregierung müsse noch vor Beginn der großen Frühjahrsoffensive eine politische Friedensoffensive einleiten, um die Friedensströmungen bei den Feinden zu stärken. Nach seinen eigenen Erinnerungen war Haeften davon überzeugt gewesen, daß bis zum Herbst 1918 ein Frieden herbeigeführt werden müßte, und zwar "solange das deutsche Schwert noch scharf sei". [228)]

Die Reichsregierung war auf diese Denkschrift nicht eingegangen. Immerhin aber schrieb nun der Reichskanzler nochmals ausführlich an den Staatssekretär des Reichsmarineamtes, welche Gründe die Reichsregierung veranlaßt hatten, einer privaten Filmgesellschaft mit einem Aktienkapital von 25 Millionen Mark, auf deren Geschäftsführung das Reich "maßgebenden Einfluß" habe, auf die Beine zu helfen. Nochmals nennt er die Aufgaben, die schon auf der Sitzung vom 30. Januar mitgeteilt worden waren, und nochmals betont er, daß das Bild- und Filmamt "zunächst als militärische Verwaltungs- und Vermittlungsstelle zwischen Ufa und den Kommandostellen, sowie Behörden" bestehen bleibe. Etwaige Aufträge würden daher zweckmäßig durch Vermittlung des Bild- und Filmamtes an die Ufa erteilt. [227)]

Wenige Tage vor diesem Schreiben des Reichskanzlers an das Reichsmarineamt hatte das Kriegsministerium in einem zwar geheimen, aber an über hundert Adressaten versandten Rundschreiben nochmals rekapituliert, was die Reichsregierung veranlaßt hatte, die Ufa zu gründen, zugleich aber auch dargestellt, wie es sich die Tätigkeit der Ufa in der Nachkriegszeit vorstellte. Die Ufa werde auch nach dem Friedensschluß von Bedeutung sein, da Film und Lichtbild auch im Frieden in der Armee eine erhebliche Rolle, als Mittel der Belehrung, des Unterrichts und auch der Unterhaltung spielen werde. [229)]

In seinem Schreiben vom 12. März 1918 an das Reichsmarineamt hatte der Reichskanzler kurz auch auf die Rolle der Deutschen Lichtbild-Gesellschaft hingewiesen. Sie sei "keine behördlich beauftragte Stelle. Es schwebten aber Verhandlungen, die eine Beteiligung der Deutschen Lichtbild-Gesellschaft bei der Ufa und dementsprechend ein gemeinsames Vorgehen der beiden Gesellschaften bezweckten." Zu dieser Verständigung kam es bereits Ende März 1918. Es wurde

über die Möglichkeit einer Interessengemeinschaft, insbesondere auf
dem Gebiet des Auslandsgeschäftes verhandelt. [230]

Nichtsdestotrotz bestanden zwischen Bild- und Filmamt und DLG die
alten Fronten. Die Mitarbeiter des Bild- und Filmamtes bei den
deutschen Vertretungen unterließen es in kaum einem Monatsbericht,
sich kritisch über die Arbeit der DLG zu äußern. So berichtete
Major Friderici am 6. Februar 1918 aus Bulgarien, die Balkan-Orient-
Filmgesellschaft betreibe die ihr zugewiesenen Propagandaaufgaben
nur nebenbei. Er rät, die Reichsregierung sollte ihren Vermögens-
vertrag mit der DLG aufgrund deren Unfähigkeit lösen. Zudem sei die
DLG für die Friedensarbeit unzureichend vorbereitet. [231] Dieses
Urteil beweist, wie wenig der Major die Fähigkeiten der maßgebenden Herren der DLG erkannt hatte.

Um dieselbe Zeit meldete der Beauftragte des Bild- und Filmamtes
aus der Türkei, dort sei von einer Tätigkeit der DLG nichts zu
merken. [232]
Aber auch zwischen dem Bild- und Filmamt und der Ufa entstanden
Spannungen. Am 19. Februar 1918 schrieb das Bild- und Filmamt an
das Auswärtige Amt, der wöchentliche Bilderversand sei von 855
auf 60 000 Bilder gestiegen. Der Zuschuß des AA in Höhe von monatlich 46 000 Mark sei zu gering. Die Ufa, heißt es dann weiter,
könne die Propagandaarbeit des Bufa nicht übernehmen und erst
recht nicht vergrößern.
Auf dieses Schreiben hin erhöhte das Auswärtige Amt den monatlichen
Zuschuß auf 50 000 Mark. Nachdem allerdings das Bild- und Filmamt
von MAA losgelöst und dem Kriegsministerium unterstellt worden war,
hörten diese Zahlungen auf. [233]

Am 4. April 1918 kam es zu einer gemeinsamen Sitzung, an der von
Haeften für die MAA, Ludwig Klitzsch für die DLG und Braatz für
die Ufa teilnahmen. Es stand die Propagandatätigkeit in Rumänien
zur Debatte. In Rumänien, das seit Anfang 1917 in deutscher Hand
war, sollte eine selbständige Propagandastelle, getrennt von der
Gesandtschaft, aufgebaut werden. Diese sollte möglichst "verdeckt"
arbeiten. In diesem Zusammenhang schlug von Haeften vor, die Ufa
sollte die vom Bild- und Filmamt in Bukarest errichteten Front-

kinos aufkaufen. Wie die Ufa auf diesen Vorschlag reagiert hat, ist nicht bekannt. Vermutlich ist eine Realisierung nicht mehr zustande gekommen. [234)]

Angesichts der immer wieder betonten Wichtigkeit der Ufa als "Kriegsmittel", sind Befürchtungen, "daß die Ufa staatlichen und militärischen Charakter erhalte", wie sie die deutsche Gesandtschaft in Bern äußerte, durchaus verständlich. In dem Schreiben vom 6. März 1918 heißt es, durch den Eintritt des Major Grau vom Kriegsministerium und des Dr. Meissner vom Bild- und Filmamt in die Ufa trete deren amtlicher, um nicht zu sagen militärischer Charakter so stark in Erscheinung, daß es ausgeschlossen sei, sie dem Ausland gegenüber noch als privates Unternehmen geltend zu machen. [235)]

Noch um die Zeit, als ausdrücklich aufgrund der Ufa-Gründung beschlossen worden war, die Tätigkeit des Bild- und Filmamtes auf reine Verwaltungs- und Vermittlungstätigkeit zu beschränken, sah jedoch die Heeresleitung, also Ludendorff und von Haeften, schon neue Aufgaben vor. Vorerst sollte beim Bild- und Filmamt ein Archiv geschaffen werden, in dem Aufnahmen aller Art, besonders geheimer Vorgänge eingelegt werden sollten. [236)]

Im Gegensatz dazu sorgten sich andere Reichsstellen um die Ufa. Als Deutelmoser Ende 1917 die Herstellung eines "großen Spielfilmes zur Aufklärung über deutsche Verhältnisse" geplant hatte, war bereits die Ufa als Produzentin vorgesehen. Für die Produktion sollte die damals unerhörte Summe von 1 Million Mark bereitgestellt werden. Für das Manuskript wollte man den Schriftsteller Gustav Meyrink, bekannt geworden durch den Film "Der Golem", gewinnen. Nach einem Schreiben von Professor Berns vom 12. Nov. 1917 an Deutelmoser hatte Meyrink erkennen lassen, daß er die politische Aufgabe in technischer und künstlerischer Beziehung vollkommen verstanden habe. Da aber Meyrink erkrankt war, wurde vorerst ein Kuraufenthalt für ihn vorgesehen. [237)]
Vermutlich ist dieses große Vorhaben identisch mit einem Filmvertrag, der im Januar 1918 zwischen Meyrink und der Internationalen Gastspiel GmbH - einer Tarngründung des Auswärtigen Amtes - abgeschlossen werden sollte bzw. sogar abgeschlossen wurde.

Dieser Vertrag sah für Meyrink ein Honorar von 3 000 Mark und Tagesspesen von jeweils 50 Mark für die Dauer von zwei Jahren vor. Immerhin wurden im Mai 1918 mit Meyrink für zwei Monate 3 000 Mark Diäten und 670 Mark für weitere Spesen, Reisen usw. abgerechnet. Die Nachrichtenabteilung des Auswärtigen Amtes, also Deutelmoser, forderte ausdrücklich, daß der Film von der Ufa hergestellt werde.[238] Es kam wohl nicht mehr dazu.

Weitere Ufa-Förderung wurde jedoch realisiert:
Alle staatlichen Einrichtungen auf dem Gebiet des Bild-, Film- und Kinowesens sollten durch Verkauf auf die Universum-Film übergehen, hatte Major van den Bergh am 30. Januar 1918 erklärt. Demzufolge wurde noch im Sommer 1918 der Anteil des Reiches an der Balkan-Orient-Filmgesellschaft an die Ufa abgetreten. Am 24. Juli 1918 trat die Balkan-Orient Film GmbH in Liquidation. Liquidatoren waren Schumacher, Coböken und Klitzsch. Am 4. September 1918 kam es zur Übergabeverhandlung vor Notar Dr. Landau. Die Balkan-Orient-Film-Gesellschaft war vertreten durch "Direktor" Schumacher, die Ufa durch "Direktor" Braatz. Schumacher erklärte: "Ich bin Inhaber einer Stammeinlage bei der Balkan-Orient-Film GmbH in Höhe von 100 000 Mark. Ich übertrage hiermit diese Stammeinlage mit allen daran haftenden Rechten und Pflichten auf die Universum Film AG." Braatz nahm in Vertretung der Ufa-Direktoren Grau und Max Strauss die Übertragung an. Die weiteren 100 000 Mark waren noch im Besitz der DLG, die inzwischen in die Deulig Film GmbH umgewandelt worden war. Die Ufa und die Deulig übertrugen am 19. November 1918 ihre Anteile auf eine neue Tochter der Ufa, auf die "Auslands-Film GmbH". Am 7.6.1920 übernahm die Ufa auch den Deulig-Anteil der Auslands-Film GmbH.

So war nunmehr die Ufa alleinige Inhaberin des ursprünglichen Stammkapitales von 200 000 Mark. Die Abschluß-Bilanz vom 30.4.1922 wies einen Verlust in Höhe von 4 843,60 Mark aus. Gemäß Beschluß vom 12. Mai 1922 wurde die Liquidationsbilanz genehmigt, den Liquidatoren Coböken und Dr. Dornberger Entlastung erteilt, das Vermögen der Gesellschaft in Höhe von 331 826,19 Mark auf die Ufa überwiesen. Im Protokoll heißt es: "Damit ist die Liquidation beendet." Man war sich darüber klar, "daß das Erlöschen der Firma auch von Herrn Direktor Schumacher, Leipzig, Thomasius Str. hätte unterzeichnet werden müssen". Die Ufa-Rechtsabteilung schlug daher vor, daß die Ufa als alleinige Inhaberin der gesamten Stammeinlagen die bisherigen Liquidatoren abberuft, da die Sache noch weiter schleppen würde, wenn auch die Unterschrift von Schumacher eingeholt werden sollte. [239)]

14. Neue Unterstellung, neue Pläne

Das Jahr 1918 war das Jahr der großen Veränderungen.
Dem Bild- und Filmamt brachte es entscheidende Veränderungen, aber auch neue Aufgaben. Wie schon erwähnt, dürften die ständigen Reibungen zwischen Oberster Heeresleitung und den zivilen Reichsbehörden Anlaß zu der Neuordnung gewesen sein, am 28. Januar 1918 im Einvernehmen mit der Obersten Heeresleitung, das Bild- und Filmamt dem preußischen Kriegsministerium zu unterstellen. Die bearbeitende Stelle war die Nachrichtenabteilung des Kriegsministeriums. Deren Leiter war Major van den Bergh.
Nun sollte ja, wie schon im Zuge der Ufa-Gründung mitgeteilt worden war, das Bild- und Filmamt nur noch die Rolle einer militärischen Verwaltungs- und Vermittlungsstelle zwischen Ufa und den Kommandostellen und Behörden spielen, Aufträge an die Ufa sollten über das Bild- und Filmamt erteilt werden.

Man hat den Eindruck, als habe Ludendorff vorerst von dieser Einschränkung keine Notiz genommen. Unter seiner Mitwirkung wurde beim Bild- und Filmamt "eine militärische Abteilung" errichtet, deren Aufgabe darin bestand, "im Zusammenarbeiten mit den Front- und Heimattruppen und mit den hinter der Front tätigen Schulen, z.B. Pionier-Schulen, und mit Unterstützung durch die an der Front tätigen etatsmäßigen Filmtrupps" Lehrfilme für die Truppen herzustellen. Diese neue Einrichtung wurde mit dem Hinweis begründet, daß sämtliche Waffen, auch die Marine, aus dieser Einrichtung größtmöglichen Nutzen ziehen sollten. [240] Ludendorff selbst verfügte in einem Telegramm vom 13. Februar 1918, der vom Bild- und Filmamt hergestellte Lehrfilm über Infanterie-Nahkampf sei bei den Fronttruppen vorzuführen. Die stellvertretenden Generalkommandos wurden angewiesen, sich wegen Beschaffung von Lehrfilmen für die Truppe unmittelbar an das preußische Kriegsministerium, die jetzt dem Bild- und Filmamt vorgesetzte Behörde, zu wenden. [241]

Aber auch sonst blieb es in den ersten Monaten des Jahres 1918 beim alten, blieb es beim Einsatz der sieben Filmtrupps an den Fronten. Dies zeigte sich vor allem an der Westfront, wo am 21. März die große Frühjahrsoffensive, der man kriegsentscheidende

Bedeutung zumaß, begonnen hatte. Für diese riesige Offensive waren
auf deutscher Seite 200 Divisionen mit über vier Millionen Mann zusammengezogen worden. [242)]
Auch die Filmtrupps des Bild- und Filmamtes erhielten im Rahmen
dieser Offensive Aufgaben zugewiesen, wie sie bisher in ihrer
Differenziertheit nicht bekannt geworden waren. In den Anweisungen,
die die Filmführer - die den Filmtrupps vorgesetzten Offiziere -
am 6. April, also 16 Tage nach Beginn der Offensive, erhielten,
hieß es, die Filmaufnahmen von dieser Offensive müßten dreierlei
zum Ausdruck bringen.
1. In den Aufnahmen müßte die Wucht der Offensive, das Bestreben
   "immer vorwärts" deutlich werden.
2. Die Schwere der feindlichen Lage durch Bilder von Gefangenen
   und von den Zerstörungen und
3. "Frankreichs Verbluten und die Vernichtung Englands".

Um die Zeit, da diese Anweisung erfolgte, hatten die deutschen
Truppen in Flandern die Lys bei Armentières und La Bassée erreicht. Am 25. April stürmten deutsche Truppen den Kemmelberg.
Weiter südlich erreichten die Truppen der 7. Armee die untere
Arlette zwischen La Fére und dem Oise-Aisne-Kanal. Ferngeschütze
begannen erneut, Paris zu beschießen. Mit den noch vorliegenden
Frontphotos des Bild- und Filmamtes lassen sich diese Kampforte
im Frühjahr 1918 belegen.
Bei dem Umfang der Kampfhandlungen, an denen zehn Armeen teilnahmen,
ist anzunehmen, daß wenigstens drei, möglicherweise aber vier Filmtrupps, damals an der Westfront eingesetzt waren, zumal durch größtmögliche Aktualität auch die Heimat von den erfolgreichen Kämpfen
unterrichtet werden sollte. Der Film von dieser großen Offensive
bekam den Titel "Bilder aus der großen Schlacht im Westen". Die
ersten beiden Teile dieses Films wurden bereits am 17. April 1918
von der Polizeizensur freigegeben, konnten also in den Lichtspielhäusern mit überraschender Schnelligkeit gesehen werden. Der Film
hatte eine Länge von 1500 m und bestand aus sechs Teilen, der letzte
Teil behandelte die Kämpfe um den Kemmelberg. [244)]

Unabhängig von den militärischen Aktionen an der Westfront gingen
die politischen Bemühungen Ludendorffs und Haeftens in Berlin weiter.

Es sei daran erinnert, daß von Haeften bereits am 15. Januar 1918 im Einverständnis mit Ludendorff in einer Denkschrift gefordert hatte, durch eine politische Friedensoffensive die pazifistischen Strömungen vor allem in England zu stärken.
Im März 1918 startete Ludendorff eine neue Aktion. Nach ihm hätte Haeften als Unterstaatssekretär des Auswärtigen Amtes die Leitung einer "Reichszentrale für Presse- und Propagandapolitik" übernehmen sollen. Am 20. März 1918 hatte Ludendorff dem Reichskanzler die Notwendigkeit einer einheitlichen Leitung der Presse und der Aufklärung der öffentlichen Meinung vorgetragen. Er hatte seinem Schreiben eine Denkschrift Haeftens beigefügt mit der Anmerkung: "Insbesondere erscheint mir die darin gegebene Anregung, eine Art Reichsaufklärungsamt zu schaffen, beachtenswert." Er war dafür, Dr. Solf, damals noch Unterstaatssekretär im Auswärtigen Amt, mit dieser Aufgabe zu betreuen und war bereit, ihm Haeften als Chef des Stabes zur Verfügung zu stellen. Haeftens "hervorragende Eigenschaften, seine mehrjährigen Erfahrungen und seine wertvollen Beziehungen" würden ihn hierzu besonders befähigen. Und schließlich machte er den Vorschlag, die Militärische Stelle beim Auswärtigen Amt, von dort loszulösen und dem neuen Reichsaufklärungsamt anzugliedern, "im gleichen Verhältnis, wie bisher zum Auswärtigen Amt", was so viel hieß, daß die Oberste Heeresleitung für deren Arbeit auch im neuen Amt weiterhin maßgebend blieb. Abschließend hob er die bedeutende Rolle, die MAA bisher gespielt habe, hervor. Sie allein verfüge zur Zeit als einzige Stelle über alle Propagandamittel, nämlich über Presse, Bild, Film, über mündliche Propaganda und graphische bzw. künstlerische Darstellung. [245)]
Reichskanzler von Hertling reagierte auf diesen Vorstoß von Ludendorff zurückhaltend. Die vorgeschlagene Zusammenfassung des Aufklärungswesens unter der Oberleitung einer hochstehenden, in der politischen Welt bekannten Persönlichkeit sei bereits von ihm in die Wege geleitet, schrieb er am 26. März. Der Kriegsminister wirke dabei mit. [246)]
Wenige Tage später, am 31. März 1918, unterbreitete Deutelmoser, jetzt Pressechef beim Reichskanzler, in einer ausführlichen Denkschrift seine Vorschläge. Dabei machte er auch seinem Herzen Luft: "Hätten wir schon bei Kriegsausbruch soviel Erfahrung gehabt, wie heute", schrieb er, "hätten wir schon damals darauf hinwirken müssen,

dem Kriegsministerium noch weitergehenden Einfluß auf die Heimataufklärung einzuräumen". Das Kriegspresseamt hätte nicht der Obersten Heeresleitung, sondern dem Kriegsministerium angegliedert werden sollen. Die Militärische Stelle des Auswärtigen Amtes hätte dann wohl überhaupt nicht errichtet zu werden brauchen, "da das Kriegsministerium längst unmittelbar in dauernder Fühlung mit dem Auswärtigen Amt stand". Unzählige Reibungen wären vermieden worden. Der Wunsch der Reichsregierung sei, das politische Aufklärungswesen so weit von militärischen Hypotheken zu entlasten, wie das nötig sei. Die militärische Hypothek sei zu hoch. Es dürfe nicht der Irrtum erweckt werden, als stünde der politische Aufklärungsdienst unter militärischer Vormundschaft. 247)

Und bereits eine Woche später, am 7. April 1918 machte Deutelmoser klar, daß auch nach der Unterstellung des Bild- und Filmamtes unter das preußische Kriegsministerium der Zustand untragbar geblieben war. Deutelmoser schlug nun vor, die Militärische Stelle vom Auswärtigen Amt zu lösen. Haeften betrachte sich ausschließlich als Organ der Obersten Heeresleitung, bei Meinungsverschiedenheiten zwischen dem Auswärtigen Amt und der Obersten Heeresleitung vertrete er eindeutig die Politik des General Ludendorffs. Es gehe nicht an, schreibt Deutelmoser, daß die Militärische Stelle, die vorwiegend aus Mitteln des Auswärtigen Amtes getragen werde, Maßnahmen betreibe, die nicht der vom Auswärtigen Amt vertretenen Politik entsprächen. 248)

Und wenige Tage später, am 12. April, äußert sich Deutelmoser noch deutlicher. Er schlägt vor, die Militärische Stelle "künftig als Auswärtige Stelle der Obersten Heeresleitung" zu bezeichnen. Er begründet diesen Vorschlag mit dem Hinweis, eine wirkliche Unterstellung der MAA unter das Auswärtige Amt habe niemals bestanden. Werde aber die Militärische Stelle in der vorgeschlagenen Weise umbenannt, könne es nicht ausbleiben, daß der Reichstag über kurz oder lang danach frage, wozu diese Stelle bestimmt sei. Wörtlich fügt Deutelmoser hinzu: "Daß wir in Deutschland jetzt zwei Regierungen haben, trifft vollkommen zu". Richtig sei, daß die militärische mächtiger sei, als die politische. Dieser Zustand sei gerade durch die Angliederung der Militärischen Stelle an das Auswärtige Amt mit herbeigeführt worden. 249)

Das Große Hauptquartier reagierte prompt. Ludendorff ließ an das
Auswärtige Amt telegrafieren: "... bitte ich daher ergebenst, zustimmen zu wollen, daß die Militärische Stelle des AA in Zukunft
die Bezeichnung trägt "Auslandsabteilung der Obersten Heeresleitung". [250)]

Ende Mai 1918 schied der Leiter des Bild- und Filmamtes, Freiherr
von Stumm, aus. Der Kinematograph würdigte seine Verdienste. Deutschland habe vor dem Bestehen des Bild- und Filmamtes eine Werbung im
patriotischen Sinne nicht gekannt. Unter Oberstleutnant von Stumm
habe sich die amtliche Werbetätigkeit zur vollen Blüte entwickelt.[251)]

Zu Stumms Nachfolger wurde im Juni 1918 der bisherige Leiter der
Filmstelle, Oberstleutnant von Gillhausen, ernannt. [252)] Er fand
vielerlei Aufgaben vor. Im Großen Hauptquartier wurde das 30-jährige
Regierungsjubiläum des Kaisers festlich begangen. Das Bild- und Film-
amt hatte die Feierlichkeiten aufzunehmen. Daneben fanden auch die
Filme von der "Großen Schlacht im Westen" auch im Ausland Interesse.
Es ergab sich sogar die Gelegenheit, den fünfteiligen Film nach
Indien, damals britische Kronkolonie, zu schicken. [253)]

Die militärische Abteilung des Bild- und Filmamtes hatte inzwischen
die ersten Lehrfilme für schwere Artillerie hergestellt und dazu auch
Begleithefte herausgegeben. In dem Rundschreiben dazu heißt es: "Die
Aufnahmen, die hinter der Front hergestellt sind, zeigen die Gefechts-
tätigkeit einer schweren Batterie im Bewegungskrieg."Nicht nur die
Rekruten, auch die Dienstgrade lernten durch die Vorführung des Films,
wie sie sich zu verhalten hätten. Die Filme seien in erster Linie
für Ausbildungszwecke der Fußartillerie-Ersatztruppen und der heimatlichen Fußartillerie-Schießschulen bestimmt.
Und schließlich wird in dem Rundschreiben aufgefordert, Verbesse-
rungs- und Abänderungsvorschläge zur Verwertung bei weiteren Arbeiten des Bild- und Filmamtes dem Kriegsministerium, Fußartillerie-
Abteilung vorzulegen. Die Vorschläge sollen sich auf den Film beziehen, ob die Handlung hinreichend klar sei, ob einzelne Aufnahmen
der Ergänzung bedürften. Man fragt sich, ob bei diesem Rundschreiben
der Verfasser an die Kritik des bayerischen Aufklärungsoffiziers
Semmelmann gedacht hat? [254)]

Im Reichstag kam es erneut zu einer unerfreulichen Debatte um das
Bild- und Filmamt, und zwar um die Frage, ob es unter Hand Konzessionen vergebe und wer dafür verantwortlich sei. Gleichzeitig kam
auch die Ufa unter Beschuß. Die SPD vertrat die Ansicht, das Bildund Filmamt gehöre zur Ufa, und diese stünde unter dem Einfluß der
Schwerindustrie. Der Regierungssprecher korrigierte diese Ansicht
in erstaunlicher Weise. Das Bild- und Filmamt gehöre nicht zur Ufa,
es sei überhaupt kein Filmunternehmen, sondern nur eine Dienststelle
zur Bearbeitung von Filmfragen militärischer Art. Bei Behandlung
solcher Fragen habe das Amt auch mit der Ufa zu tun. 255)

Die zweite deutsche Offensive des Jahres 1918, es war Juni, war noch
im Gange, als Ludendorff erneut dem Reichskanzler Pläne für eine
Propaganda-Organisation vorlegte. Es handelte sich um eine neue
Denkschrift Haeftens, in der die Situation der deutschen Propaganda
gegenüber der feindlichen vom Grundsätzlichen her dargestellt wurde.
Haeften kritisierte in seiner Denkschrift, daß die deutsche Propaganda nur so nebenbei betrieben werde, oft von einer Behörde, die
durch andere Aufgaben überlastet sei. Eine gute Propaganda - und
so arbeite die feindliche - müsse den politischen Ereignissen um
Monate, ja um Jahre voraus sein, sie müsse Schrittmacherin für die
Politik sein. Ihre Hauptaufgabe sei die vorausschauende Vorbereitung großer politischer Entscheidungen. Außerdem müsse eine geschickte Propaganda die Weltmeinung so zu formen verstehen, ohne
daß diese sich dessen bewußt sei. Bisher wirke die deutsche Propaganda durch ihre überraschende Plötzlichkeit, mit der sie die
Welt überfalle, meist brutal und ungerecht. Haeften forderte die
Schaffung einer Reichsbehörde für Auslands-Propaganda. Er umriß,
wie diese Behörde organisiert sein müsse. Es bedürfe keiner Neuorganisation, sondern lediglich einer Zusammenfassung schon bestehender Einrichtungen, nämlich der Militärischen Stelle des
Auswärtigen Amtes, und Teile der Nachrichtenstelle des AA, der
Zentralstelle für Auslandsdienst, der Auslandsstelle des Kriegspresseamtes zu einem Grundstock. An der Spitze dieser Behörde
müsse eine Persönlichkeit von autoritativer Stellung stehen, die
nicht nur über ein hohes politisches Können verfüge, sondern auch
erfüllt sei von starker Initiative und von der Bedeutung der Propaganda für die deutsche Politik.

Haeftens Organisationsplan sah neben dem Zentral- und Technischen Apparat, ein Pressedepartement, ein Bild- und Film-Departement mit graphischer Abteilung und ein Departement für Kulturpropaganda vor. Das Bild- und Film-Departement sei durch Übernahme des Bild- und Filmamtes zu schaffen. Enge Verbindung mit der Ufa sei geboten. 256)

Haeftens Hauptgrund für die Abfassung dieser Denkschrift im Juni 1918 war die hellsichtige Erkenntnis, daß auf Grund der allgemeinen Lage der Krieg beendigt werden müsse, und zwar durch einen Verständigungsfrieden. Gelänge es nicht, den Frieden bis zum Herbst herbeizuführen, bestehe die Gefahr eines Zusammenbruchs der Heimatfront.

Am 19. Juni wurde Haeften zum Vortrag über diese Denkschrift in die Reichskanzlei gebeten. Bei dieser Gelegenheit betonte er nochmals eindringlich die Notwendigkeit, daß unverzüglich Maßnahmen zur Beendigung des Krieges ergriffen werden müßten. Der Staatssekretär des Auswärtigen, von Kühlmann, war durch die Darlegungen Haeftens so beeindruckt, daß er sie sich zu eigen machte und am 24. Juni vor dem Reichstag - also in aller Öffentlichkeit - ausbreitete mit dem Zusatz, ein militärischer Sieg sei nicht mehr möglich.

Die Folge war, daß Kühlmann seinen Rücktritt anbieten mußte. Ludendorff war über diese Rede Kühlmanns so erbost, daß er Haeften weitere Schritte hinsichtlich einer Friedensoffensive verbot. 257)

Deutelmoser allerdings war von Haeftens Denkschrift längst nicht so beeindruckt. In einem Schreiben vom 14. Juni an den Reichskanzler bezeichnete er sie als "ausgesprochene Dilettantenarbeit". 258) Kühlmann hatte anscheinend von diesem harten Urteil nichts gehört. Es ist fraglich, ob er sonst die Argumente Haeftens vor dem Reichstag vertreten hätte.

An dieser Stelle scheint es angebracht, nicht nur Deutelmosers Kritik an Haeften zu erwähnen. Nach dem Krieg hat er sich in einem Schriftwechsel mit General Schwertfeger, der 1922/23 als vereidigter Sachverständiger des Parlamentarischen Untersuchungsausschusses über die Offensiven von 1918 fungierte, ausführlich seine Meinung über Haeftens Charakter geäußert. Dabei ging er auch auf dessen Verhält-

nis zu seinem früheren Chef, dem Generaloberst von Moltke, mit dem
er mehrere Jahre zusammengearbeitet hatte, ein. Haeften habe sich
nur von Moltkes Persönlichkeit einnehmen lassen, er sei ihm nicht
kritisch gegenübergestanden. Dasselbe habe sich in Haeftens Verhältnis zu Ludendorff gezeigt. Er sei für ihn durchs Feuer gegangen, schrieb Deutelmoser, "übrigens mit solcher Wärme, mit einem
wirklich so imponierenden Mut, daß ich von der Reinheit seines Charakters die höchste Meinung habe." Deutelmoser betont, es sei völlig
ausgeschlossen, daß Haeften jemals von seiner Überzeugung abgewichen
sei. Alles an ihm sei lauter, wahrhaft und echt gewesen. Er habe
kaum einen Menschen gekannt, der ihm so viele Beweise einer gediegenen, immer zum Entsagen bereiten Gesinnung geliefert habe. Trotzdem neigten gerade solche Persönlichkeiten leichter als andere zur
Befangenheit, sobald der kühle Verstand mit dem heißen Empfinden in
Konflikt gerate. Haeftens Schwäche seien seine übersteigerten Tugenden gewesen. [258]

Im August 1918 hatte sich die Kriegslage zu Ungunsten Deutschlands
geändert. Am 8. August waren die Engländer überraschend mit Tank in
die deutsche Front eingebrochen. Ludendorff bezeichnete diesen Tag
als den "dies ater", den schwarzen Tag. Die Widerstandskraft der
deutschen Truppen an dieser Front schien gebrochen. [259]

In der Nacht zum 13. August 1918 kam es im Hauptquartier zu einem
dramatischen Gespräch. Ludendorff hatte Haeften, der bereits zu
Bett gegangen war, gegen 1 Uhr dringend zu sich gebeten. In düsteren Farben schilderte er Haeften die militärische Lage. Bei der
2. Armee hätten sich sechs bis sieben kampfkräftige und ausgeruhte
Divisionen im Nebel von amerikanischen Tanks überrollen lassen.
Der Geist der Truppe habe versagt. Die hohe Zahl der Gefangenen
auf deutscher Seite sei ein Beweis für die schlechte Haltung einiger Divisionen. Soldaten der zurückgehenden Gardedivision hätten
den Truppen einer neuen Eingreifdivision Streikbrecher und Kriegsverlängerer zugerufen.
Haeften, von Ludendorffs Darstellung "aufs Höchste betroffen", zumal Ludendorff anfügte, er sehe keine Möglichkeiten mehr für eine
neue Offensive, die Front könne bis Jahresende aber noch in Frankreich gehalten werden, schlug nun seinerseits erneut eine Propa-

gandaaktion vor. Es sei notwendig, die deutsche Bevölkerung rückhaltlos über den Ernst der Lage, über die Unmöglichkeit, den Krieg noch militärisch zu gewinnen, aufzuklären. Ludendorff stimmte zu und unterbreitete Haeften seine Vorstellungen einer einheitlichen Aufklärung des In- und Auslandes. Haeften sollte diese Aufgabe, als Unterstaatssekretär beim Reichskanzler übernehmen. Haeften erbat Bedenkzeit. Am nächsten Morgen bat er Ludendorff, von dem Plan Abstand zu nehmen. Als Zivilist sei er nicht mehr von ihm, sondern vom Reichskanzler und dessen Politik abhängig.
Am Abend des gleichen 13. Augusts teilte Ludendorff Haeften mit, der Reichskanzler und der neue Staatssekretär des Äußeren, von Hintze, hätten Haeftens Berufung zum Unterstaatssekretär im Auswärtigen Amt gewünscht. Haeften würde mit großen Machtbefugnissen in der Leitung der In- und Auslandspresse, sowie der Aufklärung der öffentlichen Meinung ausgerüstet, alle diesbezüglichen Organisationen sollten ihm unterstellt werden. Haeften lehnte ab, er könne nicht unter von Hintze arbeiten. Er habe Hintze als unehrlich, unzuverlässig, als einen gefährlichen und ehrgeizigen Opportunisten kennengelernt. Ludendorff hatte andere Vorstellungen von Hintze, er hielt ihn für einen nationalen Mann, auch der Reichskanzler hielt Hintze für einen fähigen Mann. Hintze hatte ihm loyale und offene Zusammenarbeit zugesichert. Hinzu käme, daß von Hintze vom Kaiser selbst vorgeschlagen worden war.

Haeften machte andern tags von sich aus den Vorschlag, den Reichspressechef Deutelmoser und ihn selbst dem Reichskanzler für die gesamte Werbe- und Aufklärungsarbeit zur Verfügung zu stellen. Daraufhin erließ der Reichskanzler am 29. August einen Runderlaß, der dem Vorschlag Haeftens entsprach. Danach war zuständig für alle politischen Angelegenheiten des Aufklärungsdienstes Deutelmoser, für alle Gegenstände militärischer Art der Oberst und Abteilungschef im Großen Hauptquartier von Haeften mit dem Zusatz, daß dieser der Obersten Heeresleitung den ihr gebührenden Einfluß auf die Werbe- und Aufklärungsarbeit zu sichern habe. 260)
Haeften spielte bis Kriegsende als politischer Vertreter der Obersten Heeresleitung eine Rolle, die in der Geschichtsschreibung bisher wenig beachtet wurde, vor allem bei der Regierungs-

krise Ende September 1918, die mit der Berufung des Prinzen Max von
Baden zum Reichskanzler endete, aber insbesondere nach Eingang der
3. Wilsonnote, die die Abdankung des Kaisers forderte. Ludendorff
und Haeften wandten sich empört dagegen, lieber die Verhandlungen
abbrechen und den Kampf fortsetzen. Nach Ausbruch der Revolution
sah Haeften den Zeitpunkt gekommen, seine Tätigkeit als Vertreter
der OHL bei der Reichsregierung zu beenden. Aber Ebert bat ihn,
diese Arbeit weiterhin zu leisten und auch Hindenburg forderte
alle Offiziere auf, noch im Dienst zu bleiben. Haeften blieb aufgrund dieses Hindenburg-"Befehls". Er war dann sogar von Ebert so
eingenommen, daß er ihm in seinen Erinnerungen bescheinigte, Ebert
sei in die große und nationale staatsmännische Aufgabe hineinge-
wachsen. Eberts Verdienst um das Reich in jenen Tagen sei nicht
hoch genug zu schätzen. [261]

15. Das Ende des Bufa?

Ob Haeften im Herbst 1918 neben seinen politischen Aufgaben noch wesentlichen Einfluß auf die Entwicklung des Bild- und Filmamtes nahm, ist nicht ersichtlich. Dagegen kam es im September 1918 zwischen dem Reichskanzler und dem Kriegsminister zu einer Diskussion um die Stellung der Ufa gegenüber dem Bild- und Filmamt. Kriegsminister von Stein hatte in einem Rundschreiben vom 31. August alle Behörden aufgefordert, sie möchten sich darüber einigen, welchen Standpunkt sie in Zukunft gegenüber der Ufa einnehmen wollten. Die Ufa habe sich inzwischen stark entwickelt und einen Teil der Aufgabe, die staatlich gewünschte Filmpropaganda zu betreiben, bereits übernommen. Sie habe dabei weitgehende Unterstützung erfahren und sei allmählich in unmittelbaren Verkehr zu den Reichs- und preußischen Staatsbehörden gelangt. Dieser Umstand berge die Gefahr in sich, daß die beabsichtigte Beaufsichtigung der Ufa durch das Bild- und Filmamt hinfällig werde. Der Kriegsminister brachte in Erinnerung, daß das Bild- und Filmamt, wenn auch seine kaufmännischen Aufgaben auf die Ufa übergingen, als Kontroll- und Beratungsorgan der staatlichen Auftraggeber der Ufa gegenüber nicht zu entbehren sei. Die Ufa strebe natürlich nach immer größerer Selbständigkeit. Dadurch steigerten sich die Schwierigkeiten, die ihr übertragenen Staatsaufträge zu überwachen. Es liege nicht im Staatsinteresse, wenn die Ufa in die Lage gesetzt werde, sich an jede Behörde einzeln zu wenden, er empfehle daher, das Bild- und Filmamt als Beratungs- und Kontrollstelle auszunutzen, zumal alle mit der Filmindustrie, die sich sehr schnell entwickelt und ein gewisses Schiebertum großgezogen habe, zusammenhängenden Fragen einer gründlichen und fachmännischen Beaufsichtigung bedürften. [262)]

Der Reichskanzler reagierte auf diesen Vorschlag des Kriegsministers negativ. Er erwiderte, er vermöge sich den Anregungen, dem Bild- und Filmamt eine Überwachungs- und Beratungsfunktion für die staatlichen Ressorts gegenüber der Ufa einzuräumen, nicht anzuschließen. Er habe den Eindruck, daß eine derartige Organisation zwischen auftraggebender Behörde und der Ufa nicht zweckmäßig sei. Die Überwachung erfolge am besten durch die auftraggebende Behörde selbst. In der Ufa seien durch den vertragsgemäßen Einfluß des Reiches auf die Zusammensetzung des Vorstandes, des Arbeitsausschusses und des Aufsichtsrates, durch den Vorbehalt des Einspruchs in gewissen Fragen und nicht zuletzt durch die Beteiligung je eines Vertreters des Kriegsministeriums, des Auswärtigen Amtes, des Reichsamtes des Inneren, des Reichswirtschaftsamtes und des Reichsschatzamtes an den Sitzungen des Ufa-Arbeitsausschusses die staatlichen Interessen nach jeder Richtung hin gesichert. Jede weitergehende staatliche Einflußnahme werde auf den Widerstand der Aktionäre stoßen und die der Ufa gestellten Aufgaben schädigen. 263)

Damit waren dem Bild- und Filmamt weitere Einflußmöglichkeiten auf die Ufa genommen.

Des Kriegsministers Hinweis, daß die Ufa bereits kaufmännische Aufgaben des Bild- und Filmamtes übernommen habe, bestätigt eine Notiz, wonach die Ufa "Ende des Jahres eine Vertretung nach der Ukraine schicken will, um dort zehn neue Filme des Bild- und Filmamtes und 75 Alben zu übergeben". 264) Um welche Filme es sich dabei gehandelt hat, geht aus der Notiz nicht hervor. Man schickte also nicht mehr die Kuriere des Bild- und Filmamtes, sondern überließ solche "kaufmännischen" Arbeiten der Ufa. Über eigene Ufa-Filmproduktionen gibt es in den Sommer- und Herbstmonaten des Jahres 1918 keine Zensurveröffentlichungen.

Dagegen lief die Produktion der Deutschen Lichtbildgesellschaft in dieser Zeit auf Hochtouren. Entgegen der ursprünglichen Abmachung brachte sie nun auch Kriegsfilme heraus. Die Zensurveröffentlichungen nennen z.B. unter dem 17. Juli 1918 den DLG-Film "Ein Seegefecht" und unter dem 31.7. den Film "Unsere Pioniere". 265)

Dagegen wurde die Arbeit der Messter-Woche durch die militärischen Ereignisse sichtlich gehemmt. Hatte sie noch im Juli Bilder von der Offensive im Westen gebracht, war im September mit Frontaufnahmen Schluß. Der Kinematograph meldete am 26.9.18: "Die Messter-Woche bringt keine Aufnahmen mehr vom Felde, sondern nur noch aktuelle inländische vaterländische Aufnahmen."

Die Deutsche Lichtbildgesellschaft, die sich im April 1916 der Propaganda für Deutschland verschrieben hatte, erkannte rechtzeitig die Zeichen der Zeit. Ende August 1918 bereitete sie ein "historisches Monumentalwerk" mit dem Titel "Der Friedensreiter - Ein Zeitbild aus dem 30jährigen Krieg" vor. Man griff mit diesem Thema

zurück auf das Jahr 1648, als nach 30 Jahren Krieg reitende Kuriere
allen deutschen Landen den Friedensschluß verkündet hatten. Das Buch
zu dem DLG-Film schrieb Joseph Coböken, die Hauptrolle spielte
Werner Kraus. [266)]

Auch beim Bild- und Filmamt machte man sich Gedanken über die Arbeit
nach dem Krieg. Dr. Wagner entwarf im Herbst 1918 eine Denkschrift
im Umfang von 35 Seiten betreffend "Überleitung des Bufa in die
Friedenszeit". Er stellte darin im Wesentlichen nochmals die Situation der Filmwirtschaft im In- und Ausland dar. Bezüglich der
Deutschen Lichtbild-Gesellschaft heißt es in der Denkschrift, sie
sei "nur ein kleiner Stein im Gesamtmosaik von Auslands GmbH,
Deutscher Überseedienst, Auslandsanzeiger GmbH und Berliner Lokalanzeiger". Eine bemerkenswerte Einschätzung. Immerhin aber hält
Dr. Wagner für die Neueinrichtung des Bild- und Filmamtes in Friedenszeiten eine Summe von 300 000 Mark aus Reichsmitteln für erforderlich. [267)]
Am 3. Oktober 1918 trat Graf Hertling zurück. Prinz Max von Baden
wurde neuer Reichskanzler. Dr. Solf übernahm das Auswärtige Amt.
Haeften blieb bei ihm als Vertreter der Obersten Heeresleitung.
Nicht mehr als Chef der OHLA, der Auslandsstelle der Obersten
Heeresleitung.

Und nun wurde unter der neuen Führung alles wieder zurückgedreht.
Am 12. Oktober 1918 beschrieb der Unterstaatssekretär im Auswärtigen Amt, Freiherr von Stumm - ein Verwandter des früheren Bufachefs - seinem Minister in längeren Ausführungen die bisherige
Rolle der Auslandsstelle der Obersten Heeresleitung, früher MAA.
Die Vertreter der OHLA bei den Gesandtschaften würden zwar von
diesen bezahlt, unterstünden aber direkt der Obersten Heeresleitung.
Er habe den Missionen im Ausland immer wieder klar gemacht, daß sie
die allzuhäufigen Exkurse der Vertreter der OHLA in das Gebiet der
auswärtigen Politik unterdrücken müßten. Von Stumm belegt diese
Darstellung durch Einzelheiten aus den besetzten Gebieten in Rußland, Finnland und der Ukraine und betont, der Zustand sei für die
Gesandtschaften unerwünscht. Die jetzige innenpolitische Lage ermögliche eine definitive Festlegung des Verhältnisses der OHLA zum
Auswärtigen Amt. Stumm schlägt deshalb vor, daß die OHLA sobald wie

möglich wieder die Bezeichnung Militärische Stelle des Auswärtigen
Amtes erhält, dem Auswärtigen Amt unterstellt und als Abteilung für
militärische Propaganda der Nachrichtenabteilung im Ausland angegliedert wird. Die Vertreter der OHLA im Ausland müßten sofort den
Missionschefs direkt unterstellt werden. [268]

Dagegen konnten die Vertreter des Bild- und Filmamtes bei den deutschen Gesandtschaften nach wie vor ihre Beobachtungen nach Berlin
melden. So ist aus dem Bericht der Woche vom 7. - 13. Oktober 1918
zu entnehmen, daß in der Schweiz noch 34 amtliche Filme gezeigt
werden, daß dort ein amerikanischer Armeefilm den Titel trägt
"Amerikas Antwort auf das deutsche Friedensangebot". Die Aufnahmen
zeigen zwei Kanonen, die jede einen Schuß abgibt. Diese Bilder würden vom Publikum mit "frentischem Beifall" begleitet. Allerdings,
so heißt es in dem Bericht, "bezahlen die Ententevertreter in den
Kinos Claquen".
Aus Dänemark heißt es in dem gleichen Bericht, im dortigen Kino-
palast liefen amerikanische Filme, obwohl das Haus von deutschem
Kapital beherrscht werde. Und schließlich noch die Meldung, der
Ufa-Vertreter Davidson habe Bintz gegenüber die Filme des Bild-
und Filmamtes wegen schlechter Qualität abgelehnt. [269]
Auch die Wochenschau-Aufnahmen dieser Herbsttage brachten Ärger.
Kiliani vom Auswärtigen Amt forderte am 19. Oktober - drei Wochen
vor Kriegsschluß - bei Wochenschauaufnahmen von Persönlichkeiten
des Staates sollte jeweils ein Beamter anwesend sein, um durch
persönliches Bemühen die erforderliche Pose und die nötige Zeit
für die Aufnahme zu erreichen. Die letzten Kanzleraufnahmen seien
so ungünstig gewesen, daß sie hätten verboten werden müssen. Bei
Messter sollte ein besonderer Reporter für solche Wochenschau-Aufnahmen eingestellt werden. Er sollte in der Schweiz französische
Aufnahmen studieren. Auch die Zwischentitel fanden Kilianis Kritik,
sie seien zu unbeholfen. [270]

Propagandistisch war nun kaum noch etwas zu bewirken. Der Bufa-Be-
richt aus Holland für die Woche vom 21. - 27. Oktober 1918 meldet
zwar noch, daß in 46 Städten mit 878 Aushangstellen 5989 Bilder aus-
gehängt wurden und daß auch der deutsche Kolonialfilm "Farmer
Borchardt" - der erste Film von Carl Boese - mit Ferdinand Bonn in

der Hauptrolle mit Erfolg liefe. Aber demgegenüber zeige Pathé-
Journal Schweizer, die als Kriegsfreiwillige in die französische
Armee eintreten. Und aus Basel meldet der Bericht, die Liga der
Freunde Frankreichs ist stark tätig. 271)

Daß der alte Behördenapparat selbst am Tag der Revolution weiter
funktionierte, erwies sich am 8. November 1918. An diesem Tag kam
es im Bild- und Filmamt zu einer Besprechung, an der Direktor
Schulte von der Transozean, Dr. Huck von der DLG und Generalkonsul
Kiliani vom Auswärtigen Amt teilnahmen. Bei dieser Besprechung wurde
die finanzielle Situation des Bild- und Filmamtes offengelegt. Danach hatte das Amt zwei verschiedene Fonds, 18 Millionen vom Kriegsministerium und 492 000 Mark vom Auswärtigen Amt. Erneut wurde deutlich, wie groß der Apparat des Bild- und Filmamtes war. 272)

Noch zweimal traf Ludendorff in seiner Eigenschaft als General-
quartiermeister mit dem von ihm so hochgeschätzten Oberst Haeften
zusammen. Er war am 25. Oktober zusammen mit Hindenburg zum Vortrag
beim Kaiser im Schloß Bellevue bestellt. Beide trugen dem Kaiser vor,
aufgrund der Wilsonnote, die des Kaisers Abdankung gefordert hatte,
den Kampf fortzusetzen. Der Kaiser wich aus. Beim Weggehen sagte
Ludendorff zum stellvertretenden Reichskanzler von Payer und dem
wartenden Haeften: "Ich habe keine Hoffnung mehr, man will nicht
mehr den Kampf, Deutschland ist verloren. Ich werde morgen um meine
Entlassung bitten." Am nächsten Tag hörte Haeften im Vorzimmer des
Reichskanzlers, dieser sei in Anspruch genommen wegen der bevorstehenden Verabschiedung Ludendorffs. Haeften schreibt in seinen
Erinnerungen: "Ich war betroffen, ich war ahnungslos." Als im
Generalstabsgebäude Hindenburg Ludendorff bat, sein Entlassungs-
gesuch noch nicht abzusenden, kam Haeften hinzu: "Dazu ist es zu
spät. SM wird Ihnen um 10 Uhr im Schloß Bellevue eröffnen, daß Sie
sein Vertrauen verloren haben." Ludendorff betroffen und nach Atem
ringend: "Ich wundere mich über gar nichts mehr." Der Kaiser, der
am Tag zuvor, nach Ludendorff "noch sehr gnädig" gewesen war, verhielt sich an diesem 26. Oktober "sehr ungnädig". Er machte Ludendorff scharfe Vorwürfe, er habe das Vertrauen zum Generalstab verloren, er sei entschlossen, in Zukunft mit den Sozialdemokraten
zusammen zu arbeiten. Als auch Hindenburg um seinen Abschied bat,

sagte der Kaiser "Sie bleiben!" Hindenburg verneigte sich ergeben. Nachher begründete er Haeften gegenüber seine Haltung mit der Not des Vaterlands. [273)]

Nach Kriegsende wußte man zunächst nicht, was man mit dem Bild- und Filmamt anfangen sollte.
Am 21. November teilte Kiliani dem Amt mit, es werde "vorbehaltlich der Zustimmung des Kriegsministeriums" bis auf weiteres vom Auswärtigen Amt übernommen. Dem entsprach auch eine Order des Kabinetts. Aber Major van den Bergh widersprach, das Bild- und Filmamt unterstehe unverändert dem Kriegsministerium. Es sei gegenwärtig in Demobilmachung begriffen und werde in wesentlichen Teilen aufgelöst.[274)]
Zuvor hatte eine Besichtigung der materiellen Bestände stattgefunden. Der neue Filmsachverständige Otto Schmidt berichtete darüber, 900 Frontkinos seien vom Bild- und Filmamt mit Apparaten ausgerüstet worden, 56 Vorführgeräte befänden sich noch auf Lager, 65 weitere, das Stück für drei- bis viertausend Mark seien noch in Auftrag gegeben. Ein Filmlager mit mehreren Millionen Metern Spielfilmen werde zum Einstampfen als Altmaterial bestimmt.
Dem Personal wurde zum größten Teil zum 1. Januar 1919 gekündigt. Man behielt noch 40 Angestellte und weitere 40 Filmkleberinnen für die Durchführung der Liquidation. [275)]
Bezüglich der Filme kam es dann aber doch noch zwischen Kiliani vom Auswärtigen Amt und Dr. Seeger, dem Juristen des Bild- und Filmamtes, sowie den Sachverständigen Schmidt und Schulte zu einer Abmachung, aus der man entnehmen kann, daß die Spielfilme doch nicht eingestampft werden, sondern verkauft werden sollten. Die rein militärischen Filme sollten an das Archiv des Generalstabs, Lehrfilme an das Kriegsministerium abgegeben werden. Kultur-, Landschafts- und Industriefilme sollten zur Verfügung einer noch zu errichtenden Dienststelle zurückgehalten werden. [276)]

Zu einer überraschenden Entscheidung kam es noch am letzten Tag des Jahres, am 31. Dezember 1918. Der neue Filmdezernent beim Reichskanzler, dem Sozialdemokraten Friedrich Ebert, der Reichskommissar von Schmidt-Holtz wurde zur Übernahme des Bild- und Filmamtes bestellt. Es sollte Teil eines künftigen Propagandaministeriums werden. [277)]

Es kam anders.

Deutscher Vormarsch zwischen Aisne und Marne. — Kolonnen beim Passieren eroberter französischer Stellungen bei Loivre. 9819. Die großen Frühjahrsoffensiven von 1918 sollten den Krieg zu Deutschlands Gunsten entscheiden. Daß die deutschen Truppen im Juni 1918 erneut so weit bis an die Marne vorgedrungen waren, sollten solche Bilder dokumentieren.

Zur Besetzung der Insel Oesel. — Ausschiffen von Truppen vor Oesel.
Um die damalige russische Hauptstadt Petersburg unmittelbar zu bedrohen, wurde diese Aktion im September 1917 unternommen.

Die Große Schlacht im Westen. In den gestürmten englischen Linien zwischen Bapaume–Arras. – Zerstörter englischer Tank. 7882. Die englischen Tanks, wie man die Kettenfahrzeuge damals nannte, erregten anfangs großen Schrecken, zumal sie auch über Schützengräben rollen konnten. Es zeigte sich aber, daß sie abgeschossen werden konnten. Solche Fotos dürften von erheblicher propagandistischer Wirkung gewesen sein.

Am Kemmel, Flandern. – Deutsches Feldlazarett nach Beschuß durch englische Artillerie im April 1918. 8776. Ein anti-englisches Propagandafoto. Es sollte zeigen, daß die Engländer nicht davor zurückschreckten, auch Lazarettwagen zu beschießen.

Deutsche Truppen in Finnland. — Einzug der deutschen Truppen in Helsingfors.
8485. Es ist verständlich, daß die Befreiung Finnlands von der russischen Oberhoheit bei der Bevölkerung Jubel auslöste. Eine ganze Reihe von Fotos, wie auch ein Film, bezeugen diesen Tatbestand. Diese Dokumente dürften von propagandistischem Wert gewesen sein.

Brest-Litowsk. — Mitglieder der russischen Delegation auf dem Wege zum Sitzungssaal. Von rechts: Konteradmiral Altvater, Joffe, Kameneff.
Von den vielen Fotos und dem Film vom ersten Waffenstillstandsvertrag versprach man sich zu Recht größte propagandistische Wirkung. Aus diesem Grund erfolgte auch die Veröffentlichung mit größter Eile.

Leben und Treiben an der Vassyolda. — Deutsch-russischer Krakowiak. Der Waffenstillstand von Brest-Litowsk löste bei Deutschen wie Russen Begeisterung aus. Welche Wirkung sollte mit solchen Fotos erzielt werden? Vermutlich sollten die Westmächte erschreckt befürchten, daß nun die Deutschen, im Osten entlastet, sich mit aller Kraft gegen sie wenden würden. Zugleich sollten sie ein Aufatmen im eigenen Land auslösen.

Bilder aus Tiflis, der Haupstadt des neu gebildeten Staates Georgien. — Blick auf Tiflis. Im Vordergrund der Kino-Operateur in Tätigkeit. Trotz des Friedensvertrages von Brest-Litowsk operierten deutsche Truppen weiterhin in weiten Gebieten der südlichen Provinzen des russischen Reiches. Deutschland war an der Bildung eines eigenen Georgiens unter deutschem Protektorat interessiert.

Deutsche Truppen im Orient. — Deutsches Flugzeug beim Überfliegen der Pyramiden bei Kairo, von einem anderen Flugzeug aus aufgenommen. Diese Aufnahme vom Sommer 1918, gemacht vom Filmführer und Fotografen Wilhelm Riegger, dürfte seinerzeit größtes Erstaunen erregt haben. Auch heute noch wird man überrascht sein. So könnte damals der propagandistische Wert der Aufnahme mehr darin gelegen haben, daß man sagen sollte, diese Deutschen sind doch Teufelskerle.

16. Die Organisation und Produktion der Filmtrupps

Beim Rückblick auf die fast zweijährige Tätigkeit des Bild- und Filmamtes stellt sich die Frage, ob die leitenden Herren ein Konzept für die Produktion von aktuellen Filmen hatten. Sie waren Neulinge auf allen Gebieten der Filmwirtschaft. Aber auch die deutschen Filmproduzenten waren auf diesem Gebiet ungeübt. Auch diesen Markt hatte das Ausland beherrscht. Oskar Messters "Aktualitäten" konnten als Vorbild kaum herangezogen werden. Gertraude Bub schrieb 1938 in ihrer Dissertation, Messter sei mit äußerst primitiven Mitteln bemüht gewesen, dem Vorbild des Auslandes nahe zu kommen.
So waren die Herren des Bild- und Filmamtes, als sie 1916 beschlossen, mit Hilfe des Films Propaganda für Deutschland zu machen, hinsichtlich fachlicher Qualifikation ohne fachliche Vorbildung, ganz auf sich allein gestellt. Für die Gestaltung von Berichtsfilmen, deren Produktion sie sich als Aufgabe gestellt hatten, gab es keine Lehrmeister. Für die Leitung eines so großen Produktions- und Verleihapparates keine erfahrenen routinierten Manager.
Man holte sich zwar Photographen und Kameramänner für die Filmtrupps. Aber diese hatten lediglich die Aufnahmen an den Fronten zu machen. Was daraus gemacht wurde, blieb den Herren in Berlin übrig. Als Wilhelm Riegger im Herbst 1917 ins Bild- und Filmamt berufen wurde, mußte er sich dem Chef, Oberstleutnant von Stumm, vorstellen. Riegger sagt, ich hatte nicht den Eindruck, daß er viel von der Materie verstand.
Trotzdem war es dem tatkräftigen Oberstleutnant von Haeften erstaunlich schnell gelungen, den Apparat auf die Beine zu stellen. An verschiedenen Stellen des ausgedehnten Bereiches der Militärischen Stelle des Auswärtigen Amtes standen ihm Fachleute zur Verfügung, so für die Journalistische Stelle die Schriftsteller Bernhard Kellermann und Dr. Landau, für die Literarische Stelle Möller van den Bruck, der später mit seinem Buch "Das 3. Reich" Hitlers Phantasie anregte. Im Bereich des Bild- und Filmamtes war der Jurist Dr. Seeger ein Fachmann.
Aber man kann den Herren Offizieren Organisationstalent nicht absprechen. Sie verteilten sieben Filmtrupps mit Offizieren als Filmführer, mit Photographen und Kameramännern an die Fronten, errichteten eine Filmfabrik, einen weltweiten Filmverleih, eine Bildstelle,

ein Bildarchiv, eine graphische Anstalt, einen Auslandsdienst mit
ständigem wöchentlichem Kontakt zu den deutschen Vertretungen.
Das Jahr 1917 war für das Bild- und Filmamt das ausschlaggebende
Jahr, der Höhepunkt in seiner Produktion, gewesen. Die Filmliste
Nr. 1, die, wie bereits erwähnt, vermutlich in Zusammenhang mit
der Unterstellung unter das Kriegsministerium als eine Art Rechen-
schaftsbericht um die Jahreswende 1917/18 herausgebracht wurde, enthält 361 Titel, darunter 111, die von den Filmtrupps an den Fronten
aufgenommen worden sind.

Im Wesentlichen mit dem Spielfilm beschäftigte sich eine Schrift des
Bild- und Filmamtes mit dem Titel "Der Propagandafilm und seine Bedingungen", die im September 1917 herauskam. Die Schrift behandelte
nochmals eingehend den feindlichen Propagandafilm und seine Methoden.
Sie geht auf die Arbeit der Autoren und der Regisseure ein und wertet
die Leistungen der Darsteller. Die als Manuskript gedruckte Schrift
war vermutlich als Informationsmaterial für die Militärs und die
Behördenvertreter gedacht, die mit Aufklärung zu tun hatten. Die
Schrift wertet, wie "meisterhaft" es die Feinde verstanden hätten,
psychologisch zu arbeiten, im Gegensatz zu der weniger geschickten
Art der deutschen Propagandafilme. Lediglich mit dem Film "Unsühnbar" mit Adele Sandrock in der Hauptrolle sei es gelungen, ein Ge-
genstück zu dem erfolgreichen französischen Film "Mère francaise"
mit der Sarah Bernard zu schaffen. - Der Film "Unsühnbar" war im
August 1917 herausgekommen und entsprach mit einer Länge von 1133 m
auch den Wünschen der Theaterbesitzer im Ausland. - In der Schrift
wird außerdem der kurze Kriegsanleihe-Werbefilm "Hann, Hein und
Henny" mit Henny Porten in der Hauptrolle lobend hervorgehoben und
der Autor resümiert, man müsse, wie die Franzosen, eine beliebte,
gefeierte Künstlerin "in den Dienst der Propaganda" stellen. Die
Schrift schließt mit "Lösungsvorschlägen". Diese machen Haeftens
Federführung im Hintergrund deutlich. Es heißt darin, man müsse
künstlerisch und dichterisch berufene Kräfte heranziehen, man müsse
dafür sorgen, daß "die oft noch schwerfällige Art aufhört", mit der
von zuständigen Stellen der Herstellung von Propagandafilmen ent-
gegengekommen wird, die Schaffung einer Propaganda-Organisation,
die auch ins Ausland wirke, sei notwendig, sowie die "Zusammenfassung aller Propaganda an einer Stelle, statt der immer noch be-

stehenden Zersplitterung der Filmpropaganda". [277]
Trotz solcher Vorstellungen und Forderungen ist es dem Bild- und
Filmamt auch danach nicht gelungen, die Produktion von propagandistischen Spielfilmen in gleichem Maße zu forcieren, wie die von
Frontfilmen. Neben den schon erwähnten längeren Spielfilmen "Jan
Vermeulen, der Müller von Flandern" und "Hein Petersen - vom
Schiffsjungen zum Matrosen", sowie dem kürzeren Kriegsanleihefilm
"Der feldgraue Groschen" mit Frieda Richard, Käthe Haack und Margarete Kupfer in den Hauptrollen, sowie dem Rochus-Gliese-Film
"Der papierene Peter" war danach von Bedeutung nur noch der Spielfilm "Das Tagebuch des Dr. Hart" mit Heinrich Schroth und Käthe
Haack, Regie Paul Leni, der später mit "Hintertreppe" und "Das
Wachsfigurenkabinett" Weltruhm erntete. Dieser Film, der Einblick
in das Sanitätswesen gab, war denn auch recht erfolgreich. Aber es
blieb bei dem Mangel an langen Spielfilmen. Im Frühjahr 1918 kamen
noch einige Kurzfilme heraus, so die Kriegsanleihefilme "Lloyd
George in Berlin" und "Paulchens Millionenkuß", beide mit Albert
Pauli, sowie "Michel und Viktoria" und der Trickfilm "Die wankende
Entente". Soweit zu den Spielfilmen, die vom Bild- und Filmamt in
Auftrag gegeben wurden. [278]

Die nachfolgenden Betrachtungen befassen sich ausschließlich mit den
an den Fronten entstandenen Filmen. Bei diesen Filmen ergeben sich
Fragen, wenn man die Daten der kriegerischen Ereignisse und der Aufnahmen mit den Daten der Zensuren und Veröffentlichungen vergleicht.
War Aktualität maßgebend oder nur das Bedürfnis, eindrucksvolles,
heroisierendes Anschauungsmaterial zu schaffen?
Aus der Vielzahl der Vergleichsmöglichkeiten seien einige Beispiele
herangezogen.

An der Westfront waren im März 1917 die Deutschen nach schweren
Kämpfen zwischen Arras und Soisson auf die sogenannte Siegfriedstellung zurückgegangen. Anfang April erfolgten neue französisch-britische Angriffe im Raum Arras, Soisson, Reims, Champagne.
Mitte April erlitten die Franzosen an der Aisne Verluste. Trotzdem
kam es kurz danach zu einer neuen französischen Offensive am Chemin
des dames und der Champagne. Ein britischer Massenangriff Anfang
Juni im Wytschaetebogen endete mit schweren deutschen Verlusten.

Zu diesen Kämpfen in der ersten Hälfte 1917 weist die "Filmliste Nr. 1" unter 23 Filmen mit Aufnahmen der Westfront - die meisten aus der Etappe - nur drei auf. Es sind dies "Ein Kampftag in der Champagne" (2 Teile 413 m). Dieser Film wurde zwar, wie erwähnt, auf der ersten Presseveranstaltung des Bild- und Filmamtes am 27. April - also verhältnismäßig frühzeitig - vorgeführt. Er kam aber lt. Zensurdatum vom 15. August 1917 erst vier Monate später, etwas gekürzt, an die Öffentlichkeit.
Die weiteren Filme "Höllenkampf an der Aisne" und "Nächtlicher Vorstoß im Wytschaetebogen", von Kämpfen also, die im April bzw. Juni stattfanden, wurden erst im September bzw. im August freigegeben. Das Publikum mag über diese Neuerung, Kriegsszenen im Kino zu sehen, gepackt gewesen sein, von Aktualität war kaum die Rede. Erstaunlicherweise kamen die Filme von Kämpfen an der Ostfront und auf dem Balkan schneller auf den Markt.
Über die Kämpfe um Tarnopol vom Juli 1917 berichtet der Film "Zu den Kämpfen um Tarnopol" (2 Teile 579 m), er kam bereits Ende August in die Kinos.
Der Filmbericht über die Einnahme von Riga, die am 3. September erfolgte, wurde am 3. Oktober von der Zensur freigegeben.
Unklar bleibt, ob es sich bei dem Film "Befreiung der Bukowina (Einnahme von Czernowitz)", der am 29. August 1917 zensiert wurde, um Aufnahmen von den Kämpfen im Januar oder um die Wiedereroberung von Czernowitz am 3. August 1917 handelt.
Der Film von Mackensens Donauübergang, der im November 1916 stattfand, gelangte erst im Februar 1917 an die Öffentlichkeit. Dagegen war man bestrebt, den Filmbericht von den Friedensverhandlungen in Brestlitowsk, die sich vom Dezember 1917 bis März 1918 hinzogen, möglichst schnell zu zeigen. Noch vor der Unterzeichnung konnte man ihn im Februar 1918 in den Kinos sehen.
Es ist also nicht zu klären, ob und wann die Frage der Aktualität oder des Charakters der Filme, mit dem das deutsche Heldentum herausgestellt werden sollte, für die maßgebenden Herren im Vordergrund stand. Nach Veröffentlichung der Münchener Filmzensuren hat das Bild- und Filmamt noch bis November 1918 Filme herausgebracht, allerdings nur noch einen von Kämpfen in Palästina, unter dem 9.10.18, also zu einem Zeitpunkt, da dort keine Kämpfe mehr stattfanden. Daß keine Frontfilme mehr herausgebracht wurden, kann mit der Niederlage vom

8. August zusammenhängen.

Auch die Wochenberichte des Bild- und Filmamtes, die noch bis Oktober 1918 erschienen, lassen erkennen, daß das Amt nicht nur mit der Verteilung von Bildern, Filmen und Schriften beschäftigt war, sondern noch produzierte. So hat das Bild- und Filmamt nach dem Wochenbericht vom 7. - 13. Oktober 1918 noch "34 amtliche Filme" in die Schweiz versandt. Zur Frage stünde, ob es sich dabei um ältere oder neue Aufnahmen gehandelt hatte. Um Lehrfilme für die Truppe - nach Kalbus waren es bis September 1918 52 Lehrfilme - kann es sich nicht gehandelt haben. Die Lehrfilme, die nur für die Truppe produziert wurden, konnten ohne Polizeizensur eingesetzt werden. Da in München auch nach dem August 1918 noch Zensuren veröffentlicht wurden, kann man folgern, daß die Berliner Fachblätter nun verzichteten, zumal solche Veröffentlichungen als kostenlose Anzeigen angesehen wurden.

Am Beispiel des Wochenberichtes vom 18. bis 24. Februar 1918 soll belegt werden, wie sich die wöchentlichen Berichte der Auslandsvertretungen niederschlugen:

Schweiz:	448 Aushangstellen mit Bildern versorgt
	4 amtliche Filme
	29 Spielfilme im Einsatz
Holland:	13 Aushangstellen mit 3644 Bildern versorgt
	5040 Bilder versandt
	540 Kalender versandt
Dänemark:	3664 Bilder, 85 Kunstalben
	1300 Kalender, 400 Simplizissimus versandt
	3 amtliche Filme
	22 Spielfilme im Einsatz
Norwegen:	Kontinental Film-Agency Christiana gründet Tochtergesellschaft, 1,2 Millionen mit dem Zweck, amerikanische Filme an dänische Kinos

zu liefern. Der Einfluß der Nordisk geht zurück.

Belgien und Polen: 26 750 Meter Film versandt

Front: 46 Programme mit 20 000 Meter Film versandt. [279)]

Darüber, wie im einzelnen der Einsatz der Filmtrupps organisiert war, geben weder die Vorträge oder die Schrift von Dr. Wagner, noch die zitierten Sitzungsberichte befriedigende Auskunft. Ihnen ist nur zu entnehmen, daß sieben bzw. zeitweise acht Filmtrupps eingesetzt waren, nicht aber wann und wo.

Es sei nochmals erinnert. Am 8. August 1916 hatte das Kriegsministerium dem Auswärtigen Amt mitgeteilt, der Generalstabschef sei damit einverstanden, daß kinematographische Aufnahmen im Operations- und Etappengebiet erfolgten. Beim Chef des stellvertretenden Generalstabes - also in Berlin - werde ein Offizier mit entsprechendem Unterpersonal dafür eingestellt. Und in einem Rundschreiben vom 12. Oktober 1916 heißt es, nicht beim stellvertretenden Generalstab, sondern bei der Militärischen Stelle des Auswärtigen Amtes werde eine Film- und Fotostelle neu geschaffen. Man darf annehmen, daß Mitte Oktober 1916 auch der Aufbau der ersten Filmtrupps erfolgte. Um diese Zeit war die Schlacht an der Somme auf ihrem Höhepunkt angelangt. Am 19. Januar 1917 hatte im Tauentzien-Palast in Berlin die Uraufführung des "amtlich militärischen Films" "Unsere Helden an der Somme" stattgefunden. Der Schriftsteller Hans Brennert, vielbeschäftigter Drehbuchautor damals, unter anderem zu den Bufa-Filmen "Das Tagebuch des Dr. Hart" und "Der feldgraue Groschen", schrieb über diesen Film: "Aus der Hölle an der Somme, vom flammenschwangeren Boden des Saint-Pierre-Vast-Waldes holten heldische Operateure deutscher Filmtrupps auf Befehl der Obersten Heeresleitung die erste kinematographische Urkunde dieses grausigen Krieges. Den Stahlhelm auf dem Kopf und die Kamera in der Hand sausten sie auf langen Fahrzeugen der Sturmtruppen auf der Feuerstraße mit hinaus." Hier wird also erstmals von Filmtrupps und - nicht uninteressant - von Fahrzeugen, die ihnen zur Verfügung standen, berichtet. Hans Brennert, der um diese Zeit schon für das noch im Entstehen begriffene Bildund Filmamt gearbeitet haben dürfte, war sichtlich im Bilde. Anzufügen wäre, daß der noch vorliegende Organisationsplan des MAA von vermutlich Ende 1916 - er ist leider nicht datiert - neben anderen die "Militärische Foto- und Filmstelle" mit einer "West-Stelle", einer "Ost-Stelle" und einer "Inland-Stelle" ausweist. Am 13. Januar 1917 war dann die Mitteilung ergangen, wonach aus den "militärischen Film- und Fotostellen ein einheitliches Amt, das Bild- und Filmamt" gebildet werde.

Über den Einsatz der Filmtrupps in den Jahren 1917 und 1918 geben nur die noch beim Bundesarchiv vorliegenden über tausend Originalabzüge der Frontphotos Auskunft. Diese Frontphotos sind bei den Filmtrupps parallel zu den Filmaufnahmen aufgenommen worden. Die Photos tragen alle den Stempel des Bufa und weisen auf der Rückseite den Kampfort und Einzelheiten des Bildinhaltes auf. Sie tragen sowohl auf der Rückseite, wie auch auf der Vorderseite die laufende Bildnummer. Ein kleiner Teil der Fotos weist darüber hinaus noch den Filmtrupp, bei dem sie entstanden sind und das Aufnahmedatum aus. Mit ihrer Hilfe können Einsätze der Filmtrupps rekonstruiert werden.

Bezüglich des bereits geschilderten Aufbaus der einzelnen Filmtrupps gibt es die persönliche Darstellung des damaligen Filmführers Wilhelm Riegger aus Karlsruhe und die, wenn auch romanhaften, Erlebnisberichte des späteren Stahlhelmführers und Reichsarbeitsministers Franz Seldte. Seldte wird in den Akten als Teilnehmer an der Gründungskonferenz der Ufa Anfang 1918 erwähnt. Nach seiner eigenen Schilderung war er als schwerverwundeter Leutnant noch während der Aufbauzeit des Amtes dort angestellt worden. Die Vorgänge, wie er sie darstellt, dürften mit der Wirklichkeit übereinstimmen, aber er gibt den Ämtern, wie auch den Personen andere Namen. MAA bzw. OHLA nennt er "Vohla" = "Verbindungsstelle der OHL beim Auswärtigen Amt", das Bufa "Bufina" = "Bild-, Film- und Nachrichtenabteilung". Er selbst nennt sich Oberleutnant Stahl, von Haeften Oberstleutnant von Harlem, sein direkter Vorgesetzter, der Leiter des Auslandsdienstes Graf zu Ortenburg erhält den Namen Graf Erlenbach. Er schildert die Arbeit im Außendienst, aber auch die der Filmtrupps und lobt deren Produktionen. So wird von ihm die Besetzung der Insel

Oesel hervorgehoben. Das Unternehmen sei mustergültig geglückt und hätte vorzügliches Film- und Bildmaterial erbracht. Schließlich gelingt es ihm, alias Oberleutnant Stahl, im Herbst 1917 noch selbst als Filmführer an der Isonzofront eingesetzt zu werden. [280)]

Die Filmtrupps waren den Heeresgruppen zugeteilt. Der jeweilige Nachrichtenoffizier hatte ihren Einsatz zu bestimmen. Doch erfolgten Abberufungen oder Verlegungen nur durch das Amt in Berlin.
Aus der Beschriftung der vorliegenden Frontfotos geht hervor, daß Verlegungen recht oft befohlen wurden. Dabei muß berücksichtigt werden, daß für solche Schlüsse nur etwa 10 Prozent der insgesamt entstandenen Frontfotos zur Verfügung stehen. Man muß vermuten, daß die Verlegungen mit dem Verlauf kriegerischer Aktionen in Zusammenhang standen.
Über den Einsatz der sieben Filmtrupps kann nach den genannten Unterlagen folgendes festgestellt werden.
Der Filmtrupp Nr. 1 hat im März 1917 an der Ägaeis gearbeitet, im Juni 1917 war er an der Westfront bei Reims, im August 1917 in Rumänien in der Etappe, eingesetzt. Seine nächste Arbeitsstätte war im Januar 1918 Tiflis, die von den Deutschen neu geschaffene Hauptstadt von Georgien. Fotos vom Leben in Georgien stammen von diesem Filmtrupp. Man kann vermuten, daß auch die Filme aus diesem Gebiet, wie z.B. "Grusinische Gastfreundschaft" oder "Grusinische Heeresstraße" etwa Ende 1917 aufgenommen, zur Produktion dieses Filmtrupps gehören.
Vom Filmtrupp Nr. 2 liegen die frühesten Fotos vom Mai 1917 vor. Es handelt sich um Aufnahmen eines Übungskurses im Handgranatenwerfen und von einer Besichtigung bei Sedan, also an der Westfront. Im Juli und August 1917 war dieser Trupp noch im Raum Reims tätig, außerdem fotografierte der Trupp im August auch im "zerstörten St. Quentin". Hier allerdings war auch der Filmtrupp Nr. 5 eingesetzt. So ist es nicht festzustellen, von welchem Filmtrupp der Film "Französische Granaten auf St. Quentin" stammt. Interessant sind die Aufnahmen des Filmtrupps 2 von der Auslagerung von Kunstwerken des Museums von St. Quentin nach Maubeuge. Im Oktober und November 1917 war der Filmtrupp 2 an der italienischen Front eingesetzt. Von ihm stammen Fotos von den italienischen Rückzügen bei Tolmein und am Togliamento. Doch haben an diesem Frontabschnitt noch

zwei weitere Filmtrupps im Herbst 1917 gearbeitet. So ist auch die
Herkunft des fünfteiligen Films über die 12. Isonzoschlacht nicht
zu klären. Es ist denkbar, daß zum Zustandekommen dieses Films alle
drei Filmtrupps beitrugen.

Auch der Einsatz des Filmtrupps Nr. 3 ist nach den vorhandenen Fotos
erst spät nachweisbar. Von ihm stammen Aufnahmen von Gefangenen, die
im Juli 1917 an der Yser gemacht wurden, weiter Aufnahmen vom Besuch
des Kaisers an der Flandernfront im August 1917. Zusammen mit diesen
Fotos könnte der Film "Der deutsche Kaiser bei seinen Truppen in
Flandern" entstanden sein. Im September 1917 war der Filmtrupp 3
nach vorhandenen Fotos an einer Meldehundeschule hinter der Westfront tätig. Der Film "Ausbildung von Meldehunden" könnte von diesem
Filmtrupp Nr. 3 stammen. Im September 1917 hat der Trupp im Raum
Brügge gearbeitet. Über die weitere Tätigkeit des Filmtrupps Nr. 3
fehlt ein Nachweis.

Vom Filmtrupp Nr. 4 sind eine größere Zahl von Einsätzen aufgrund
der Fotos belegbar. Im März 1917 hat er den Rückzug von der Somme
aufgenommen. Wenn man die Numerierung der Fotos zugrunde legt,
könnte auch eine Aufnahme vom zerstörten Rethel von diesem Filmtrupp stammen. Im Mai 1917 hat der Filmtrupp im Raum von Sedan und
im Juli in den Argonnen gearbeitet. Im September 1917 finden wir
ihn an der Ostfront. Die Frontphotos von der Dünafront und dem
deutschen Vormarsch an diesem Frontabschnitt sind von ihm. Vielleicht auch der Film "Durchbruch an der Dünafront". Bei dieser Gelegenheit konnte er auch Aufnahmen vom Kaiserbesuch in Riga machen.
Er durfte auch den Kaiser nach Konstantinopel begleiten. Dort entstand neben Photos auch der Film "Der deutsche Kaiser bei unseren
türkischen Verbündeten". Weiter ging es mit dem Kaiser an die
italienische Front, wo Aufnahmen von Wilhelm II. auf der Höhe von
Görz und in Udine entstanden. Dann aber wurde der Trupp erneut an
die Dünafront kommandiert, wo er angesichts des Friedensvertrages
mit Rußland und mit der Ukraine russische Emigranten, die aus der
Schweiz zurückgekehrt waren, festhielt. Filmaufnahmen von diesen
Emigranten sind nicht bekannt.

Wie schon erwähnt, arbeitete der Filmtrupp Nr. 5 nach den vorliegenden Fotos im Juli-August 1917 im zerstörten St. Quentin. Frühere
Frontaufnahmen dieses Trupps sind nicht nachweisbar. Umsomehr von
seinem Einsatz an der Italienfront im Herbst des Jahres 1917.

Bilder aus Flitsch, vom Tagliamento, von Woltasch, aus Venetien, aus Udine und Tolmein, die in den Monaten Oktober bis Dezember 1917 entstanden, stammen von diesem Filmtrupp, sofern man die Fotos zugrunde legen kann.
Das Einsatzgebiet des Filmtrupps Nr. 6 ist erstmals durch Frontbilder aus Czernowitz im Juli 1917 nachgewiesen, danach aus Riga und Dünamünde. Im Oktober war er an der Italienfront an der Piave, dem Tagliamento und beim Vormarsch auf Cividale tätig. Auch die Frontbilder vom Kaiserbesuch bei seinem Cambraikämpfer im Dezember 1917 stammen vom Filmtrupp Nr. 6. Filmführer Wilhelm Riegger war von Berlin aus zu diesen Aufnahmen kommandiert worden. Seinen Vorgänger hat er nicht mehr kennengelernt. Er übernahm dort den Filmoperateur und den Photographen. Dabei entstanden zahlreiche Bilder vom Kaiserbesuch, auch von Übungen mit englischen Tanks und die Filme "Englische Tanks bei Cambrai" und "Die Weihnachtsreise des Kaisers".

Schließlich muß noch auf die Tätigkeit des Orienttrupps in Palästina eingegangen werden. Aus dem Jahr 1917 sind durch Bildbeschriftungen nur Aufnahmen vom April im südlichen Palästina nachweisbar. Aus dieser Zeit könnten auch Filme wie "Jerusalem", "Eine Reise von Bethlehem über Jerusalem nach Petra" und "Gymnastik bei den Arabern" stammen.
Über die Tätigkeit des Orienttrupps im Jahr 1918 gibt es durch die Briefe von Wilhelm Riegger an seine Frau ausführliche Berichte. [281)]
Riegger war im Dezember 1917 noch bei Cambrai tätig gewesen, hatte dort sogar Gelegenheit gehabt, dem Kaiser vorgestellt zu werden. Im Januar wurde er als Filmführer nach Palästina versetzt.
Am 30. Januar 1918 war er in Konstantinopel angekommen. Der Weitertransport von drei Kisten mit Filmprogrammen, eine Kiste unbelichteten Films, eine weitere mit unbelichteten photographischen Platten, sowie seines eigenen Gepäcks nach Nazareth, wo die Heeresgruppen Falkenhayn ihr Hauptquartier hatte, bereitete erhebliche Schwierigkeiten. Erst am 25. Februar war er an seinem Ziel angelangt. Dort lernte er auch seinen Vorgänger, Leutnant Stichauer, kennen. Ebenso seinen Kameramann Loeser und den Photographen Niemann. Er berichtet in seinen Briefen ausführlich über die Arbeit in den verschiedenen Städten und bei der Truppe in der Etappe, auch über die Aufnahmen in einer deutschen Kolonie, nur einmal

aber wurde er an die Front im Jordantal befohlen. Er berichtete darüber am 13. Mai 1918 an seine Frau: "Es war aber recht schwer, in der vordersten Linie etwas aufzunehmen, denn die Schießerei war zu toll und die felsigen Stellen lassen auch keinen Ausbau einer Stellung zu." Damit bestätigte Riegger, was auch aus allen Frontbildern hervorgeht, daß echte Kampfaufnahmen im ersten Weltkrieg aufgrund der schweren und viel zu großen Aufnahmegeräte kaum möglich waren. Auch in einem persönlichen Gespräch mit dem Verfasser bekundete Riegger diese Tatsache nochmals. Die Haupttätigkeit von Riegger in Palästina bestand in der Vorführung deutscher Filme vor den deutschen Soldaten und den deutschen Kolonisten. Außerdem hatte er im Auftrag der Heeresgruppe photographisches "Heeresalbum" über die militärische Tätigkeit der Heeresgruppe anzufertigen. Daß diese Aufgabe schließlich nicht zum Abschluß kam, lag an materiellen Schwierigkeiten und der politischen Situation. Riegger schickte die Briefe an seine Frau über das Bild- und Filmamt, mit dem er auch wöchentlich einmal über seine Arbeiten in telegraphischer Verbindung stand. Nach dem Rücktritt von General Falkenhayn war Riegger um seine Rückversetzung nach Berlin bemüht. Falkenhayns Nachfolger, Liman von Sanders, hatte für Film und Bild kein Verständnis. Angesichts der Lage an der Front in Palästina hielt er die Funktion eines Filmführers "für unmöglich". Er veranlaßte, daß Leutnant Riegger zur Ausbildung von Schreibstubenpersonal eingesetzt wurde. Nach seiner Rückkehr in Berlin wurde Riegger zum Vortrag zu Oberst von Haeften befohlen. Riegger war von Haeftens knappen, wenn auch korrekten Art beeindruckt. Haeften ließ sich ausführlich über die Situation in Palästina berichten. Riegger hatte den Eindruck, daß Haeften zu dieser Zeit den Krieg bereits verloren gab.
Riegger wurde seitens des Bild- und Filmamtes nicht mehr eingesetzt, obwohl er gern an der Herstellung von militärischen Lehrfilmen beteiligt gewesen wäre.
Er wurde zu seiner Fronttruppe zurückversetzt. Es gelang ihm jedoch im Herbst 1918 nicht mehr, seine Truppe im Westen zu finden. Aufgrund einer Erkrankung sollte er ins Lazarett kommen. Erneut mußte er von Ort zu Ort ziehen, da alle Lazarette überbelegt waren. Schließlich landete er Anfang November 1918 in Berlin. Beim Bild- und Filmamt in der Zimmerstraße fand er keinen Offizier mehr vor, wohl jedoch einen Soldatenrat, der im Hof des Amtes eine Versamm-

lung abhielt. Riegger, der aufgefordert wurde, seine Uniform auszuziehen, zog es vor, sich nach Hause, nach Karlsruhe, abkommandieren zu lassen. Dort meldete er sich beim Stadtkommandanten, der ihn noch bis Ende Dezember 1918 zum Verbleib überreden konnte. [282)]

Bei den Filmtrupps dürften etwa 10 000 Frontphotos entstanden sein. Diese Zahl ergibt sich einmal aus der Numerierung der noch vorhandenen etwa tausend Bufa-Bilder und aus der Denkschrift des Reichsinnenministers vom März 1922.
Aus der Sichtung von rund tausend Bufa-Frontbildern ergibt sich - wie schon geschildert -, daß so gut wie keine echten Kampfaufnahmen gemacht wurden bzw. gemacht werden konnten oder durften. Die Aufnahmen zeigen die Situationen vor der eigentlichen Schlacht, den Vormarsch oder die Bereitstellung, etwa die Bereitstellung einer Batterie. Oder die Situation nach dem Kampf, die zerstörten Städte, die verwüstete Landschaft, den verstümmelten Wald, und natürlich die Kriegsbeute und die Gefangenen, mal in kleinen Trupps, mal in großen Sammellagern. Aber auch die Betreuung der eigenen Verwundeten.

Es gibt jedoch auch Aufnahmen, die den Eindruck einer echten Kampfsituation erwecken. So das Foto "Sturmtrupp im feindlichen Feuer". Der Sturmtrupp ist von hinten fotografiert, zwar aus voller Höhe, aber vermutlich stand der Photograph in Deckung. Daß nicht alle scheinbaren Kampfaufnahmen während des Kampfes aufgenommen wurden, schildert Wilhelm Riegger am Beispiel von Einsätzen von Flammenwerfern, die einen Bunker stürmen. Diese Aufnahmen entstanden hinter der Front bei einer Übung.
Die gewünschte propagandistische Wirkung dieser Frontaufnahmen konnte auch dadurch erreicht werden, daß man die Bilder etwas über die großen Schwierigkeiten, denen die deutschen Truppen gegenüberstanden und die sie meisterten, aussagen ließ, so etwa das Foto "Schwieriger Vormarsch der Geschütze im Trichtergelände", oder man zeigte, wie die Franzosen ihre eigenen Städte zerstörten, wie z.B. St. Quentin.

Besonders beeindruckend dürften damals die Aufnahmen des U-Bootes 35, das im Mittelmeer operierte und zahlreiche feindliche Handelsschiffe versenkte, gewirkt haben. Die Filmaufnahmen stammten von dem Kameramann Loeser, der dann in Palästina für Wilhelm Riegger tätig war.

Besondere propagandistische Wirkung versprach man sich von Bildern, die etwas über deutsche Humanität aussagten. So zeigen Fotos deutsche Soldaten in St. Quentin, die Einwohner in Sicherheit bringen oder in Libau bei der Versorgung verwaister Kinder. Man konnte sich rühmen, eine Kulturnation zu sein mit Aufnahmen, die zeigen, wie im zerbombten St. Quentin Kunstwerke des dortigen Museums von deutschen Truppen gerettet und abtransportiert werden. Im besetzten Gent zeigt man Bilder vom studentischen Leben vor der Universität und in der alten Bibliothek und in Dorpat von der Eröffnung der dortigen Universität. Fotos zeigen, daß man auch die Selbstbestimmung der Völker achtete, so Aufnahmen von einer Volksabstimmung zum Rat der Flandern in Antwerpen.

Man vergaß sicher nicht die propagandistische Wirkung, wenn man den eigenen Edelmut gegenüber dem Feinde im Bild festhielt, so z.B. die Beisetzung eines englischen Fliegeroffiziers an der Palästinafront im Jahr 1918 oder - in mehreren Bildern festgehalten - die Versorgung von gefangenen Engländern und Franzosen, die Betreuung von verwundeten Gegnern ("Französische Gefangene in einem Berliner Lazarett"). Englische Offiziere, ob nun beim Kartenspiel oder beim Abtransport in einem Verwundetenzug waren Objekte der Bildpropaganda. Zu solcher Propaganda gehörte auch, daß man herausstellte, daß man nationale Bewegungen, die Selbstbestimmung der Volksgruppen unterstützte, sei es die Kundgebungen der Flamen in Antwerpen und ihren Wahlgang an die Urnen für einen eigenen Rat. Der unter deutscher Hoheit neu entstandene Staat Georgien wurde vielfach in Bildern festgehalten, ebenso des neuen Staates Ukraine, mit dem ein eigener Waffenstillstand abgeschlossen wurde. Dieser Waffenstillstand ist ebenso im Bild festgehalten wie das Leben und Treiben in ukrainischen Städten. Daß der Präsident der Ukraine, der Hetman Pavel Skoropadski, vom Kaiser empfangen wurde, ist sogar als Kunstdruck erhalten geblieben. Finnlands Befreiung aus russischer Oberhoheit durch die deutschen Truppen fand natürlicherweise ein begeistertes Echo in der finnischen Bevölkerung, wie dies zahlreiche Bilder und auch der Film "Krieg in Finnland" belegen. Zugleich konnte man zeigen, daß man mit den Roten Garden, die noch weiterhin gegen die Deutschen kämpften, weniger sanft umging, als mit hungernder Bevölkerung, die von deutschen Truppen versorgt wurde.

Als größtes Ereignis des Kriegsjahres 1917 wurde der Waffenstillstand bzw. Friedensschluß mit Rußland gewertet. Diese Ereignisse sind in vielen Bildern festgehalten. Einige von ihnen mit dem Empfang der russischen Delegation und der Verhandlung in Brest-Litowsk sind weltberühmt geworden.

Es mag heute erstaunen, daß auch die Verbrüderung zwischen deutschen und russischen Truppen in diesen Wochen zwischen Ende 1917/Anfang 1918 vom Bild- und Filmamt herausgestellt wurde. Korrespondierend mit den Bufa-Filmen von der deutschen Frühjahrsoffensive im Jahr 1918, liegen zahlreiche Frontaufnahmen mit gleichen Sammeltiteln, wie "Die große Schlacht im Westen", "Die Schlacht zwischen Aisne und Marne", oder "Die Schlacht am Damenweg" vor. Die Absicht, mit diesen Filmen und Bildern nicht nur in der Heimat, sondern auch im neutralen und befreundeten Ausland propagandistisch zu wirken, wird besonders deutlich bei Gruppenaufnahmen, etwa von verwundeten deutschen oder auch französischen oder englischen Soldaten oder vom alten Mütterchen in einer zerstörten Stadt, dem von deutschen Soldaten geholfen wird.

Der Heimat will man insbesondere zeigen, daß sie um das Wohl ihrer Soldaten keine Sorge zu haben braucht. Da sieht man Soldaten einer schweren Minenwerfer Einheit bei einer Pause oder bei einem Trunk während des Vormarsches zur Marne. Man sieht, daß die deutschen Soldaten auch an der Front ihren Humor nicht verloren haben, man erlebt sie bei der Landarbeit hinter der Front, oder bei der Arbeit in einer Artilleriewerkstatt, aber auch beim Bau einer Eisenbahnbrücke, man erlebt deutsche Soldaten als Hufschmiede und als Regimentsschuster hinter der Front, bei der Anfertigung von Harken für die Erntearbeit und bei einem Gartenfest zum Besten der Ludendorff-Spende, man sieht sie in einem Fronttheater und vor einem Frontkino.

Selbstverständlich fanden im monarchistisch gesonnenen deutschen Volk Filme und Bilder von deutschen Fürsten und auch von deutschen Heerführern besonderen Anklang. Das Bild- und Filmamt legte darum auch großen Wert darauf, daß der Kaiser immer wieder in Film und Bild bei seinen Truppen gezeigt wurde. So zeigt ihn ein Frontfoto mit dem bayerischen Kronprinzen Rupprecht bei einem Truppenbesuch in Flandern, ein anderes mit Generalfeldmarschall Mackensen in Rumänien und auf den Erdölfeldern von Campina. Eine ganze Reihe von Fotos zeigt ihn zusammen mit dem türkischen Sultan und dessen Gefolge bei seinem Besuch in Konstantinopel oder im Oktober 1917 in

Sofia gemeinsam mit Zar Ferdinand von Bulgarien. Auf der Höhe von Görz hört er im November 1917 inmitten deutscher und österreichischer Offiziere einen Vortrag über die Frontlage, gemeinsam mit General von der Marwitz zeichnet er im Dezember 1917 bei Cambrai seine erfolgreichen Truppen nach der berühmten Tankschlacht aus. Eine Reihe von Fotos zeigt ihn bei der Besichtigung der umfangreichen Beute aus diesen Kämpfen und schließlich anläßlich seines 30jährigen Regierungsjubiläums gemeinsam mit Hindenburg und dem Kronprinzen im Großen Hauptquartier.
Die Filmtrupps hatten aber nicht nur Schlachten - soweit möglich -, Fürsten, Heerführer und Soldaten bei vielen Funktionen aufzunehmen, sie wurden auch, im Gegensatz zu ursprünglichen Absichten, eingesetzt zur Herstellung von belehrenden Filmen. Das Bild- und Filmamt hatte es sich zur Pflicht gemacht. Das Filmverzeichnis im Anhang weist aus, in welchem Umfang man sich dieser Aufgabe hingab. Auch die Filmtrupps ergänzten diese Bemühungen. Aus allen besetzten Gebieten gibt es Fotos über das Leben und Treiben der Bewohner, die Eigenart ferner Länder. Man zeigt Bilder von den Grusiniern und von den Tartaren, von Türken und von den Sitten und Gebräuchen in den Balkanländern.
In vielen Fällen konnten jedoch die Photographen naturgemäß beweglicher sein, besonders dann, wenn sich die Filmarbeit wegen zu geringer Aktion nicht lohnte. Man erhoffte sich wohl positive Eindrücke beim Beschauer, wenn man deutsche Soldaten im besetzten bzw. feindlichen Gebiet beim Kirchgang oder Feldgottesdienst zeigte. Solchen Eindruck könnte unter anderen das Foto deutscher Soldaten "Nach der Andacht in der Kathedrale von Laon" erweckt haben.
Es fragt sich, ob sich unsere heutige Generation dessen bewußt ist, daß deutsche Soldaten im ersten Weltkrieg bereits die Ukraine besetzt hielten und einen von Rußland unabhängigen Staat dort etablieren wollten, daß deutsche Soldaten Sewastopol und Odessa erobert hatten, daß man in Tiflis mit grusinischen Bewegungen zusammenarbeitete, daß in Polen ein Königreich unter deutscher Oberhoheit geschaffen werden sollte. Es gibt viele hundert Bilder des Bild- und Filmamtes, mit denen diese Tatsachen belegt werden können. Auch sie, ohne kriegerische Aktion, sollten dem neutralen Ausland zeigen, wie stark Deutschland ist.
Auch die Frontbilder unterlagen einer Zensur.

Über diese Zensurhemmnis auch bei Lichtbildern hatte sich Oberstleutnant von Haeften in einem Schreiben vom 18. Januar 1918 maßvoll kritisch geäußert. Es handelte sich damals um die Aufnahmen von den Verhandlungen anläßlich des Waffenstillstandes von Brest-Litowsk, der am 15.12.17 abgeschlossen worden war. Von Haeften schrieb "als Beispiel über Zeiten". Die Negative seien am 18.12. zur Entwicklung gegangen. Die Bilder seien dann am 23.12. dem Großen Hauptquartier und am 24.12. der Polizei zur Zensur vorgelegt worden. Am Abend des 24.12. seien die Kopien vom Negativ abgezogen worden. Der "Druck der entwickelten Exemplare" dauerte vom 27. bis 29. Dezember 1917. Die Auslieferung an das "Chiffre-Büro" erfolgte am 31.12., aber erst am 4. Januar 1918 die "Einfuhr" in die Schweiz. Von Haeften entschuldigt die langsame Handhabung mit "Personal- und Kohlenmangel". [283]

Die im Organisationsschema genannte Graphische Anstalt des Bild- und Filmamtes hatte vielseitige Aufgaben. Aus den Wochenberichten geht hervor, daß von den Frontphotos Kunstdrucke im Großformat angefertigt wurden. Von diesen liegen noch Beispiele im Bildarchiv des Bundesarchivs vor. Die Kunstdrucke wurden in Kunstalben zusammengefaßt und auch im Ausland vertrieben. Nach dem Wochenbericht vom 18. bis 24.2.1918 gingen 85 solcher Alben nach Dänemark. Für das Jahr 1918 wurde ein Kalender herausgebracht, der in großer Zahl ins Ausland ging, so gleichzeitig mit den Kunstalben, 1300 Kalender nach Dänemark und eine Woche später 1000 Kalender für "Wartezimmer und Offizierskasinos" nach Schweden. Die Graphische Anstalt stellte auch Plakate für den Vertrieb im Ausland her, so gelangten in der Woche vom 25.2. bis 3.3.18 750 Plakate über "die Folgen des abgelehnten Friedensangebotes" und 300 Plakate "Der Luftkrieg" nach Schweden. [284]

Recht lebhaft war die Unterrichtung des Bild- und Filmamtes durch die deutschen Vertretungen. Dabei wurde auch der Agitation der Entente berücksichtigt. Am 25. Februar 1918 berichtete Bern über den französischen Film "Alerte". Standfotos des Films zeigten einen deutschen Unteroffizier, der ein Mädchen wütend am Handgelenk zerrt und später zusammen mit dem Vater im Wald fesselt. [285]

Aus Norwegen wird Ende März dem Bufa über einen italienischen Film mit dem Titel "Italiens See- und Luftflotte" berichtet. Der Film zeige einen fingierten Luftangriff deutscher Flieger auf Venedig

und die dadurch verursachten Zerstörungen.[286)]
Mitte April 1918 meldet Bern, der amerikanische Konsularagent Dexter habe ins dortige Apollokino zu einer Sondervorführung "des ersten offiziellen Propagandafilms der amerikanischen Regierung" mit dem Titel "La flotte americane" und einer Länge von 1500 m eingeladen.[287)] Zugleich wird aus Basel berichtet, außer Kriegsfilmen liefen dort fast keine deutschen Filme, in Lugano meistens Ententefilme und in St. Gallen würden deutsche Filme "wegen zu schlechter Qualität" abgelehnt. Auch in Zürich, in Bern und Frieburg überwögen Entente-Filme. Die Entente habe auf allen elektrischen Bahnen Kinoplakate angebracht.[288)] Aus Schweden kamen kuriose Vorschläge. Für Propagandazwecke sollten nicht nur Kalender, sondern auch Notizbücher, Serienbilder und Messer vertrieben werden. Bern berichtete am 14.5.18 von einem englischen Film "Die Bestie von Berlin", der in Genf lief. Darin hieß es: "Und dann kamen die Horden der kaiserlichen Kindermörder."[289)]
Einer Denkschrift vom 15. September 1918 aus Aleppo konnte man entnehmen, daß der Einfluß der Kriegsfilme sehr gering sei, da nur für Detektivfilme Interesse bestehe. Es handele sich hauptsächlich um französische Filme der Pathé-Filiale in Smyrna.[290)]

Aber wie wirkten die Bufa-Frontfilme auf die deutsche Bevölkerung? Man kann es nur unzureichend der Berichterstattung in den damaligen Fachblättern - meist Lobeshymnen - entnehmen. So heißt es im Kinematographen vom 24. Januar 1917 über den schon erwähnten Sommefilm: "Wir alle haben zu danken, daß dieses Dokument der Öffentlichkeit zugänglich gemacht wurde. Das Publikum drängt sich zum "Tauentzien-Palast" und Tausende und Abertausende von Menschen versuchen vergeblich Einlaß. Und jeder sollte doch diesen Film sehen." Und über den Film "Der Magische Gürtel", der die Kaperfahrt eines deutschen U-Bootes im Mittelmeer zum Inhalt hatte, schrieb der "Kinematograph" am 12.9.1917: "So ist der neue amtliche Film betitelt, den das königliche Bild- und Filmamt soeben veröffentlicht und der das Publikum in hellen Scharen in den Tauentzien-Palast zieht". Und abschließend: "Bietet so dieser Film durch seinen Inhalt eine Besonderheit, so verdient er auch in rein technischer Beziehung vollste Anerkennung. Wir haben hier eine der bestgelungenen Photographie, die noch durch eine geschmackvolle Virage unterstützt wird. ... Es

wird wohl kaum ein Lichtspieltheater geben, dessen Publikum nicht gebieterisch nach diesem Film ruft."
Und schließlich der Kinematograph am 16.5.1917 über den Film "Kampftage aus der Champagne": "Pioniere bahnen durch wohlgezieltes Feuer unseren Stoßtruppen das Vorgehen. Mit Handgranaten gehen unsere Stoßtruppen unter Ausnützung des Geländes vor. Dieser Teil ist sehr geschickt aufgenommen und zeigt mit erschreckender Deutlichkeit, wie unsere Infanterie in den entstandenen Granattrichtern auftaucht und wieder verschwindet, wie sie Drahtverhauhindernisse nimmt, feindliche Gräben säubert und eine große Anzahl von Gefangenen macht. Die sämtlichen Aufnahmen sind von einem Flugzeug aus aufgenommen. Eine Prachtleistung, die nicht nur das zahlreiche Publikum der "Union-Theater" und der "Kammerlichtspiele Potsdamerplatz" interessiert und in höchster Spannung erhält, sondern überall demselben ehrlichen Interesse begegnen wird."
Wie ein aktuelles Thema damals im Spielfilm angefaßt wurde, soll am Bufa-Film "Das Tagebuch des Dr. Hart" aufgezeigt werden. Zugrunde lag, daß das Reich damals bemüht war, aus Polen, von Rußland gelöst, ein selbständiges Königreich zu machen. Im Film sind der Arzt Dr. Hart und eine polnische Adelsfamilie befreundet. Im Krieg, es sind Frontaufnahmen eingeschnitten, kommt es nach dramatischen Ereignissen zur Wiederbegegnung auf dem Schloß des polnischen Grafen, das von den Deutschen zum Feldlazarett unter Leitung von Dr. Hart umgewandelt wurde. Die Freundschaft verstärkt sich, als es Dr. Hart gelingt, den Verlobten der Tochter nach einer schweren Verwundung zu retten. Dr. Harts letzte Tagebucheintragung, er freue sich, daß nun Polen ein freies selbständiges Land geworden sei.
Hierzu passend, daß das Bild- und Filmamt Ende 1916 den Dokumentarfilm "Proklamation des neuen Königreichs Polen" herausbrachte. Der Tenor dieses Films, wie auch der zuvor zitierten Filmkritiken, läßt erkennen, daß man 1917 noch an den glorreichen Verlauf des Krieges dachte. Damit war es im November 1918 ebenso zu Ende, wie die von Oberstleutnant von Haeften 1916 so schwungvoll in Gang gebrachte Propaganda für Deutschland. Er selbst war noch unter Prinz Max von Baden und danach unter Friedrich Ebert bis ins Jahr 1919 politisch aktiv. Seine Schilderungen dieser Zeit können im Rahmen dieser Arbeit leider nicht berücksichtigt werden.

17. Das Bild- und Filmamt wird Reichsfilmstelle

Am 9. März 1922 lag dem Reichstag unter Nr. 3737 eine Denkschrift des Reichsministers des Innern, Dr. Köster, vor. Sie trug die Bezeichnung "über den sächlichen Ausbau der Reichsfilmstelle". Darin hieß es: "Am 1. April 1919 wurde das militärische Bild- und Filmamt als aufgelöst und durch Vereinbarung zwischen der Reichskanzlei und dem preußischen Kriegsministerium unter der neuen Amtsbezeichnung Reichsfilmstelle von der Reichsregierung übernommen und der Reichskanzlei unterstellt." In den einführenden Darlegungen der Denkschrift betont Dr. Köster, die Reichsfilmstelle diene in erster Linie der Erhaltung und gewinnbringenden Bewirtschaftung der Bestände des ehemaligen Bild- und Filmamtes. Das Spielfilmmaterial sei an die Hersteller zurückverkauft worden. Die gesamte photographische und kinematographischen Apparaturen seien, soweit sie nicht unmittelbar im Verleihbetrieb des Amtes Verwendung fanden, durch das Reichsverwertungsamt für Rechnung des Heeresfiskus verkauft worden. Die sonstigen Film- und Lichtbildbestände, soweit sie nicht militärischer Natur waren, auf Veranlassung des Reichsschatzministeriums an die Universum-Film AG verpachtet worden. Von der Abgabe an die Ufa seien die gesamten Filmbestände kriegsgeschichtlichen Inhalts ausgenommen worden. Diese seien nach Übernahme durch das Reich gemäß Vereinbarung zwischen dem Reichsarchiv und dem Reichswehrministerium dem Reichsarchiv in Potsdam überwiesen worden. Das Verfügungsrecht über diese Bestände sei aufgrund des Erlasses 1 A 1169 mit dem 1. April 1921 auf die Reichsfilmstelle übergegangen. Die Lichtbilder des Bild- und Filmamtes, soweit sie militärischen Inhalts waren, rund 72 000 Stück, wurden den sieben Wehrkreisen und den Heeresschulen für Unterrichtszwecke überantwortet. - Aus dieser Zahl ergibt sich, wie an anderer Stelle erwähnt, daß es sich bei den 72 000 Lichtbildern um jeweils 10 - 11 000 Frontfotos, die bei den Filmtrupps entstanden, gehandelt hat.

Hinsichtlich der Aufgaben, die der neuen Reichsfilmstelle übertragen wurden, ist man vielfach an die Aufgaben erinnert, die dem Bild- und Filmamt laut Gründungsbeschluß oblagen. Die Reichsfilmstelle wurde:
1. Fachbehörde für alle das Filmwesen betreffenden Angelegenheiten.

2. Zentralstelle für den geschäftlichen Verkehr der Reichs- und Staatsbehörden mit der Filmindustrie und für die Filmindustrie eine einheitliche Vertretung ihrer Interessen bei den Behörden.
3. Ausführungsbehörde für Filmaufträge aller Reichs- und Staatsbehörden, Festsetzung der Herstellungsbedingungen, technische Überprüfung und Begutachtung.
4. Vertrieb der fertiggestellten Filme.
5. Finanzbeteiligung des Reiches bei filmwirtschaftlichen Betrieben.
6. Verwaltung und Auswertung der reichseigenen Film- und Lichtbilderbestände und Apparate, insbesondere der kriegsgeschichtlichen Filme. [291]

Ehe auf die erneute Auswertung der Filme des Bild- und Filmamtes in der Weimarer Zeit und im 3. Reich eingegangen werden kann, muß kurz auf eine organisatorische Entwicklung hingewiesen werden.
Der Gedanke, ein zentrales Filmarchiv ins Leben zu rufen, war schon bald nach dem ersten Weltkrieg aufgekommen. Die Deutsche Tageszeitung griff am 26. Mai 1921 diesen Gedanken auf. Der Artikel mit dem Titel "Das Reichsfilmarchiv" schlug die Bildung einer GmbH oder einer genossenschaftliche Grundlage vor, der "alle Organisationen, die sich vaterländische und kirchliche Jugendpflege zum Ziel gesetzt haben", aber auch "Banken, die in deutschvölkischem Geiste arbeiten", Landwirtschafts-, Industrie-, Militärvereine und ähnliche Verbände, christliche Gewerkschaften, kirchliche und vielleicht auch kommunale und staatliche Behörden als Mitglieder beitreten könnten."[292] Es sollten vor allem Lehr-, aber auch unterhaltende Filme gesammelt werden. Der Gedanke ließ sich vermutlich infolge der Inflation nicht realisieren. Auch aus dem zweiten Anlauf im Frühjahr 1926 ergab sich kein positives Ergebnis. Reichsinnenminister Dr. Külz hatte nach einer Verlautbarung des Reichsinnenministeriums die Errichtung eines Filmarchivs vorgesehen.[293] Zur Gründung eines Reichsfilmarchivs kam es erst im 3. Reich. Mit Unterstützung des Archivrats Dr. Danz wurden die Filme des Heeres und des Deutschen Roten Kreuzes, insgesamt 852, im Frühjahr 1934 dem Reichsfilmarchiv übergeben. Wenn der damals mit dem Aufbau eines Reichsfilmarchivs beauftragte Dr. jur. Leonhard Böttger, zuvor Filmreferent in der Kulturabteilung des Auswärtigen Amtes, in seiner Darstellung von 852 Filmen des Heeres, der Luftfahrt und des Deutschen Roten Kreuzes schreibt, so bleibt offen, um wieviel Filme des Bild- und Filmamtes es sich gehandelt

hatte. [294] Das Reichsfilmarchiv war ursprünglich der Reichsfilmkammer nachgeordnet. Dort war man vermutlich wegen der geringen personellen Besetzung nicht zur Verzeichnung und Erschließung der Filme gekommen. 1938 wurde das Reichsfilmarchiv dem Reichsminister für Volksaufklärung und Propaganda unterstellt. Aber auch danach unterblieb die Verzeichnung und Erschließung der Bufa-Filme. Die politischen Ereignisse, Einmarsch in Österreich, Übernahme des Sudetenlandes, schließlich Einmarsch in Prag ergaben für die Mitarbeiter des Reichsfilmarchivs aktuellere Aufgaben. Die Gestapo hatte in den erwähnten Ländern riesige Mengen Filme angeblich jüdischer Herkunft beschlagnahmt und sie zur Aufbewahrung und möglichst baldigen Verzeichnung dem Reichsfilmarchiv übergeben. An der Erschließung dieser Filme, vor allem der dann in Warschau und Paris beschlagnahmten Filme waren die obersten Reichsbehörden lebhaft interessiert.
Doch zurück zur Auswertung der Bufa-Filme in den 20er und den späten 30er Jahren.
Bereits im Jahre 1918 hatte das Zentralinstitut für Erziehung und Unterricht vom preußischen Kultusministerium den Auftrag erhalten, die Bestände des Bild- und Filmamtes auf ihre Eignung als Unterrichtsfilme für die Schulen zu prüfen. [295] Der ehemalige Abteilungsleiter im Bild- und Filmamt, Major i.R. Ernst Krieger, inzwischen von der Ufa als Leiter der Kulturabteilung übernommen, betonte 1919 "die hervorragende Bedeutung, die der Schulfilm gewinnen könne", zumal für den Geschichtsunterricht. Er umriß die Möglichkeit, die Entwicklung von Schlachten und Feldzügen filmisch darstellen zu können. Er hatte gemeinsam mit dem ehemaligen Major i.G. Alexander Grau, jetzt Ufa-Direktor, eine bedeutende Lehrfilmabteilung bei der Ufa, mit Aufnahmeatelier, Trickabteilung, Laboratorien, Zeitlupenaufnahmeapparatur und weiteres aufgebaut. [296] Aus den Beständen des Bild- und Filmamtes waren nach Darstellung seines Kollegen Oskar Kalbus 230 000 m Negative und 810 000 m Positive als Grundstock für das Ufa-Lehrfilm-Archiv übernommen worden. Ohne Zweifel handelte es sich dabei um die Bufa-Filme, die nicht von den Filmtrupps an den Fronten aufgenommen worden waren. [297] Diese ursprünglichen Bufa-Filme ermöglichten es der Ufa, sie erneut unter ihrem Namen herauszubringen. So kam es zu verwirrenden Doppelzensuren, die es späterer Forschung schwierig machten, den richtigen Urheber zu ermitteln. Die großzügige "Verpachtung" von Filmen des Bild- und Filmamtes an die

Ufa durch das Reichsschatz-Ministerium, die solche Verwirrung verursachte, sollte 1924 zum Abschluß gebracht werden. Die Verhandlungen über die "Endabrechnung" blieben jedoch noch in der Schwebe. Erst ein Jahr später kam es aufgrund einer Bestandsaufnahme zu dem Ergebnis, daß die Ufa für die Filme des Bild- und Filmamtes noch 10 900 RM zu zahlen hatte. [299] Wie schon geschildert, waren von dieser Verpachtung ausgenommen die Filme, die "kriegsgeschichtlichen Inhalts" von den Fronttrupps aufgenommen worden waren. Diese wurden nach einer Vereinbarung zwischen Reichswehrministerium und Reichsarchiv dem letzten überwiesen. Das Reichsarchiv war im September 1919 unter Mitwirkung des Oberst, später Generalleutnant Hans von Haeften gegründet worden. Der Reichsminister des Inneren überließ unter dem 1. April 1920 das Verfügungsrecht über diese militärischen Filme der Reichsfilmstelle. Diese legte Wert darauf, auch in weiterer Hinsicht Nachfolgerin des Bild- und Filmamtes zu sein. Ebenso, wie "das Bild- und Filmamt als erste und bisher einzige amtliche Organisation, die Bild und Film planmäßig in den Dienst von Unterricht, Volksbildung und Wissenschaft gestellt" hatte, sollte nun das "umfassende Archiv des Amtes" weiterhin Schulen, Fortbildungsanstalten, gemeinnützigen Vereinen und Verbänden auf Anforderung zur Verfügung stehen. [300]

Die Nachzensuren, die das Reichsarchiv gemeinsam mit der Reichsfilmstelle dann in den Jahren 1921-22 ermöglichte, erweisen, in welchem Umfang diese Aufgabe verwirklicht wurde. Der Berliner Bildwart, Walter Günther, hat noch 1927 ein "Verzeichnis deutscher Filme" herausgebracht, in dem wir die Mehrzahl der Filme des Bild- und Filmamtes wiederfinden.

Im Winter 1923-24 hatten Ernst Krieger und die Reichsarchivare Soldan und Volkmann die Idee aus dem "sorgfältig registrierten und katalogisierten" Bufa-Filmmaterial durch "einige Nachaufnahmen ergänzt", einen historischen Film über den Weltkrieg zu schaffen. Man war sich einig, daß Nachaufnahmen unvermeidbar waren, "da bekanntlich im Jahr 1914 draußen auf den Kampffeldern überhaupt noch nicht gefilmt worden" war. In Leo Lasko, der im Krieg bei der Marine als Filmkameramann tätig gewesen war, fanden sie einen geeigneten Regisseur. Sie rekonstruierten Szenen und ließen sie "von kriegserprobten und erfahrenen Mitkämpfern spielen". "Trotzdem", so

schreibt Soldan, gelang es nur selten Bilder zu schaffen, die der
Wirklichkeit einigermaßen entsprachen. Die echten und gestellten
Kriegsaufnahmen wurden ergänzt durch bewegliche Kartentricks, die
den Verlauf einzelner Schlachten darstellten. Sven Noldan, damals
bekannter Trickfilmer, schuf diese Kartentricks. Die Kosten lagen
bei 100 RM je Meter. Insgesamt wurden ca. 300 Meter verwendet. Von
vornherein wurde vorgesehen, den Film in zwei Teilen herauszubringen.
Aber erst Anfang 1927 bekam dieses Vorhaben richtigen Schwung.
Hugenberg hatte die kurz vor dem Bankrott stehende Ufa übernommen.
Ludwig Klitzsch, der zehn Jahre zuvor die Ufa-Gründung "eine Schlacht
gegen die DLG" genannt hatte, wurde ihr neuer Generaldirektor. Er
führte tägliche Vorstandsbesprechungen ein, die sich mit allen Fragen des Konzerns zu befassen hatten. Schon auf der ersten Sitzung
am 5. April 1927 stand die Fertigstellung des Weltkriegsfilms zur
Besprechung. Es wurde beschlossen, den Film schnellstens herauszubringen. Hindenburg selbst hatte den Wunsch geäußert, der Vorführung
des Films beizuwohnen. Es sollte nun beim Reichspräsidentenbüro angefragt werden, welcher Termin angenehm wäre. Die Musik zu dem Film
- auch für Stummfilme wurde bekanntlich damals einige eigene Musik
herausgebracht - sollte Marc Roland, bei der Ufa verpflichtet, komponieren. Es ging nun alles verhältnismäßig rasch. Am 20. April sah
sich Reichsaußenminister Stresemann den Film an und äußerte sich befriedigt. Er bat - was nicht uninteressant ist -, die Szene mit dem
Präsidenten der USA, Wilson, herauszunehmen. Wenige Tage fand die
Uraufführung des 1. Teils des Weltkriegsfilms im Ufa-Palast am Zoo
statt. Auf dem Plakat zum Film wurde ausdrücklich darauf hingewiesen, daß der Film unter Verwendung von amtlichen Filmaufnahmen des
Kriegsministeriums hergestellt wurde. Die Laufzeit des Films im Ufa-
Palast wurde "bis nach den Stahlhelm-Bundestagen" angeordnet. Während der "Stahlhelm-Tage" sollte er dreimal täglich aufgeführt werden. So brachten sich die ehemaligen Bufa-Mitarbeiter gegenseitig
in gute Erinnerung.
Bei der Produktion des 2. Teils konnte nun großzügiger verfahren
werden. Der Film wurde auf 300 000 RM Herstellungskosten kalkuliert.
Es mußten noch weitere 50 000 Mark nachbewilligt werden. Direktor
Grau konnte im August mitteilen, daß es ihm gelungen sei, beim
Reichswehrministerium das notwendige Militär für die Nachaufnahmen
"zu requirieren". Eine sicherlich passende Formulierung für den

ehemaligen Major i.G. im preußischen Kriegsministerium. Für die Neufassung des Manuskriptes begaben sich Soldan und Volkmann "an einen stillen Ort" am Werbelinsee in der Nähe von Berlin. Ihr Verlangen, ihre dortigen Aufenthaltskosten zu vergüten, wurde zurückgewiesen. Aber dem Regisseur Leo Lasko wurde eine Prämie von zusätzlich 2500 RM zugesichert, wenn er den Film bis in vier Monaten, also Januar 1928, abliefern würde. Die Reichswehr wiederum forderte pro Mann und Pferd täglich 3 RM, was ihr bewilligt wurde.
Schließlich wurde noch eine Amerika-Fassung der beiden Teile beschlossen. Hierfür sollten Soldan und Volkmann je weitere 4000 RM, Leo Lasko 3000 RM erhalten. Direktor Grau mußte bei Hindenburg die Genehmigung zur Verwendung der Bufa-Filmaufnahmen in der Amerikafassung einholen. Für diese Fassung kam es außerdem zu einem Austausch amerikanischer und französischer Aufnahmen gegen deutsche Kriegsaufnahmen. Die zusätzlichen Kosten von 50 000 RM für die Amerikafassung, wurden genehmigt. Weitere 15 000 RM wurden für die Synchronisation dieser Fassung erforderlich, da in Amerika inzwischen der Tonfilm eingezogen war.
Am 6. Januar 1928 war die deutsche Fassung des zweiten Teils und auch die Musik von Marc Roland fertiggestellt. Die Uraufführung fand am 9. Februar 1928 als einmalige Sondervorstellung zum Besten der Hindenburgspende im Ufa-Palast am Zoo statt. Vom 10. Februar an lief er in dem viel kleineren Ufa-Pavillon am Nollendorfplatz. Beim Einsatz des Films in der Provinz gab es Ärger mit den britischen Besatzungsmächten. Die englische Besatzungsbehörde in Wiesbaden hatte die Vorführung des Films in ihrem Bereich verboten, sie sprachen sich grundsätzlich gegen Kriegsfilme aus. Die Ufa wandte sich an das Auswärtige Amt und bat um Vermittlung. Das Ergebnis einer Vermittlung, falls sie stattfand, ist nicht bekannt geworden. Wenn es in der Begleitschrift der Ufa zu dem Film heißt, von Neuaufnahmen sei nur im äußersten Fall Gebrauch gemacht worden, muß dem widersprochen werden. Der Mangel an echten Kampfaufnahmen des Bild- und Filmamtes zwang dazu, in breiterem Umfang Sturmangriffe im Manövergelände mit Schützengräben und Trichterfeld, Vorgehen in Sprüngen, Zerschneiden von Drahtverhau, Stoßtrupps in Aktionen zu stellen. Für diese Aufnahmen brauchte der Kameramann nun nicht mehr in Deckung zu gehen, er konnte die "Kämpfe" aus normaler Höhe, ja auch von oben und sogar aus Feindsicht drehen. Immerhin ist die

Mischung aus echten Bufa-Aufnahmen und gestellten Szenen mit Reichswehrsoldaten in der Uniform des kaiserlichen Feldheeres so geschickt gemacht, daß es nicht leicht fällt, jeweils die echten und unechten Aufnahmen auseinander zu halten. Da von den beiden Teilen des Weltkriegsfilms nur noch Fragmente, wenn auch in ziemlichen Längen, aber ohne geordnete Reihenfolge vorhanden sind, ist die Identifizierung noch um einiges erschwert.

Wie sehr man sich in diesen gesellschaftlich zerrissenen Jahren der Weimarer Republik in vorgefaßte Vorstellungen gefangen hatte, beweist ein kurzer Aufsatz von Arthur Seehof in der Februar-März-Ausgabe von 1928-30 des Organs "Film und Volk" des Volksfilmverbandes, dessen Vorsitz Heinrich Mann innehatte. Dort heißt es unter "Filme im Reichsarchiv": "Vogesenwacht", "Meldehunde im feindlichen Feuer", "U-Boote heraus", "Helden an der Somme", "Heldenkampf an der Aisne", das sind die Titel einiger Filme, die bis heute noch keine öffentliche Vorführung erlebt haben. Das Reichsinnenministerium, unter Oesers Leitung, hatte diese Filme - es war nach der Ermordung Rathenaus - angesehen und dann kurzerhand verfügt, daß sie teils aus innen-, teils aus außenpolitischen Gründen nicht vorgeführt werden dürfen. Sie lagern zu einem guten Teil auch heute noch, soviel wir wissen, wohlverwahrt in den Schränken des Potsdamer Reichsarchivs. Es sind alles Filme, die während des Krieges 1914 - 1918 mit amtlichen Mitteln, in amtlichem Auftrag und von amtlichen Stellen hergestellt worden sind. Und nicht im Atelier, sondern direkt am Ort des Geschehens, an der Front. Soweit uns bekannt ist, zeigen alle diese an der Front hergestellten Filmstreifen den Krieg in seiner ganzen Bestialität und Grausamkeit und lediglich zur Verhinderung von Antikriegspropaganda sind die Streifen vor Jahren zurückgehalten und der Potsdamer Geheimkammer überwiesen worden.
Der deutsche Außenminister redet sehr viel und sehr oft vom Frieden. Wie wäre es, wenn er sich darum bemühen würde, die offiziellen Kriegsfilme aus dem Potsdamer Schlaf zu wecken, um sie einer Gesellschaft zu übergeben, die wirklich Garantien bietet, daß sie so gezeigt werden, wie sie gedreht sind." ... "Nicht Hugenberg, nicht nationalistische Organisationen haben Anrecht auf die Filme im Reichsarchiv, mit denen sie aus leicht verständlichen Gründen ja doch nichts anzufangen wissen, diese Filme gehören den Millionenmassen des deutschen

Volkes, denn sie zeigen den furchtbaren Jammer dieser Namenlosen."
Nun, um diese Zeit - 1928 - hatte Bildwart Walter Günther bereits
diese Weltkriegsfilme in sein Verzeichnis von deutschen Filmen für
die Vereine und Verbände zu Bildungszwecken aufgenommen, hatte
Hugenbergs Ufa bereits die amtlichen Filme des Bild- und Filmamtes
mit gestellten Szenen, die erst Kriegsschrecken vermitteln sollten,
in zwei Teilen herausgebracht. Den Redakteuren von "Film und Volk",
deren Bemühungen hier nicht herabgesetzt werden sollen, war dies
sichtlich entgangen.

Hatte die Ufa 1927 noch die Vorstellung genährt, mit ihrem Welt-
kriegsfilm der Jugend vor Augen zu führen, "wie ihre Väter gestrit-
ten, wie ihre Mütter gelitten" hatten, sah man 12 Jahre später -
nun schon im nationalsozialistischen Staat und zu Beginn des zweiten
Weltkriegs - in den Frontaufnahmen des Bild- und Filmamtes "ein
wertvolles Mittel wehrgeistiger Erziehung". Sollte nach den Vorstellungen der Ufa, die Jugend "aus der Vergangenheit ihre Lehre
ziehen für die Zukunft" - wie auch immer diese Zukunft aussehen
mochte -, ging es nun der "Reichsanstalt für Film und Bild in
Wissenschaft und Unterricht" (RWU) darum, die Schuljugend "von der
Schlagkraft und dem Kampfgeist des deutschen Heeres" zu überzeugen.
"Aus Montagen von Aufnahmen des Bild- und Filmamtes, Fremdmaterial
und Spielfilmszenen entstanden in den Jahren 1939 - 1940 die Unterrichtsfilme "Ein Kampftag an der Westfront", "Seekrieg 1914-18",
"Landung auf Oesel 1917", "Deutsches U-Boot auf Kaperfahrt" und
"Kriegsflieger an der Westfront". Alle diese Filme tragen den Untertitel "Aufnahmen aus dem Weltkrieg". Aus Begleittexten geht hervor,
daß es sich nicht immer nur um deutsche Frontaufnahmen handelte. Es
wurden auch französische und englische eingebaut. Im Begleittext
zu "Ein Kampftag an der Westfront" wird darauf hingewiesen, daß
es in einem Fall zweifelhaft sei, "ob die Aufnahme an der kämpfenden Front oder bei einem hinter der Front übenden Sturmbataillon"
gedreht worden sei. Dieser Hinweis dürfte zutreffend gewesen sein,
denn sicher sind in diesem Fall Aufnahmen aus einem Lehrfilm für
Pioniere, Aufnahmen vom Bau eines Minenstollens und von Minen-
sprengungen verwendet worden (siehe Filmliste Nr. 265). Möglicherweise auch aus den Lehrfilmen "Flammenwerfer und Handgranatenangriff" (Nr. 124) und "Pioniere bei einem Stoßtruppunternehmen an

der Aisne" (Nr. 226, 266, 167).
Für den Unterrichtsfilm "Seekrieg 1914 - 1918" kamen eindeutig Bufa-Aufnahmen aus dem Film "Graf Dohna und seine Möwe", möglicherweise auch aus dem Bufa-Film "Flieger zur See" (zensiert am 6.3.18) zur Verwendung. Die Aufnahmen vom Auslaufen der deutschen Flotte und von einem Seegefecht dürften früheren Datums sein. Sie stehen evtl. in Zusammenhang mit den Aufnahmen, die von Teilen der Skagerakschlacht gemacht wurden. Bei den englischen Aufnahmen, die eingebaut wurden, handelt es sich um Fremdmaterial.
Nur aus Aufnahmen des Bufa-Films "Oesel genommen" ist der RWU-Film "Landung auf Oesel 1917" zusammengestellt. Im Begleittext zu diesem Film wird kennzeichnender Weise eine antisemitische Note eingeflochten. Es heißt darin, die langen Vorbereitungen zur Landungsoperation in Libau seien nicht verborgen geblieben, zumal es in der Stadt von russischen, vor allem jüdischen Spionen gewimmelt habe. Zusätzlich geht der Begleittext auf den Tod des Dichters Walter Flex, der am 16.10.1917 auf Oesel gefallen ist, ein. Auch in diesem Text wird wieder auf den "Heroismus der stürmenden Deutschen" hingewiesen.
Für den RWU-Film "Deutsches U-Boot auf Kaperfahrt" sind vor allem Aufnahmen aus dem Bufa-Film "U-Boote heraus" und "Der Magische Gürtel" verwendet worden. Dieser NS-Unterrichtsfilm schließt mit der Darstellung einer englischen U-Boot-Falle. Hierbei handelt es sich um eine Szene aus dem Ufa-Spielfilm "Morgenrot" aus dem Jahr 1932.
Über die Herkunft der Aufnahmen zu dem RWU-Film "Kriegsflieger an der Westfront" lassen sich nur bedingt Aussagen machen, da Bufa-Filme, aus denen Material entnommen sein könnte, nicht mehr vorliegen. Vermutlich stammen die darin enthaltenen Aufnahmen des Fliegers Boelcke aus dem Bufa-Film "Wie das deutsche Heer seinen gefallenen Lufthelden, Hauptmann Boelcke ehrte". Dieser Film wurde noch von der Vorgängerin des Bild- und Filmamtes, der "Militärischen Film- und Photostelle" gedreht. Er war am 15.11.1916 zensiert worden. Die Aufnahmen von Manfred von Richthofen in diesem RWU-Film dürften aus dem Bufa-Film "Rittmeister Frh. Manfred von Richthofen, Sieger in 81 Luftkämpfen" stammen, weitere aus den Bufa-Filmen "Kriegsflieger an der Westfront", "Start eines Bombengeschwaders nach England", "Ein Tag bei den deutschen Fliegern an der Westfront", "Ein Flug gegen den Feind" und "Im Infanterieflugzeug über Laon und

Chemin des Dames".
So sehr die Methode des nationalsozialistischen Unterrichtsministeriums, den Krieg mit Hilfe dieser Filme zu heroisieren und die Filme zur Wehrertüchtigung der Jugend herauszubringen, zu verurteilen ist, so positiv ist trotzdem zu werten, daß auf diese Weise Dokumentaraufnahmen aus dem ersten Weltkrieg erhalten blieben.

Die hier erwähnten Bufa-Filme: "Handgranatenangriff einer Minenwerfer Abteilung", "Im Flugzeug über den Kampfstätten der Flandernschlacht", "Der magische Gürtel = Auf einer Fernfahrt mit U 35", "Oesel genommen", "U-Boote heraus" und die RWU-Filme, die erwähnt wurden, liegen beim Bundesarchiv.

18. Filmpropaganda im 3. Reich oder "Wie sie es eigentlich hätten machen sollen".

Wochenschau-Einsatz unter Goebbels

Als 20 Jahre später, 1939 im 2. Weltkrieg, erneut Filmtrupps an die Fronten geschickt wurden, hatte die filmtechnische Entwicklung sowohl auf dem Gebiet der Filmkameras, wie auch des Aufnahmematerials enorme Fortschritte gemacht. Nun war aber maßgebend, mit welch skrupellosen Methoden der neue Reichsminister für Volksaufklärung und Propaganda, Dr. Joseph Goebbels, diese Mittel einsetzte. Mit der Darstellung dieser Methoden und der organisatorischen Strukturen soll diese Arbeit abgeschlossen und damit zugleich die Möglichkeit gegeben werden, diese Methoden mit den Organisationsformen im 1. Weltkrieg in Vergleich zu stellen.

Während sich im 1. Weltkrieg die Herren des Auswärtigen Amtes, des preußischen Kriegsministeriums und der Obersten Heeresleitung erst nach langem Zögern, Mitte 1916, dazu entschlossen hatten, den Film von amtswegen als Propagandawaffe einzusetzen, brachte Goebbels gleich nach Hitlers Regierungsantritt am 30. Januar 1933, den wohlvorbereiteten Propaganda-Apparat auf volle Touren. Bereits auf der ersten Großkundgebung Hitlers als Reichskanzler, am 10. Februar 1933, erklärte Goebbels in der Eröffnungsrede: "Das, was diese Herren" (gemeint waren die Regierungen der Weimarer Republik, der Verf.) "auf propagandistisch-politischem Gebiet in den vergangenen vierzehn Jahren geleistet haben, das ist eine wahre Stümperarbeit gewesen. Die nationalsozialistische Bewegung wird ihnen nun zeigen, wie sie es eigentlich hätten machen sollen." [318]

Ehe man auf die Kriegsberichterstattung im 2. Weltkrieg näher eingeht, sei kurz die Entwicklung der nun von Goebbels geleiteten aktuellen Berichterstattung, vor allem durch die Wochenschauen, in den sechs Jahren vor dem Krieg geschildert.

Am 13. März 1933 war Goebbels Reichsminister für Volksaufklärung und Propaganda geworden. Beim Aufbau des neuen Ministeriums waren die Belange der Presse, des Films, des Rundfunks und des Theaters auf das Goebbels-Ministerium übergegangen. Leiter der Abteilung Film wurde Ministerialrat Dr. Seeger. 1917-18 war er Hausjurist des Bild- und Filmamtes gewesen. 1919 wurde er als Leiter der Filmprüfstelle, später als Leiter der Film-Oberprüfstelle vom Reichsministerium des Innern übernommen. Die Abteilung Film des neuen Propagandaministeriums bekam ein Referat für Filmtechnik und Filmberichterstattung. Der Referent, Eberhard Fangauf, hatte schon im 1. Weltkrieg als Pioniersturmtruppführer Filmtrupps eingewiesen. In den 20er Jahren war er als Mitarbeiter der Ufa-Kulturfilmabteilung an der Produktion von Dokumentarfilmen beteiligt gewesen. [319] Von dort hatte er 1933, als Parteigenosse seit 1931, den Sprung in das Goebbelsministerium gemacht. Er wurde gleichzeitig Verbindungsmann zur Filmstelle der NSDAP, der Reichspropagandaleitung, Amtsleitung Film. Als Referent für Filmtechnik und Filmberichterstattung im Propagandaministerium war seine erste Aufgabe, den Filmberichtern die gleichen Arbeitsmöglichkeiten zu erwirken, wie sie schon bisher die Presseberichter gehabt hatten. Zu diesem Zweck erhielten alle Filmberichterstatter, also alle Angehörigen der Wochenschauen, die mit oder an der Kamera arbeiteten, grüne Lichtbildausweise und grüne Armbinden mit Adlerschild und der Aufschrift "Filmberichterstatter". Für die Fahrzeuge der Wochenschauen wurden Aufkleber mit der Umschrift "Amtlich zugelassener Filmberichterstatter" herausgegeben. Auch das technische Hilfspersonal, Beleuchter usw. wurden mit grüngestreiften Armbinden ausgestattet. Der Reichsführer SS und Chef der deutschen Polizei, Heinrich Himmler, und der Reichspropagandaleiter der NSDAP, Goebbels, erließen Anordnungen an alle Dienststellen, wonach die Träger dieser Armbinden überall ungehindert passieren konnten, ihnen Schutz und Unterstützung zuteil zu werden hatte und ihre Fahrzeuge keinerlei Parkverboten unterlagen. Mit der Reichsbahn und der Lufthansa wurde vereinbart, daß Filmberichte auf dem schnellsten Wege, notfalls ohne Aufgabeformalitäten vom Aufnahmeort zum Empfänger nach Berlin zu befördern waren. Um bei Veranstaltungen der NSDAP einen reibungslosen Ablauf der Filmberichterstattung zu gewährleisten, wurde Fangauf mit entsprechenden Vollmachten, auch in den Stab der Reichspropagandaleitung der NSDAP eingegliedert.

Vor jeder Veranstaltung wurden mit dem Leiter der Bildpresse im Propagandaministerium ein Lokaltermin vereinbart. An diesem Lokaltermin nahmen auch die Chefkameramänner der Wochenschauen teil. Dabei wurden die Standplätze der Bild- und der Filmberichter festgelegt, damit sie sich nicht gegenseitig behinderten. Für die Vorbereitungen der Großveranstaltungen der Reichsregierung wurde im Propagandaministerium ein Arbeitsstab gebildet. Diesem Stab gehörten die Leiter des Bild-, des Film-, des Presse- und des Rundfunkeinsatzstabes an. Ferner der Leiter für Aufmärsche, Transporte und Absperrungen, ein Major vom Kommando der Schutzpolizei, der ständig zum Propagandaministerium abgestellt wurde. Weiterhin ein Vertreter des Generalbauinspekteurs und ein Verantwortlicher für die künstlerische Ausgestaltung. Da diesem Stab immer die gleichen Mitarbeiter angehörten, war er nach Fangauf so eingespielt, daß es keiner langen Diskussionen mehr bedurfte. Für den Ablauf der Veranstaltung wurde von dem Polizeimajor jeweils ein bis ins Kleinste gehendes Minutenprogramm ausgearbeitet. Bei Veranstaltungen in geschlossenen Räumen wurden die Kameras so eingebaut oder abgeschirmt, daß das unvermeidliche Drehgeräusch nicht störte. Auch wurde darauf geachtet, daß sie durch ihre Aufstellung das Gesamtbild nicht beeinträchtigten. Die Scheinwerfer wurden meistens in die Dekoration eingebaut und von einer Stelle aus, nach vorangegangener Probe, so dirigiert, daß die notwendige Ausleuchtung nicht durch plötzliches Aufhellen die Aufzunehmenden blendete. Durch langsames Aufhellen wurde die Allgemeinbeleuchtung verstärkt bzw. abgeschwächt. Die für die Tonaufnahme zuständigen Filmberichter waren rechtzeitig im Besitz des Redetextes und konnten sich so die Stellen aussuchen, die sie tonlich aufnehmen wollten. Sofern aus technischen Gründen die betreffenden Redeteile nicht einwandfrei aufgenommen worden waren, bestand die Möglichkeit, diese Teile von den Rundfunkaufnahmen zu überspielen. [320] (Man muß sich bewußt sein, daß alle diese Organisationsformen damals etwas völlig Neues, bis dahin Unbekanntes waren.)

Bereits am 21. März 1933, dem sogenannten "Tag von Potsdam", hatten die Männer des Propagandaministeriums zum erstenmal im 3. Reich die Möglichkeit, zu zeigen, wie sie sich Wochenschauarbeit vorstellten. An diesem 21. März war der am 5. März neugewählte Reichstag zu einer feierlichen Eröffnungssitzung demonstrativ in die Potsdamer Garnisonskirche, in deren Gruft der Sarg Friedrich des Großen stand, einberufen worden. Vorangegangen waren Festgottesdienste der evangelischen und katholischen Kirchen. Reichspräsident von Hindenburg, Generalfeldmarschall und Generalstabschef des 1. Weltkrieges, nahm in kaiserlicher Marschalluniform daran teil. Hitler in schlichtem Cutaway. In der Garnisonskirche standen sie sich gegenüber und erklärten feierlich, sie wollten "im Geist dieser Ruhmesstätte" zusammenarbeiten. Der Sitzung folgte eine große Parade vor Hindenburg, und abseits Hitler und die Mitglieder der Reichsregierung. An der Parade nahmen Reichswehr, Stahlhelm, SA und SS teil. Die Straßen waren mit schwarzweißroten und Hakenkreuz-Fahnen und Girlanden, sowie Spruchbändern, wie "Wir grüßen das neue Deutschland" geschmückt. All dies, der Gang zur Garnisonskirche, drinnen die Reden von Hindenburg und Hitler, die Parade, war von den gut postierten Kameramännern umfassend eingefangen worden. Vom Ergebnis dieser Wochenschauarbeit schienen selbst die Zeitungen beeindruckt. Der "Filmkurier" schrieb, es sei zu hoffen, daß diesem dokumentarischen Bericht weit mehr als bisher, weil inhaltsvoller als bisher, die Aufmerksamkeit aller Filmschaffenden gewidmet sein werde. Auf diese Weise könne der aktuelle Film helfen, den Geist des nationalen Erwachens hoch zu halten im dauernden Vorüberzug der Lebensereignisse unseres Volkes. [321] Ernst Jaeger, der nichtarische Chefredakteur des Filmkuriers, hatte diesen Schwulst nicht verbrochen. Er, wie seine Mitarbeiterin, Lotte H. Eisner, hatten das deutsche Reich bereits verlassen.

Heute steht man staunend vor der Tatsache, daß die Presse ebenso wie der Film in so kurzer Zeit bereits im Sinne der NS-Regierung funktionierten. Einen Tag nach seiner Ernennung zum Minister am 14. März hatte Goebbels vor der Presse erklärt, die neue Regierung habe nicht die Absicht, das Volk sich selbst zu überlassen. Aus der Arbeit der Presse müsse die Absicht, der Regierung zu helfen, ersichtlich sein. Verderblich sei die versteckte, die bösartige Kritik. Und noch deutlicher am 28. März 1933 vor den Filmschaffenden im Hotel Kaiserhof: "Jetzt sind wir da, wir gehen nicht mehr." Aber dann versicherte er, er sei ein leidenschaftlicher Freund der filmischen Kunst und abschließend: "Was wir wollen, ist, daß Sie wieder Freude gewinnen an Ihrer Arbeit." [322]

Im Anschluß an diese Rede hatte Goebbels ein vertrauliches Gespräch mit dem Generaldirektor der Ufa, Ludwig Klitzsch.
Wie man anderntags auf der Ufa-Vorstandssitzung erfuhr, hatte Klitzsch bei diesem Gespräch keine Freude gewonnen. Unter Punkt 5 der Tagesordnung unterrichtete er den vermutlich teils entsetzten, teils deprimierten Vorstandsmitgliedern, "daß mit Rücksicht auf die infolge der nationalen Umwälzung in Deutschland in den Vordergrund getretenen Fragen über die Weiterbeschäftigung von jüdischen Mitarbeitern und Angestellten der Ufa", wie es in kaum zu übertreffender Gewundenheit im Sitzungsprotokoll heißt, es notwendig werde, alle Verträge mit jüdischen Mitarbeitern und Angestellten aufzulösen bzw. den Angestellten zu kündigen. Dementsprechend beschloß der Ufa-Vorstand, den erst wenige Wochen zuvor mit Eric Charell geschlossenen neuen Vertrag aufzulösen. Eric Charell, der Regisseur des berühmten Films "Der Kongreß tanzt", sollte die Odyssee "als große romantische heiter-ernste Opern-Operette" verfilmen. Noch am 10. Februar, also 11 Tage nach Hitlers Regierungsantritt, hatte Charell dem Vorstand die Linie des von ihm erdachten Stoffes vorgetragen. Der Film sollte innerhalb der Pommer-Produktion im Produktionsjahr 1933/34 hergestellt werden.
Nun, am 29. März 1933 befürchtete der Ufa-Vorstand plötzlich "erheblichen Widerstand des nationalen deutschen Publikums". Hatte dieses Publikum nicht ein Jahr zuvor Charells "Der Kongreß tanzt" begeistert umjubelt? Aber auch der Vertrag mit Erich Pommer, dem wohl bedeutendsten Produktionschef der Ufa, mußte nun "mit Rücksicht auf die gegenwärtigen Verhältnisse" aufgelöst werden. Und weiter noch 16mal auf dieser Sitzung. Man beschloß, sich vom Chefdramaturgen Robert Liebmann, dem Mitautor am Drehbuch zum "Blauen Engel", zum "Kongreß tanzt", zum "Unsterblichen Lump" und zum Hans Albers-Film "Der Sieger" zu trennen, von dem angesehenen Regisseur Ludwig Berger, vom Wochenschauchef Engel. Makaber wurde es, als der Name des hochverdienten Komponisten Werner Richard Heymann fiel. Von ihm stammten die weltberühmten Musiken und Melodien zu dem Film "Bomben auf Monte Carlo" ("Das ist die Liebe der Matrosen.."), zu "Drei von der Tankstelle", zu "Der Sieger" ("Hoppla, jetzt komm ich..") und schließlich zu "Der Kongreß tanzt" ("Das gibts nur einmal, das kommt nicht wieder.."). Ob das den Vorstandsmitgliedern durch den Kopf ging, als sie beschlossen: "Mit Rücksicht auf den anständigen

Charakter von Werner Richard Heymann und der Tatsache, daß er als
Frontsoldat den Krieg mitgemacht hat, sich bei der Regierung für
seine Weiterverwendung in den Diensten der Ufa einzusetzen, zumal
er getauft ist und dem evangelischen Glaubensbekenntnis angehört".[323]
Es ist nicht bekannt geworden, daß dieser Einsatz etwas genützt hat.
Bekannt ist nur geworden, daß Heymann einige Jahre danach in den USA
die Musik zu dem berühmten Lubitsch-Film "Ninotschka" mit Greta
Garbo komponiert hatte.
Einen Tag später, am 30. März, wurde der Fritz Lang-Film "Das
Testament des Dr. Mabuse" verboten. Es sollte der Tag der Uraufführung sein.[324] Zwei Tage zuvor hatte Goebbels vor den Filmschaffenden im Kaiserhof erklärt: "Die Kunst ist frei und soll frei
bleiben. Allerdings wird sie sich an bestimmte Normen gewöhnen müssen."[325] Diese Normen hatte Fritz Lang sichtlich nicht erfüllt.
Wie sollte er sie auch gekannt haben, die Dreharbeiten lagen lange
vor Hitlers Regierungsantritt.

Genau besehen, hatte man auch bei der Ufa bereits begonnen, sich in
die neue politische Lage einzurichten. Am 7. März befaßte sich der
Vorstand mit der Frage, welche nationalen Stoffe in das Programm
1933/34 aufgenommen werden sollten. Man dachte an einen Bismarck-
Film, auch an einen Film über den Prinzen Louis Ferdinand von
Preußen und sogar an einen Film um den Prinzen Eugen. Man sah Zeit-
bezüge. Folglich wurde am 9. Mai der Regisseur Hans Steinhoff beauftragt, die Regie zu dem nationalsozialistischen Spielfilm "Hitler-
junge Quex" nach dem Roman von Schenzinger zu übernehmen.[326]

Am gleichen Tage sah sich Goebbels gezwungen, zu beschwichtigen. Es
seien, so ließ er in der Fachpresse erklären, Auffassungen über die
Zukunft der deutschen Filmwirtschaft entstanden, die Unsicherheit
hervorgerufen und die Unternehmerlust beeinträchtigt hätten.
Goebbels hielt es für seine Pflicht, zu betonen, daß "zu irgend-
welchen Besorgnissen nicht der geringste Anlaß vorliege. Es sei
kein Eingriff in das freie Spiel der Kräfte, die die Filmwirtschaft
in Gefahr bringen könnte, geplant."[327] Aber bereits am 5. April
1933 hatte der "Filmkurier" von der Gleichschaltung des deutschen
Filmwesens mit den Absichten der Regierung berichtet.

Neun Tage vor den beschwichtigenden Sätzen des Reichspropagandaministers hatten die Wochenschaumänner erneut Gelegenheit gehabt, Großeinsatz zu üben. Es handelte sich um die Massenaufmärsche anläßlich des 1. Mai 1933, der zum "Nationalen Feiertag der Arbeit" proklamiert worden war. Sternförmig marschierten die Angehörigen der großen und kleineren Berliner Fabriken und Unternehmungen zum Tempelhofer Feld, wo die Maikundgebung mit einer zweistündigen Hitlerrede stattfand. Sogar vom Luftschiff Zeppelin aus wurden Wochenschauaufnahmen nach den von Goebbels bestimmten Normen gedreht. Es ist aber kaum zu bezweifeln, daß sich die Wochenschaufirmen noch "im freien Spiel der Kräfte" wähnten. Die "Licht-Bild-Bühne" berichtete zu diesem Tag unter der Überschrift "Der große Tag der Wochenschauen": "Am 1. Mai, dem Feiertag der nationalen Arbeit werden gewaltige Kundgebungen im ganzen Reich die Verbundenheit des deutschen Volkes mit seiner Arbeit zum Ausdruck bringen. Überall, in jedem Ort, werden die Arbeiter der Faust und der Stirn diesen großen Festtag begehen, werden zusammenstehen und nach dem Wunsch der Regierung der nationalen Revolution, die zu diesem Festtag aufgerufen hat, die deutsche Arbeit und damit sich selbst ehren. Die Arbeit wird an diesem Tag ruhen, alle Räder werden still stehen." Und weiter heißt es in diesem Hofbericht: "Die Mitarbeiter der Tonfilm-Wochenschauen haben die großartige Aufgabe, die Feiern dieses Tages und den Film in Bild und Ton festzuhalten, sie für spätere Zeiten und kommende Generationen aufzubewahren, für alle diejenigen, die nicht daran teilnehmen konnten, in den fünftausend Kinotheatern Deutschlands wieder sichtbar werden zu lassen. Die Tonfilmbilder sollen im Ausland vor Fremden und unseren Auslandsdeutschen Zeugnis ablegen von der Verbundenheit des ganzen deutschen Volkes, von seiner freudigen Lebensbejahung, seinem Mut zum Schaffen und seinem trotzigen Optimismus, der alle Hindernisse überwinden wird, wie es Dr. Goebbels sagt." Und schließlich: "Die drei in Deutschland arbeitenden Wochenschauen, die die Verbindung mit dem Ausland in vorbildlichster Weise aufrecht erhalten, haben zu diesem Tage ihre letzten Reserven eingesetzt. Der gesamte technische und personelle Apparat ist mobilisiert. Nicht weniger als vier Tonwagen mit insgesamt 15 Apparaturen, bedient von einem technischen Stab von etwa 30 Mann, wird die Ufa-Tonwoche auffahren. Die Emelka-Wochenschau wird neun Apparaturen mit 24 Mann technischem Stab einsetzen und auch die Fox-Tönende Wochenschau, die große ausländische Wochenschau, die ständig in Deutschland dreht, wird ihren gesamten Apparat aufwenden. Neben der reinen Aufnahmearbeit aber wird von jeder Wochenschau ein Sonderapparat eingesetzt, der die sofortige Bearbeitung des gedrehten Materials sicherstellt, der es ermöglicht, daß in der Nacht zum 2. Mai das Material bereits entwickelt und kopiert ist, so daß es gleichfalls in derselben Nacht noch redigiert und zu einem geschlossenen Bild zusammengestellt werden kann. Dann erst ist für diese Männer des deutschen Films die schwere, aber so außerordentlich wichtige und ehrenvolle Arbeit beendet." 328)

Man staunt nachträglich, wie es in so wenigen Wochen seit dem 30. Januar möglich wurde, den Geist von bis dahin vernünftig erscheinenden Journalisten, sei es, wie in diesem Fall der "Licht-Bild-Bühne", oder einer anderen Zeitung, so zu benebeln. Wenn auch Männer, wie Ernst Jaeger oder Karl Wolffsohn, der Herausgeber der "Licht-Bild-Bühne", bereits außer Landes gegangen waren, so hat man doch - der Verfasser dieser Zeilen war damals 26 Jahre alt und Angestellter der Ufa - noch längst nicht die verbliebenen Mitarbeiter dieser Fachorgane als Über-Nazis einzuschätzen. Viele, wie der Verfasser, gaben sich der Illusion hin, der ganze Spuk werde bis Juli-August verschwunden sein, hatte man doch über ein Jahrzehnt erlebt, daß sich die Regierungen nicht länger als ein halbes oder ein dreiviertel Jahr hielten.

Diese Illusion schwand langsam dahin, zumal als am 14.7.1933 das "Gesetz über die Errichtung einer vorläufigen Filmkammer" veröffentlicht wurde. Nun konnte sich innerhalb der Filmwirtschaft nur noch derjenige künstlerisch oder gewerblich betätigen, der Mitglied der Filmkammer war. Man wurde gewissermaßen automatisch Filmkammer-Mitglied, falls man nicht außer Landes ging, oder sich einen anderen Beruf suchte, wo man dann zwangsläufig Mitglied der "DAF" = Deutschen Arbeits-Front" - die Zusammenfassung von Gewerkschaften und Arbeitgeberverbänden - wurde.

Um keine Mißverständnisse aufkommen zu lassen, erklärte Dr. Goebbels am 15.11.1933, anläßlich der Eröffnung der Reichskulturkammer, der Dachorganisation für die Reichskammer der bildenden Künste, die

Reichs-Musik-Kammer, die Reichsfilmkammer und die Reichsrundfunk-Kammer: "Kein Mensch, er mag hoch oder niedrig stehen, kann das Recht besitzen, von seiner Freiheit Gebrauch zu machen auf Kosten des nationalen Freiheitsbegriffes. Das gilt auch für die schaffenden Künstler." Viele haben dann bald gespürt, was im Sinne des NS-Staates unter "nationalem Freiheitsbegriff" zu verstehen war. [329)] Zweieinhalb Monate später wurde Goebbels noch deutlicher. Vor der "Reichsfachschaft Film" sagte er: "Wir sind der Überzeugung, daß der Film eines der modernsten und weitreichendsten Mittel zur Beeinflussung der Massen ist, die es überhaupt gibt. Eine Regierung darf deshalb den Film nicht sich selbst überlassen." Dementsprechend war am 20.2.1934 im "Reichsanzeiger" zu lesen: "Mit der Zulassung eines Films durch seine Organe übernimmt der Staat in gewissem Umfang die Mitverantwortung für die moralische und auch künstlerische Gestaltung." [330)] Eineinhalb Jahre später, am 15.11.1935, glaubte Goebbels sicher sein zu können, "daß nur Männer die wirklichen Träger der nationalsozialistischen Weltanschauung sind, in maßgebenden Funktionen unseres kulturellen Lebens tätig sein können." [331)]

In diesem Punkt hatte er sich allerdings geirrt, denn der Opportunismus trieb damals unwahrscheinliche Blüten. So schwankte der Ufa-Vorstand, der ja nach Goebbels' echter oder gespielter Meinung "wirklicher Träger der nationalsozialistischen Weltanschauung" sein mußte, in diesen ersten Jahren der Naziherrschaft zwischen Willfährigkeit und Widerstand. Im Mai 1935 hatte der Wochenschaureferent des Ministeriums, Hans Weidemann, die Leiter der Wochenschauen zu einer Besprechung ins Propagandaministerium gebeten. Ufa-Direktor Paul Lehmann berichtete darüber dem Vorstand: Es sei seitens des Ministeriums beabsichtigt, die einzelnen Wochenschauen zu einer Gemeinschaftsarbeit zusammenzufassen. Zu diesem Zweck sei unter Weidemann das "Deutsche Film-Nachrichtenbüro" gegründet worden. Darauf legte der Ufa-Vorstand "grundsätzlich fest", daß bei etwaigen Verhandlungen die völlige Selbständigkeit und Handlungsfreiheit der Ufa-Wochenschauen gewahrt bleiben müsse. [332)] Trotz dieser noch selbstsicheren Haltung mußte die Ufa feststellen, daß sich der ministerielle Einfluß auf das Wochenschaugeschäft ungünstig auswirkte. Den Gesamtausgaben in Höhe von 1.326.000,-- RM standen im Produktionsjahr 1933/34 nur Einnahmen in Höhe von 1.287.000 RM gegenüber, also ein Verlust von 33 000 RM. [333] Aber immer wieder versuchte man Selbstsicherheit zu demonstrieren, obwohl man ungute Gefühle hatte. In der Vorstandssitzung vom 11. Juli 1935 trug Generaldirektor Klitzsch vor: "Die Ansicht der Reichsfilmkammer, man könne Erzeugung und Vertrieb von Filmen in von oben angeordneten gültigen Vorschriften und Schematismen pressen, muß uns mit schwerer Sorge für die Entwicklung unseres Geschäftes erfüllen."[334]

Das Jahr 1936 brachte entscheidende Situationen, die sich nicht nur auf die Politik, sondern auch auf den Film auswirkten.

Im März 1936 hatte Hitler den Einmarsch in die aufgrund des Versailler-Friedensvertrages entmilitarisierten Rheinlande befohlen. Tags zuvor waren etwa 30 Journalisten und Pressephotographen ins Propagandaministerium gebeten worden. Sie mußten stundenlang warten, ohne daß es eine Erklärung gab. Sie wurden zwar mit Getränken und Broten versorgt, aber kein maßgebender Referent kümmerte sich um sie. Man rätselte, ob man ihnen was vorzuwerfen hätte. So verging nicht nur der Abend, sondern die Nacht, bis zum frühen Morgen. Dann wurden sie aufgefordert, einen Bus zu besteigen. Sie wurden zum Flughafen Tempelhof gebracht und von dort nach Köln geflogen. Inzwischen hatten auch Filmkameraleute, ohne Kenntnis wozu, Fahranweisungen und Fahrkarten für eine Eisenbahnfahrt nach Köln bekommen. Bei ihrer dortigen Ankunft wurde ihnen eröffnet, die Rheinlande würden von deutschen Truppen, die bereits auf dem Anmarsch über den Rhein seien, besetzt. Sie sollten darüber für ihre Zeitungen bzw. für die Wochenschauen berichten. [335] Aus den Bildern dieser Märztage im Rheinland ist bekannt, mit welchem Jubel die deutschen Truppen bei ihrem Einmarsch in die Städte Köln, Koblenz und andere empfangen wurden. Die Berichterstattung schloß sich diesem Jubel an.

Inzwischen hatten die Ufa-Herren sichtlich die Überzeugung gewonnen, daß die politische Entwicklung auch eine geschäftlich positive Chance bot. Man beschloß den Bau einer großen modernen Kopieranstalt für die Wochenschauarbeit auf dem Gelände der Afifa, der Ufa-Kopieranstalt. Man erwartete seitens der Wehrmacht Aufträge zur Bearbeitung geheimer militärischer Aufnahmen. [336]

Die erste Propaganda-Einsatzstelle

Im gleichen Jahr 1936 war im Propagandaministerium in Zusammenarbeit mit der Wehrmachtsführung eine "Propaganda-Einsatzstelle" geschaffen worden. Es ging um Vorbereitungen für den Fall einer Mobilisierung, für das Propagandaministerium um die Aufstellung einer "Kriegsberichter- und Propaganda-Truppe". Leiter dieser Einsatzstelle wurde seitens des Goebbelsministeriums der nun zum Regierungsrat beförderte Eberhard Fangauf. Er schien deshalb besonders geeignet, weil er, wie erwähnt, als Sturmpionieroffizier im ersten Weltkrieg Filmtrupps eingewiesen hatte. So wurde er 1936 Mob-Referent der Abteilung Film des Propagandaministeriums und zugleich der Amtsleitung Film der Reichspropagandaleitung. Die Propaganda-Einsatzstelle sollte die Berichterstattergruppe, die in Zukunft regelmäßig zu den Wehrmachtsmanövern hinzugezogen wurde, zusammenfassen.[337] Es begann ein Tauziehen zwischen Wehrmachtsführung und Propagandaministerium, weil der Wehrmacht eine rein zivile oder gar parteiamtliche "Kriegsberichterstattung" - erstmals wurde dieser Begriff angewandt - nicht zusagte. Das Reichskriegsministerium vertrat die Ansicht, über soldatische Dinge könnten nur soldatisch denkende Männer wirklichkeitsgetreu berichten. Um so wichtiger sei es, die jetzt aufzustellenden Kriegsberichter weitgehend in den militärischen Rahmen einzuspannen. Trotzdem stimmte der Reichskriegsminister dem damaligen Presseoffizier beim Wehrkreiskommando II., Hauptmann Dr. Murawski zu und ließ bei den Herbstmanövern 1936 die Berichterstatter der "Propaganda-Einsatzstelle" versuchsweise arbeiten. Hauptmann Dr. Murawski wurde die Betreuung dieser Einsatzstelle übertragen. Der Versuch hatte den Zweck, die technischen Erfordernisse einer Berichterstattung zu überprüfen und Erfahrung hinsichtlich der Zusammenarbeit von Einsatzgruppe einerseits und Truppe, sowie Kommandostellen andererseits zu sammeln. Gleichzeitig waren Fragen der Zensur zu klären. Die Einsatzgruppe war 60 Mann stark und bestand aus je einer Gruppe Wort- und Bildpresse, Film und Rundfunk. Hinzu kamen technische Hilfskräfte, Nachrichtenmänner, Kraftfahrer und Schreibkräfte des Propagandaministeriums. Die Bekleidung der Einsatzgruppe war uniform und bestand aus braunen Fahrer-Kombinationen. Nach den Manövern und der Beendigung des Versuchs stellte man fest, daß Mißtrauen und Unverständnis vorgeherrscht hatten. Über Fragen der Propaganda, wie auch militärischer Eigenheiten hatte man sich nicht einigen können. Diese Reibungen waren auch bei den Manövern 1937, bei denen erneut diese Propaganda-Einsatzstelle eingesetzt worden war, nicht ausgeräumt. Die Gruppe war diesmal etwa 150 Mann stark und noch besser ausgerüstet als 1936. Als negativ wurde empfunden, daß das Fachpersonal militärisch nicht genügend ausgebildet war. [338)]

Inzwischen gab es aber für die Filmleute auch Arbeit auf einem richtigen Kriegsschauplatz. In Spanien war der Bürgerkrieg ausgebrochen. Hitler unterstützte General Franco, der sich aufgemacht hatte, die republikanische Regierung abzuschaffen, mit einer noch geheimen "Legion Condor". Im Oktober 1936 regte Promi-Referent Weidemann die Ufa an, für die nationalspanische Seite unter Franco eine Tonapparatur und einen Tonwagen nach Spanien zu schicken. Der Ufa-Vorstand lehnte ab und versteckte sich hinter Devisenschwierigkeiten. Er sagte aber zu, "zwei tüchtige Kameramänner mit Filmkameras für Spanien zur Verfügung zu stellen. [339)] Dies geschah dann auch. Erneut wird sichtlich, daß die Ufa noch nicht völlig in der Hand des Reiches war.

Dies änderte sich am 17. März 1937. Unter diesem Datum schrieb der "Reichsbeauftragte für die deutsche Filmwirtschaft", Bürgermeister Dr. h.c. Max Winkler, an den Generaldirektor der Ufa folgenden Fünfzeilenbrief: "Ich bin bereit, die im Besitz der von Ihnen vertretenen Aktionärsgruppe befindlichen etwa 21.250.000 RM Ufa-Aktien zum Kurs von 100 % zu erwerben. Das Angebot gilt für mich verbindlich bis zum 19. März 1937, 12.00 Uhr." [340)] Das war das Ende einer selbständigen Ufa. Wenig später waren auch die anderen Filmkonzerne, die Tobis, Bavaria, Terra im Besitz des Reiches.

Am 16. März 1938 war Hitler in Österreich einmarschiert. Seinen Truppen folgten, und waren in gewissem Sinne voraus, die Berichterstatter der Zeitungen, des Rundfunks und die Kameramänner des Films. Obwohl die Filmaufnahmen der Wochenschauen den triumphalen Einzug Hitlers in Wien wiedergaben, genügte ihm das nicht. Er ordnete an, daß die Ufa von dem großen Ereignis einen Dokumentarfilm mit Hintergrund herstellen sollte. Die Kosten für diesen Film lagen bei 94.000 RM, eine für damalige Zeiten unerhörte Summe für einen Dokumentarfilm von etwa 20 Minuten Länge, etwa das Doppelte, was die Ufa üblicherweise für Kultur- oder Dokumentarfilme dieser Länge ausgab. [341)]

Um das Erscheinungsbild der Wochenschaumänner auch in der Öffentlichkeit gebührend zu heben, ordnete das Propagandaministerium für diese das Tragen von Uniformen an. Die Kosten je Uniform lagen bei 310 RM. [342)]

Hierzu schreibt Fangauf: "Nachdem beim Besuch Mussolinis in Berlin (im September 1937, der Verf.) die italienischen Filmberichter in "Schwarzhemden-Uniform" erschienen waren, sollten die deutschen Filmberichter bei Veranstaltungen von Staat und Partei auch eine einheitliche Kleidung tragen." Da bei den Filmberichtern und Tonmeistern der Wochenschauen eine Uniformierung wenig Anklang fand, man mit Nachdruck abgelehnt habe, daß sie "Braunhemden" oder gar SA-Uniform tragen, sei es nach heftigen Debatten gelungen, durchzusetzen, daß "wenn schon, nur eine gänzlich neutral gehaltene uniformähnliche Berichterstatter-Einheitsbekleidung in hechtblau" angefertigt wurde. Erstmals ist diese Uniform von den Filmleuten beim Einsatz zum Besuch Hitlers in Italien im Mai 1938 getragen worden, "wo die deutsche Bild- und Filmberichterkolonne mit ihren achtzehn sechssitzigen Horchwagen, mit je zwei Berichtern, anerkennende Bewunderung fanden". Für das persönliche Gepäck gehörten zwei Opel-Blitz-Kleinlastwagen zur Kolonne. Die von den deutschen Kameramännern gedrehten Aufnahmen wurden durch zwei Sonderflugzeuge sofort nach Berlin und die Kopien am nächsten Tag zur Vorführung nach Rom zurückgebracht. [343)]

Inzwischen konnte die Wehrmacht das Tauziehen um die Kriegsberichterstattung zu ihren Gunsten entscheiden. In den am 3. Mai 1938 aufgestellten "Richtlinien für die Zusammenarbeit zwischen Wehrmacht und Reichsministerium für Volksaufklärung und Propaganda in Fragen der Kriegspropaganda" vertrat das Reichskriegsministerium unmißverständlich die Auffassung, daß für die Kriegsberichterstattung eine militärische Truppenform gefunden werden müsse. Am 15. Juli 1938 wurde Major Wentscher, Kriegsflieger des 1. Weltkriegs, danach Redakteur beim "Berliner Lokalanzeiger", beim Aufbau der Luftwaffe nach 1933 wieder Offizier und Ausbilder von Flugzeugführern, zum OKW versetzt und von diesem zur Leitung des RV-Referats ins Propagandaministerium abkommandiert. Als militärischer Berater von Goebbels, zugleich im Sinne des OKW tätig, leitete er die versuchsweise Aufstellung von Propaganda-Einheiten. Anstelle des Begriffs "Propaganda-Einsatzstelle" führte er den militärischen Namen "Propaganda-Kompanie" ein. Diesen Begriff machte sich auch das Oberkommando des Heeres (OKH) zu eigen. 344)

Unter Leitung von Oberstleutnant i.G. Hasso von Wedel, Presseoffizier des OKW, dem späteren Kommandeur der Propagandatruppen, fand vom 30. August bis zum 3. September 1938 ein Orientierungslehrgang für Offiziere, die im Falle eines zukünftigen Krieges im Propagandasektor der Wehrmacht verwendet werden sollten, statt. Diese Offiziere wurden - erstmalig bei der Wehrmacht - über alle Fragen der Propagandakriegsführung unterrichtet, wie Propaganda durch Wort, Bild, Film und Ton auf die Massen diesseits, wie jenseits der politischen Grenzen wirkt, daß sie die innere Haltung der Menschen beeindrucken und beeinflussen kann. Propaganda sollte eingesetzt werden zur geschlossenen Wehrwilligkeit des eigenen Volkes, zur Erhaltung der Opferfreudigkeit, sie sollte über das Leben des eigenen Volkes aufklären, Unruhe und Erregung im eigenen Volk, die durch feindliche Einwirkung erzeugt werden, überwinden und sie sollte schließlich die eigenen militärischen Absichten tarnen, verschleiern und irreführen. 345)

Kriegsabsicht und PK-Aufstellung

Im August 1938 wurde klar, daß Hitler den Krieg um des zur Tschechoslowakei gehörenden Sudetenlandes riskieren wollte. Auch die Vorbereitungen auf dem Gebiet der nun militärisch organisierten Kriegsberichterstattung machte dies deutlich. Auf Weisung des OKW ordnete das OKH am 16. August 1938 die mobilmachungsmäßige Aufstellung je einer Propagandakompanie bei den Generalkommandos des IV., VIII., XIII. und XVII. Armeekommandos an. Diese Kompanien sollten im Rahmen von Truppenübungen erprobt werden. Sie gliederten sich jeweils in drei Kriegsberichterzüge, einen Lautsprecherzug, eine Arbeitsstaffel und den Tross. Die Kriegsberichterzüge waren jeweils gegliedert in einen Worttrupp, einen

Bildtrupp, einen Filmtrupp und einen Rundfunktrupp. Der Lautsprecherzug verfügte über drei Lautsprecherwagen und einen Filmvorführwagen. Der PK war eine Offiziersgruppe vorgesetzt. Man sieht, daß hier zwar eine erweiterte, aber im Aufbau doch sehr ähnliche Gliederung wie bei einem Filmtrupp des 1. Weltkrieges erfolgte.
Eine Dienstanweisung des Oberkommandos der Wehrmacht legte die Tätigkeit der Propagandakompanie wie folgt fest:

1. Die PK gehört zu den Armeetruppen und wird dem Armee-Nachrichtenregiment unterstellt.

2. Die PK hat die Aufgabe, das Zusammenwirken zwischen Propaganda- und Waffenkrieg im Operationsgebiet sicherzustellen. Sie hat hierfür den Propagandastoff im Kampfgebiet für das Reichspropagandaministerium zu erfassen und Aktivpropaganda in die Bevölkerung der Kampfgebiete und in die feindlichen Truppen zu betreiben.

3. Der Führer der PK ist Sachbearbeiter im Stabe des Armee-Oberkommandos. Er ist dem Chef des AOK-Generalstabes und auf enge Zusammenarbeit mit dem Ic (Nachrichtenoffizier) angewiesen.

4. Die PK hat ihre Aufgaben auf Grund der vom Propagandaministerium ergehenden Weisungen im Rahmen der vom AOK freigegebenen Möglichkeiten durchzuführen.

5. Der Einsatz der PK erfolgt nach Vorschlag des Kompanieführers durch das AOK. Es ist anzustreben, die Kriegsberichterzüge zu den Korps vorzuschieben. Der Zugführer untersteht dort dem Stab des Generalkommandos.

6. Die Arbeitsstaffel ist für den Versand des Propagandastoffes zuständig. Die militärische Zensur erfolgt durch den Zensuroffizier des AOK. Das gesamte Material wird auf schnellstem Wege an das Reichspropagandaministerium in Berlin gesandt. [346)]

Am Tag nach dem berühmt-berüchtigten Münchener Abkommen vom 29. September 1938, durch das der Engländer Chamberlain, der Franzose Daladier und der Italiener Mussolini Hitlers Krieg verhindert, aber die Abtrennung des Sudetenlandes von der Tschechoslowakei ermöglicht hatten, erfolgte die Aufstellung einer weiteren

Propagandakompanie beim III. Armeekorps. Diese Propagandakompanien wurden zum ersten Mal beim Einmarsch der deutschen Truppen in das Sudetenland eingesetzt. Der Einsatz habe sich bewährt, hieß es im Erfahrungsbericht des VII. Armeekorps. Die mangelhafte militärische Ausbildung der PK-Soldaten wurde jedoch kritisiert. Dies mußte anders werden. 346)

Doch vorerst noch einmal zurück zum zivilen Bereich. Am 13. Juli 1938 hatte die Tobis, der zweitgrößte deutsche Filmkonzern, mit der nationalspanischen Regierung einen Vertrag auf Herstellung einer spanischen Wochenschau abgeschlossen. 347) Das hierfür notwendige Material sollte aus Spanien kommen. Die Aufnahmen vom spanischen Bürgerkrieg kamen nicht nur von spanischen, sondern auch von deutschen Kameramännern. Die Tobis schloß einen weiteren Vertrag mit der Ufa ab 348), wonach diese wöchentlich 200 m dieser spanischen Aufnahmen für jeweils 1250 RM erhielt, die wiederum für den Einbau in die Ufa-Wochenschauen gedacht waren. Es stellte sich allerdings heraus, daß die Produktion einer spanischen Wochenschau kein gutes Geschäft war. Die deutschen Firmen zeigten sich desinteressiert. 349)

Am 5. Oktober 1938 wurde auf Forderung des Propagandaministeriums bei der Film-Treuhand Gesellschaft ein Dispositionsfond "zur Verbesserung der Wochenschauen" gegründet. Der Beitrag für die Ufa betrug 85 000 RM. Wie solche Verbesserung nicht aussehen sollte, wurde durch eine Anordnung des Propagandaministeriums vom 8. November 1938 deutlich. 350) Danach war "eine Auflockerung der Wochenschau höheren Orts nicht erwünscht". Humoristische Bilder sollten in Zukunft fortfallen. Aber auch "desillusionierende Bilder" durften in den Wochenschauen in Zukunft nicht erscheinen. Es ist leider nicht überliefert, was darunter zu verstehen war.

Am 8. März 1939 veranlaßte der Leiter der Abteilung Film im Propagandaministerium, der Nachfolger von Dr. Seeger, Dr. Hippler, daß weitere Film-Kameramänner nach Spanien "abkommandiert" wurden. 351) Am 13.4.1939 wurde vom Reichsbeauftragten für die deutsche Filmwirtschaft, Dr. Winkler, entschieden, daß der bisherige Ufa-Wochenschauchef, Dr. Schützler, "gegen den Chef der Tobis-Bavaria-Wochenschau, Heinrich Roellenbleg, mit sofortiger Wirkung ausgewechselt wurde". [352)] Für den Verfasser war diese Maßnahme damals deshalb verblüffend, weil er Roellenbleg schon vor 1933 als liberal gesonnenen Mann gekannt hatte. Roellenbleg hatte 1932 im Rahmen der Tobis-Melo-Film die Redner-Tonfilme der SPD für die Reichstagswahl 1932 hergestellt. Es war s.Zt. kaum zu erwarten, daß die SPD der Ufa einen solchen Auftrag gegeben hätte. Roellenbleg - ein Opportunist? - veranlaßte kurze Zeit nach dieser Berufung, am 30.6.1939, die Ufa, auf dem Gelände der Afifa ein Wochenschaugebäude mit einer ganzen Anzahl von Schneideräumen zu errichten. [353)] Im Juli 1939 wurden die Kosten für das Büro des Reichsbeauftragten, Dr. Winkler, auf die Filmfirmen aufgeteilt. Der Ufa-Anteil betrug monatlich 10.000 RM. [354)]

Daß es langsam ernst wurde, beweist die Tatsache, daß Weidemann, nicht nur Referent in der Filmabteilung des Prop.Min., sondern auch Vizepräsident der Reichsfilmkammer, am 2. August 1939 die Herstellung eines "Flieger-Luftschutz-Films" vorbereitete. [355)]

Hitlers 50. Geburtstag

Zuvor war ein großes Ereignis über die Bühne gelaufen, Hitlers 50. Geburtstag am 20. April 1939. Auf dieses Ereignis muß gesondert eingegangen werden, weil es zugleich einen Höhepunkt der damaligen deutschen Wochenschauarbeit noch in Friedenszeiten darstellte.
Die Wochenschau von Hitlers 50. Geburtstag hat mit 546 m eine Überlänge. Sie behandelt nur dieses eine Thema. In ihrem Mittelpunkt steht nicht nur Hitler als Führer und Reichskanzler und als Geburtstagskind, sondern auch die Macht des neuen Großdeutschen Reiches. Die Macht wird demonstriert durch eine Wehrmachtsparade von vier Stunden Dauer, zu der mehr als 50 000 Mann aller Wehrmachtsteile abkommandiert waren. Diese Parade aber bildet erst den zweiten, schwerwiegenderen Teil dieser Wochenschau.
Sie beginnt mit dem Vortag des Geburtstages, mit den Vorbereitungen des Festes, an dem sich auch die Bevölkerung durch Beflaggen der Häuser beteiligt, mit der Ankunft von Ehrengästen aus aller Welt, der Ablieferung von Geschenksendungen in der Reichskanzlei und

abends bei festlicher Beleuchtung mit der Übergabe der neuen Pracht-
straße, der "Ost-West-Achse", von "Unter den Linden", über die Charlottenburger Chaussee, die Bismarckstraße, den Kaiserdamm bis zum
Reichskanzler- (von dem Tag an) Adolf-Hitler-Platz.
Der Himmel bescherte Kaiserwetter, strahlenden Sonnenschein, als
die Geburtstagsfeier morgens mit einem Ständchen der Leibstandarte
SS im Garten der Reichskanzlei begann. Hitler begleitet von den
ganz in Weiß gekleideten Goebbelskindern, begleitet vom Reichsführer
SS Himmler und seinen Adjutanten, hört sich die Marschmusik an. Danach ein riesiger Sängerchor auf dem Wilhelmplatz vor der Reichskanzlei. Hitler nun auf deren Balkon, die Volksmenge bricht in Jubel
und Ovationen aus. Die Geburtstagsgäste fahren vor, die Botschafter,
aber auch die angeblichen Staatschefs des Protektorats Böhmen und
Mähren, Hacha und der Slowakei, Tiso.
Nachmittags bricht Hitler mit Gefolge in Mercedes Wagen zur Parade
auf. Die Fahrt geht durch die Wilhelmstraße und die Straße "Unter
den Linden" zum Lustgarten, wo die Masse der Truppen Aufstellung genommen hat. Hitler fährt die an der Ost-West-Achse aufgestellten
Truppen entlang, durch das Brandenburger Tor, über die Charlottenburger Chaussee bis zur Technischen Hochschule. Ihr gegenüber ist
eine Ehrentribüne für die Ehrengäste und ein Thronsessel mit Bal-
dachin für den Führer des Deutschen Reiches aufgebaut. [356)]

Zwölf Kamerateams haben entlang dieser Paradestraße Aufstellung nehmen müssen. Kamerateam 1 auf dem Dach des Kaiser-Schlosses mit Blick
auf den Lustgarten, mit der Truppenaufstellung, mit Blick auf die
Ankunft Hitlers Kamerateam 2 im Wagen, als Begleitkamera neben
Hitlers Wagen, während er die Truppenaufstellung abfährt. Der Kameramann erfaßt abwechselnd die Paradeaufstellung in imposanten Teilen,
und abwechselnd Hitler in seinem Wagen stehend und grüßend. Kamerateam 3 an der Ecke der Wilhelmstraße und Straße "Unter den Linden",
den Weg Hitlers von der Seite erfassend. Kamerateam 4 auf dem Brandenburger Tor mit der Möglichkeit, den vom Lustgarten ankommenden
Hitler, wie auch in Westrichtung zur Paradeabnahme fahrenden Hitler,
ins Blickfeld zu bekommen. Kamerateam Nr. 5 vor dem Brandenburger
Tor und dieses als monumentalen Rahmen erfassend, wenn Hitlers Wagen
ankommen bzw. durch das Tor durchfahren. Kamerateam 6, auf der Siegessäule, die inzwischen einen neuen Platz auf dem Rondell des

"Großen Stern" inmitten der Charlottenburger Chaussee bekommen hat. Auch diese Kamera hat die Möglichkeit, mit Teleobjektiv sowohl die Ankunft Hitlers aus Richtung Brandenburger Tor, wie seine Abfahrt zur TH aufzunehmen. Kurz vor der Technischen Hochschule wird die Charlottenburger Chaussee (heute Straße des 17. Juni) von der Staatsbahn, wie der S-Bahn, überschnitten. Auf einem Oberleitungswagen der BVG war das Kamerateam 7 postiert. Aus geringer Höhe konnte die Zufahrt Hitlers noch besser als aus der Höhe der Siegessäule erfaßt werden. Diese Position erlaubte auch Aufnahmen der aufgestellten Truppen aus näherer Sicht. Die weiteren fünf Kamerateams waren im Bereich der Technischen Hochschule plaziert. Die Nr. 8 auf dem Dach der TH, von wo es direkten Blick auf Hitler, während er die Parade abnahm, hatte. Team Nr. 9 auf geringer Höhe vor der TH gegenüber der Führertribüne. Dazwischen jeweils das Band der vorparadierenden Truppen. Diese Kamera erfaßte abwechselnd Führer, Ehrengäste, wie Botschafter und Reichsminister und die Soldaten. Kamerateam Nr. 10 neben der Tribüne auf einem Oberleitungswagen der BVG (Berliner Verkehrsgesellschaft) mit Blick auf die Parade, in gewissem Sinne aus dem Blickwinkel von Hitler. Team Nr. 11 und 12 auf der Tribüne seitlich des Führers mit Blick auf ihn und auf die paradierenden Truppen.

Diese 12 Kameramänner drehten während der Parade rund 9000 m Film. Am Vortag und Vormittag waren weitere tausend Meter aufgenommen worden. So standen für diese 546 m lange Wochenschau etwa 10 000 m zur Verfügung. [357)]

Der stellvertretende Wochenschauleiter der Ufa, Santé, schrieb damals: "Der Filmwochenschau fielen hier ganz besondere Aufgaben zu. Über die Gegenwart hinaus hatte sie ein historisches Dokument zu schaffen, um die Größe dieses Tages für alle Zukunft im Bilde festzuhalten. Diese Parade mußte ein Paradestück der Filmreportage werden. Es ging dabei nicht allein um die äußere Form, auch der Geist dieser Stunde war zu erfassen, die ganze Atmosphäre von Disziplin und geballter Kraft. Und sekundengenau, wie sie sich vollzog, mußte es auch eingefangen werden. Würde etwas versäumt, war es nicht mehr einzuholen und für die spätere Gestaltung unwiederbringlich verloren." Die Aufstellung der Kameramänner war

tags zuvor durch den Einsatzstab festgelegt worden. Santé schilderte
auch die endgültige Fertigstellung: "In der Nacht von dem festlichen
Donnerstag zum Freitag liefen die Entwicklungsmaschinen, um am Freitagfrüh das Material vorführbereit zu haben. Es folgte die erste
Sichtung, der erste Rohschnitt wurde gemacht, neues Kopieren, neues
Sichten. Die Kopieranstalt lief auf Höchstleistung. Das Werk war zu
80 % fertig. Zwischendurch Rücksprache mit dem musikalischen Bearbeiter. Die Synchronisationsabteilung meldete sich zu Wort. Nach
stundenlanger Prüfung hatte man sich für klassische Themen entschieden. Der so bestimmten musikalischen Ausgestaltung galt der Sonntag.
Am Montagvormittag, noch nach rund drei Tagen also, kam als letztes
die Sprache hinzu, so daß am Dienstagabend der fertige Film vom Geburtstag des Führers mit dem großen Finale, der Parade, in fast allen großen Lichtspielhäusern zu sehen war. Diese Aufgabe war eben
mehr als eine Wochenschau üblichen Stils."

Der rumänische Botschafter Gafencu, der während der Parade einen
"Ehrenplatz" zwischen Hacha und Tiso bekam und sich dieser Plazierung zwischen zwei Puppen Hitlers geschickt entzogen hatte, schilderte später in "Europas letzte Tage": "... wohnte ich nun der berühmten Truppenschau bei, die der Welt die noch nicht vermuteten
Kräfte der entsetzlichen deutschen Kriegsmaschine enthüllen sollten... ein grandioses Schauspiel, das unter einem blauen Frühlingshimmel munter mit fröhlichen Fanfarenklängen begann. Dann zog es
sich Stunden hindurch in einem zermürbenden Geratter von Eisen der
Panzerwagen, Mörsern, Haubitzen und Riesengeschützen in die Länge.
Schließlich wurde es vor den mit zerbrochenen Nerven erschöpften Zuschauern zu einer ewigen Höllenvision, zu einem schweren Alpdruck,
der kein Ende nehmen wollte... Hitler, unbeweglich dastehend, ließ
die ungeheure Armee auf ihrem Marsch nicht aus den Augen. Es war,
als hätte er ihr das Wort gegeben, um durch sie - sein letztes und
unwiderlegbares Argument - die Welt ganz begreifen zu lassen..." 357)

Überfall auf Polen

Am 1. September 1939 hatte es die ganze Welt begriffen. Hitler hatte
Polen überfallen. Die Kriegsmaschinerie war in Gang gekommen. Und

mit ihr die PK. Doch zuvor war das Fachpersonal der PK, das - wie sich beim Einmarsch in das Sudetenland im Oktober 1938 erwiesen hatte - völlig ungenügend militärisch ausgebildet war, einer entsprechenden Schulung unterzogen worden. Der Chef des OKW, General Keitel, und der Reichspropagandaminister Dr. Goebbels hatten im Winter 1938/39 ein "Abkommen über die Durchführung der Propaganda im Kriege" unterschrieben. Darin heißt es:

1. Der Propagandakrieg wird in seinen wesentlichen Punkten dem Waffenkrieg als gleichrangiges Kriegsmittel anerkannt. Der Waffenkrieg wird verantwortlich von der Wehrmacht, der Propagandakrieg vom RMVP geführt. Das Propagandaministerium führt den Propagandakrieg im Heimatgebiet vollkommen selbständig, im Operationsgebiet in Abstimmung mit dem OKW.

2. Das OKW stellt im Mobilmachungsfall im Zusammenwirken mit dem RMVP Propagandakompanien auf und teilt jeder Armee des Heeres eine solche zu.

3. Kriegsstärkennachweisungen für die PK werden sofort gemeinsam von OKW und Propagandaministerium bearbeitet. Das Personal einer PK besteht aus Fachpersonal und militärischem Personal. Das OKW verpflichtet sich, in die Stellen für Fachpersonal nur solche Leute einzusetzen, die auf einer hierfür vom Reichsministerium für Volksaufklärung und Propaganda zur Verfügung gestellten Fachliste genannt werden.

4. Das OKW sorgt für schnellste militärische Zensur des anfallenden Propagandamaterials.

Und 7. Über die Auswertung des von den PK erarbeiteten Materials entscheidet nach dessen Freigabe durch die militärische Zensur das Reichspropagandaministerium.

Es liegt nahe, daß sich in der Praxis dann einige Änderungen ergaben. So wurden im Zuge der Mobilmachungsvorarbeiten von der Organisationsabteilung des Generalstabs des Heeres noch Kriegsstärkennachweisungen und Ausrüstungsnachweisungen der PK festgelegt. Die neuen Einheiten sollten der Nachrichtentruppe eingegliedert und im Mobilmachungsfall von dieser aufgestellt werden. [358]

Im Zug dieser Vorbereitungen wurde klar, daß auch Luftwaffe und Marine Propagandakompanien aufzustellen hatten. Von der Luftwaffe wurden nach Verfügung vom 7. Juni 1939 vier Luftwaffenpropagandakompanien aufgestellt. Dem Oberkommando der Luftwaffe schien der Begriff Propaganda in diesem Zusammenhang nicht geeignet. Am 3. Januar 1940, also schon nach Kriegsbeginn wurden die Kompanien in Luftwaffen-Kriegsberichterkompanien umbenannt. [359)]

Etwa gleichzeitig erging ein Erlaß des Oberkommandos der Kriegsmarine, wonach am 15. Juni 1939 beim Marine-Gruppenkommando Ostsee in Kiel eine Propagandakompanie aufgestellt wurde. Eine zweite beim Marine-Gruppenkommando Nordsee in Wilhelmshaven folgte am 1. Oktober 1939. Es wurde in ziemlicher Eile versucht, die Fachkräfte der PK im Zuge einer kurzen militärischen Grundausbildung den soldatischen Erfordernissen anzupassen. Dieses Fachpersonal bestand aus den Zivilberufen Journalisten, Photographen, Filmkameramänner, Rundfunkreporter, Kunstmaler, Pressezeichner. Dazu als Hilfspersonal Pressestenographen, Fotolaboranten, Filmkamera-Assistenten, Rundfunk-Toningenieure und -Techniker, ferner Filmvorführer, Vertriebsfachleute, Drucker, Setzer. So gut wie alle hatten noch keinen Militärdienst geleistet. Kein Wunder, daß es in Potsdam beim Regiment 9, wo die Propaganda-Ersatzabteilung stationiert war und die Ausbildung stattfand, Reibungen gab. Die "zackigen" aktiven Unteroffiziere und Feldwebel versuchten aus den "Geistesheroen", wie sie sie nannten, drillmäßig Soldaten zu machen. Aber die Ausbilder lernten auch ihrerseits und der Betrieb in Potsdam, wo die Ausbildung der PK-Fachkräfte über Jahre weiterging, wurde umgestellt.

Man muß sich noch einmal vor Augen halten, wie eine solche PK-Einheit zusammengesetzt war. So zählten jede Luft-Waffen-Kriegsberichter-Kompanie 1939/40 etwa 120 Offiziere, Unteroffiziere und Mannschaften unter der Führung eines Hauptmanns oder Oberleutnants mit einem Feldwebel und drei Schreibern, bestehend aus dem Berichterzug mit 10 Wortberichtern, 10 Bildberichtern, 5 Filmberichtern, 4 Rundfunksprechern, 4 Rundfunktechnikern, 3 Pressezeichnern. Der Arbeitszug bestand aus dem Fachoffizier, dem Labor-Unteroffizier, 6 Laboranten, 1 Presse-Unteroffizier, 6 Stenographen, 4 Mann Bildarchiv. Der Tross schließlich aus dem Schirrmeister, dem Rechnungs-

führer, dem Verpflegungsunteroffizier, dem Kammer-Unteroffizier, dem
Sanitätsfeldwebel, 30 PKW-Fahrern und 7 LKW-Fahrern. Der Kompanie
standen zur Verfügung 30 PKW, 2 Rundfunk-Übertragungswagen, 1 Laborwagen, 3 Gerätewagen, 1 Küchenwagen = LKW. Schließlich kamen noch
20 Mann Wachmannschaften hinzu. [360]

Bis Kriegsbeginn, September 1939, hatte es in Deutschland vier
Wochenschauen gegeben, seitens der Ufa, die Ufa-Tonwoche und die
Deulig-Tonwoche, seitens der Tobis die Tobis-Tonwoche, zuvor Bavaria-Tonwoche, und die Fox-Tönende Wochenschau. Mit Kriegsbeginn
wurden diese Wochenschauen, was den Inhalt betraf, vereinheitlicht.
Einige Monate konnten noch aus urheberrechtlichen Gründen die alten
Titelvorspanne vorgeklebt werden. Danach gab es nur noch die eine
"Deutsche Wochenschau", für die dann auch die "Deutsche Wochenschau
GmbH" gegründet wurde.

Die Herstellung der Einheits-Kriegswochenschau lag in den Händen
der Ufa-Wochenschau. Bis dahin hatten die Wochenschauen eine Laufzeit bis zu 16 Wochen, d.h. 16 Wochen nach dem Ersterscheinen wurde
sie in kleinen Städten oder Vorstadtkinos gespielt. Dementsprechend
war auch die Zahl der Kopien verhältnismäßig gering. [361] Von der
Ufa-Tonwoche wurden im Jahr 1938 nur 195 Kopien in Umlauf gebracht,
von der Deulig-Tonwoche nur 80 pro Woche. Mit der Tobis und der Fox-
Tönenden Wochenschau waren rund 400 Kopien im Vertrieb. Dieser Zustand änderte sich schlagartig mit Kriegsbeginn. Die Laufzeit der
Wochenschau mußte auf vier Wochen reduziert werden, die Zahl der
Kopien wurde auf 1700 erhöht, davon allein 860 auf Kosten der Ufa. [362]
Ende September berechnete der Ufa-Vorstand die Jahreskosten für Kopien bei einer Durchschnittslänge von 800 bis 1000 Meter auf
5.330.000 RM, die für die Anfertigung der Dup.Negative auf
1.450.000 RM. Für die Ufa-Auslandstonwoche, deren Länge bei 350 m
blieb, wurden Kosten in Höhe von 500.000 RM angesetzt. Man rechnete
mit einem Verlust in Höhe von 2,8 Millionen RM. [363]

Am 27.11.1940 war die Deutsche Wochenschau GmbH gegründet worden,
"eine hundertprozentige Ufa-Tochter", wie Ludwig Klitzsch stolz,
aber in Verkennung der Umstände verkündigte. [364] Die redaktionelle
Leitung blieb bei Heinrich Roellenbleg. Der Aufsichtsrat bestand

aus dem Reichsfilmintendanten, Ministerialrat Dr. Hippler, dem Oberregierungsrat Fischer vom Prop.Ministerium, Dr. Winkler, Rechtsanwalt Dr. Pfennig von der Reichsfilmkammer und seitens der Firmen aus Ludwig Klitzsch für die Ufa, Paul Lehmann für die Tobis und Herbell für die Bavaria.

Mit den deutschen Truppen, die am 1. September 1939 auf Hitlers Befehl Polen überfallen hatten, marschierten die PK 521, später 621, PK 696, PK 637, 649, 689, 501, sowie Sonderberichtertrupps des OKW/WPR, ferner je eine bei den Luftflotten 1 und 4 und eine Marine Kriegsberichter-Komp. General Hasso von Wedel, der Kommandeur der Propagandatruppen, die bis 1942 auf 13 000, später auf 15 000 Mann, also Divisionsstärke, anwuchsen, berichtet, die PK-Fahrzeuge seien im Polenfeldzug zunächst mehr oder weniger hinter den Armeen hergezogen. Nur die Kriegsberichter, erfahrene Journalisten, Foto-, Film- und Rundfunkreporter seien, vielfach aus eigener Initiative, zur Wirkung gekommen. Erstmals sei die Kriegsberichterstattung durch Soldaten der Propagandatruppen erfolgt. Sie hätten alles in allem der Öffentlichkeit ein gutes und naturgetreues Bild von den Vorgängen auf dem Kriegsschauplatz und im Kampfgebiet gegeben. Von Wedel erwähnt besonders die PK Nr. 689 unter Führung des Leutnants Tschimpke, die durch den "Korridor" - polnisches Gebiet des ehemaligen Westpreußen - nach Danzig durchgestoßen sei. Die Filmberichte hätten, nach von Wedel, Kriegswochenschauen von besonderer Eindringlichkeit ergeben. [365)] Wedel vergißt dabei, daß die Aufnahmen der PK-Filmberichter gemäß den Anweisungen des Propagandaministers durch einen propagandistischen, oftmals das Bild übertreibenden Kommentar, einen zusätzlichen Ton und eine von Goebbels persönlich gewünschte "heroische Musik" im Sinne des Regimes perfektioniert wurden. Dazu Fritz Hippler in seinen Erinnerungen: "Hier ging es nicht um objektive Berichterstattung, um neutrale Ausgewogenheit, sondern "in der Erkenntnis unseres Rechts" um optimistische, siegesbewußte Propaganda, dazu bestimmt, das seelische Kampfpotential des deutschen Volkes zu stärken. Dieser Linie mußten Sprecher und Sprache, mußten Texte und Begleitmusiken entsprechen." [366)]

Nach Wedel hatte sich herausgestellt, daß die PK, die der vorgehenden Truppe angehörten, das Hinterland der besetzten Gebiete nicht

Ein Steppenbrand. Aufnahmen von den Panzerschlachten in Mittelrußland 1942. Die Fotos stammen vom Pk'ler Artur Grimm.

▶

Während des Zweiten Weltkrieges hat der Fortschritt der Foto- und Filmtechnik es ermöglicht, daß von den Kämpfen in Rußland ab 1941 auch mit Farbbildern und Farbfilmen berichtet wurde. Hier eine Aufnahme des Pk'lers Rühle aus dem Sommer 1942.

mehr betreuen konnten. Hier habe aber das Propagandaministerium ohne Beteiligung der OKW vorgesorgt und eine zivile Propaganda-Einsatzstelle bereitgestellt, die den rückwärtigen Raum in ihre propagandistische Betreuung genommen hätte. Dieser Umstand habe das OKW veranlaßt, für die kommenden Feldzüge rechtzeitig Vorsorge zu treffen.

Die Erfahrungen des Krieges gegen Polen führten dazu, die personelle Besetzung und die materielle Ausrüstung der PK zu überprüfen und zu verbessern. Besonders in der Ausstattung mit Bild-, Film- und Geräten für Rundfunkberichter, sowie mit Lautsprecherwagen wurden Fortschritte erzielt. Die Film-Kameramänner wurden einheitlicher, zumeist mit der dann berühmt gewordenen ARRI-Flex-Handkamera ausgerüstet, soweit nicht die schwere Askania-Stativkamera eingesetzt werden konnte. 367)

Der Krieg im Westen ließ noch bis zum Frühjahr 1940 auf sich warten. Trotzdem erforderte auch die Situation dort die Anwesenheit von PK. OKW und Promi bereiteten für diesen Feldzug die Aufstellung weiterer PK vor.

Waffenausbildung für PK-Männer

Im Januar 1940 wurden etwa 150 Offiziere, Unteroffiziere und Mannschaften zum Teil neu eingezogen, zum Teil aus Verbänden der Luftwaffe geholt und in Jüterbog bei Berlin zusammengezogen. Die bis dahin ungedienten Berichter waren zuvor bei der Propaganda-Ersatz-Abteilung (PEA) in Potsdam "infanteristisch ausgebildet" worden. In Jüterbog folgte die Schießausbildung mit Karabiner und MG auf der Erde, und zwar, weil sie ja zum fliegenden Personal gehören sollten, im sogenannten Wackeltopf. Außerdem folgte Schießausbildung vom Flugzeug aus und auch Ausbildung im "Bombenzielwurf". Die Ausbildung wurde in Paarow bei Stralsund mit einer Bordschützenprüfung abgeschlossen. Daneben lief die Berichterstatter-Fachausbildung mit Gerätegewöhnung, Feindkunde. Dazwischen wurden Ateliers der Ufa und die Agfa-Filmfabrik besucht. 368)
Die Waffenausbildung war für alle Fachkräfte der PK aller Wehrmachtsteile Bedingung, seien es Kriegsberichter im Flugzeug, im Panzer, im

U-Boot oder bei der Flak, bzw. Artillerie. Hinzu kam die zusätzliche politische Schulung im Sinne des Nationalsozialismus. Es sei dahingestellt, wie weit eine solche bei allen Kriegsberichtern, die im Durchschnitt annähernd 30 Jahre alt waren, durchgeschlagen hat. Der Verfasser hat sowohl begeisterte, wie auch sehr nüchterne Männer der PK während des Krieges kennengelernt.

Schließlich gehörte zum Ausbildungsprogramm noch die Schulung für den Besuch von Kriegsgefangenenlagern, wobei zumeist ein Dolmetscher mitarbeitete. Zur PK-Arbeit gehörte auch - wie im 1. Weltkrieg - die Betreuung der eigenen Truppe in Form von Filmvorführungen, Vorträgen, Künstlerauftritten. Künstler, wie die bekannte Filmschauspielerin Lil Dagover, waren gern gesehene Gäste bei der Truppe in der Etappe. Auch sie wurden von der PK betreut. [369]

Und dies war der schwerwiegende Unterschied zu den Filmtrupps des 1. Weltkriegs. Die Filmtrupps des Bild- und Filmamtes wurden zwar von einem Offizier geführt, die Kameramänner und Photographen trugen auch feldgraue Uniformen, sie waren aber nicht als Soldaten ausgebildet, hatten keinen Kampfauftrag, wie die PK-Männer des 2. Weltkriegs, von denen der PK-Filmberichter Leutnant Hans Ertl, 1936 führender Kameramann bei Leni Riefenstahls Olympia-Film, schreibt: "Es ist einfach nicht möglich, die Gefahr, wie sie wirklich besteht, optisch festzuhalten. In solchen Augenblicken mag mancher Berichter überlegt haben, die Kamera mit dem MG zu vertauschen, um sich die Erregung vom Leibe zu schießen." [370] In solche Lage kamen die Kameraleute des 1. Weltkrieges nicht. Dies geht sowohl aus den ausführlichen Anweisungen in den Akten hervor, wie aus den Gesprächen, die der Verfasser mit dem schließlich 92 Jahre alt gewordenen Filmführer, 1917/18 Leutnant, Wilhelm Riegger, führte, hervor. Riegger trug zwar als Offizier eine Pistole bei sich, hätte diese aber bei seiner Tätigkeit als Filmführer nie benutzt.

Daß die Kriegsberichter des 2. Weltkrieges mit der Waffe selbst in den Kampf eingriffen, ist jedoch nur in seltenen Fällen belegt. Dies war insbesondere bei der Luftwaffe deswegen erforderlich, weil der Kriegsberichter aus Platzmangel zugleich das Maschinengewehr am Heck zu bedienen hatte, falls von hinten ein feindliches Flugzeug kam.

So war es kein Wunder, daß es auch Orden gab. Der Bildberichter, Sonderführer Helmuth Grosse, von der LWKBK 5 hatte 1940 für den Abschuß eines englischen Spitfire-Jagdflugzeuges das EK I bekommen. Diese LW-Kriegsberichterkompanie Nr. 5 kam dann im Westfeldzug zum Kriegseinsatz. Die Berichter flogen mit den Kampfflugzeugen über Holland, Belgien und Frankreich, sie begleiteten Flak- und Luftnachrichten-Truppen. Es folgten Einsätze bei Flügen mit Bombengeschwader nach England. [371]

Vor dem Frankreichfeldzug erfolgten am 7. April 1940 militärische Aktionen zur Besetzung von Dänemark und Norwegen. Bereits am 27. Januar hatte das OKW unter dem Begriff "Weserübung" eine Aufmarschstudie für die Besetzung dänischer und norwegischer Stützpunkte ausgearbeitet. Diese Studie war von Hitler am 1. März 1940 gebilligt worden. Als am 28. März 1940 der alliierte Kriegsrat beschloß, am 5. April die norwegischen Gewässer zu verminen und ihrerseits norwegische Stützpunkte zu besetzen, befahl Hitler die Gegenaktion für den 9. April. Am 7. April lief die deutsche Flotte nach Dänemark und Norwegen aus. Die deutsche Presse wurde angewiesen, zu schreiben: "Deutschland nimmt diese beiden Staaten in Schutz. Die deutschen Maßnahmen sollen den Bestand der beiden Länder und ihre Freiheit sichern." [372]

Dänemark leistete keinen Widerstand, dagegen kam es in Norwegen zu heftigen Kämpfen. Auch bei dieser Aktion kam es zum Einsatz von Propagandakompanien. Dem "Oberbefehlshaber Norwegen" wurde erstmals eine aus allen Wehrmachtsteilen zusammengesetzte Propaganda-Staffel unter Führung des Kapitänleutnants Hahn zur Verfügung gestellt. Die Kriegsberichter wurden truppweise den einzelnen Landungseinheiten zugeteilt. Später kam die PK 681 hinzu. Die Luftwaffenkriegsberichterkompanie Nr. 1 kam ab 12. April 1940 in Norwegen bis Narvik zum Einsatz. Der Stab dieser LWKBK hatte seinen Sitz in Oslo. [373]

Für die Front im Westen waren im September 1939 nur drei PK, und zwar PK 666 mit Quartier in Monreal in der Eifel, PK 612 mit Quartier in Bad Münster am Stein bei Bad Kreuznach und die PK 670 mit Quartier in Altstadt bei Calw bzw. in Freudenstadt aufgestellt worden. Da es im Westen bis Mai 1940 keine größeren Kriegshandlungen gab, kamen von diesen Kompanien nur gelegentlich Berichte. [374]

Im April 1940 kam es zur Aufstellung einer Propagandastaffel beim Oberbefehlshaber des Heeres unter Hauptmann Frh. v. Medem, Oberleutnant von Werder, Hauptmann d.R. Prof. Dr. Erich Welter und Oberleutnant Deunert. Diese Staffel hatte ihr Quartier in Bad Godesberg.

Mit Beginn des Überfalls auf Holland und Belgien am 10. Mai 1940 nahm der 2. Weltkrieg die Ausmaße an, die er dann bis zum bitteren Ende 1945 behielt. Die Presse bekam von Goebbels die Order, sie habe das ganze deutsche Volk davon zu überzeugen, daß Holland und Belgien tatsächlich die Neutralität verletzt hätten. [375] Den Armeekorps der Heeresgruppe Nord wurden die PK 621, 637, denen der Heeresgruppe Mitte die PK 689, 690, 501 und denen der Heeresgruppe Süd die PK Nr. 666 und 696 zugeordnet. Den Luftflotten 2 und 3 die LWKBK Nr. 2 und Nr. 3 sowie Nr. 5. Der 9. und 2. Armee wurden im Laufe des Krieges in Frankreich noch die PK 612 und 670 zugeteilt. Auch für die besetzten Gebiete waren nun von vornherein Propagandastaffeln, und zwar für die Niederlande, für Belgien und später für Paris bereitgestellt worden. Hasso von Wedel moniert in seinem Buch, es hätte sich gezeigt, daß die Filmberichter- und Rundfunkberichtertrupps zu wenig beweglich gewesen seien, obgleich sie Gutes geleistet hätten. Die eingesetzten Wortberichter wären in ihrer Qualität nicht immer ausreichend gewesen. [376]

Trotz der großen Erfolge wandte sich Goebbels dagegen, die Freude in "allzugroßen Optimismus ausufern zu lassen". [377] Auch von einer deutschen Luftherrschaft über dem westlichen Raum sollte nicht gesprochen werden. In PK-Berichten sollten auch die Verluste und der Ernst des augenblicklichen Geschehens stärker als bisher anklingen. Der Fall von Dünkirchen am 4. Juni 1940 sollte groß herausgebracht werden. [378]

Am 20. Juni 1940 hatte Frankreich um Waffenstillstand gebeten. Die Kapitulationsverhandlungen begannen. Aber Goebbels mahnte die Presse, sie müsse dafür sorgen, daß im deutschen Volk nicht der Eindruck entstehe, als ob der Krieg schon zu Ende sei. [379] Und nach Abschluß des Waffenstillstands warnte Goebbels, Paris nicht zu lockend zu schildern. Aus PK-Berichten seien alle francophilen Äußerungen zu entfernen. [380]

Mit der Luftoffensive gegen England ging der Krieg weiter. Hierbei wurden im Sommer 1940 die LWKBK 2 und 3 und 5 eingesetzt. Die Kriegsberichter flogen mit den Kampfgeschwader 51, 54 und 55 über England und auch mit den Luftaufklärern. Die LW-Kriegsberichter hatten dabei auch Verluste zu beklagen. [381)

Im April 1941 folgte der Balkanfeldzug. An diesem waren bei der 12. Armee die PK 690 und bei der 2. Armee die PK 670 beteiligt. Ferner eine neue Panzer-PK bei der Panzergruppe Kleist. Die Verbände des VIII. Fliegerkorps wurden von der LWKBK 7 begleitet. Im besetzten serbischen Gebiet wurde die Propaganda-Abteilung Serbien tätig.

Gleichzeitig griffen im April 1941 die ersten deutschen Truppen in die Kämpfe in Nordafrika ein. Zu ihnen gehörten die PzPK 699 und der Prop.Zug Tunis sowie seitens der Luftwaffe der LWKBK 7. Auch an den Luftlande-Unternehmen auf Kreta am 20. Mai 1940 waren, wie aus den Wochenschauen erinnerlich, LWKBK beteiligt.

Ehe auf den deutschen Angriff auf Rußland im Juni 1941 und die dort eingesetzten Propagandakompanien eingegangen werden kann, sind die Auswertungen der Kriegsberichtertätigkeit in der Heimat, hier insbesondere der Filmberichter im Unterschied zur Situation im 1. Weltkrieg aufzuzeigen.

Auswertung der PK-Filme

Mit Kriegsbeginn im September 1939, aber schon darauf vorbereitet, wurde die Kopieranstalt von Paul Tesch in Johannisthal bei Berlin für die Entwicklung aller von den Filmberichtern durch Kurier übersandten Filmnegative und der Erstkopierung verpflichtet. Es handelte sich dabei um Mengen bis 20 000 Meter und manchmal mehr pro Woche. Insgesamt waren von den PK-Filmberichtern mehr als 5 Millionen Meter Kinofilm an den Fronten und den besetzten Gebieten aufgenommen worden. [382) Im Propagandaministerium fand die Prüfung der von den PK hereinkommenden Berichte statt. [383) Es waren Fachprüfer für die Sparten Film, Bild, Wort, also Presse und Funk, alle Angehörige des

Propagandaministeriums, eingesetzt. Als Zensuroffiziere für die für die Wochenschauen freigegebenen PK-Aufnahmen waren tätig: für das Heer Oberstleutnant Schröter und Hauptmann Hagemann, für die Luftwaffe Oberst Callab und Major Rossbach, für die Marine Kapitänleutnant Nerger und für die Waffen-SS Sturmbannführer Noack, für die Organisation Todt Häusler und Barthel, für die Polizei ein Polizeioffizier Menzel. Der ebenfalls bei der Zensur anwesende Wochenschau-Schnittmeister vom Dienst hatte während der Vorführung vorzutragen, welche Aufnahmen für die nächste Wochenschau benötigt würden. Anfangs jeder Woche fand eine Redaktionssitzung statt, bei der besprochen wurde, was von den in der Vorwoche eingegangenen Filmberichten verwendet werden sollte. Die Vertreter der Wehrmachtsteile äußerten ihre Wünsche. An der Vorführung der neuen Woche, jeweils Donnerstag oder Freitag, nahmen der Staatssekretär des Propagandaministeriums, der Leiter der Abt. Film, die Zensuroffiziere der Wehrmachtsteile, der Waffen-SS, der Leiter der Wochenschau, der Chef-Kameramann und der Schnittmeister teil.

Wie in Deutschland selbst die PK-Arbeit und das Entstehen der Kriegswochenschau in Fachzeitungen dargestellt wurde, soll mit Auszügen aus zwei zeitgenössischen Artikeln beleuchtet werden. In der "Licht-Bild-Bühne" vom 29. Juni 1940 schreibt ein Hans Timmer: "Eine kleine Gruppe von Männern ist es, die uns das Bild des Krieges in die Heimat bringen. Viele Wochenschaumänner stehen heute als Soldaten der Propagandakompanien in vorderster Front. Auch bei ihnen hat der Tod schon Ernte gehalten, einige fielen in ihrem schweren Dienst für Führer und Volk, mehrere wurden verwundet. Aber die anderen Kameraden erfüllen stolz und freudig weiterhin ihre Pflicht. Tag um Tag rollen Kradfahrer über die staubigen Landstraßen und tragen die belichteten Filmrollen zur Kurierstelle. Von dort geht es im Flugzeug nach Berlin. Innerhalb von fünf Tagen muß die neueste Wochenschau in den Filmtheatern des Reiches anlaufen. Ein Wettlauf mit der Zeit beginnt. Auf dem schnellsten Wege werden die Streifen in die Kopieranstalt gebracht, die Tag und Nacht beschäftigt ist. Von den Negativen werden sofort zwei vorführfertige Positive kopiert, die dann im Verlauf von vier Stunden an jedem Nachmittag geprüft werden. Rund dreißigtausend Meter belichtete Filme treffen im Laufe einer einzigen Woche zur Weiterbearbeitung ein. Das heißt, daß die Kamera-

männer der PK unermüdlich von Morgen bis Abend mitten im Kugel- und
Granatenregen gedreht haben, eine Leistung, die unsere größte Bewunderung verdient. Von diesen 30 000 Metern Film die rund 1200 Meter
zur Zusammenstellung einer Wochenschau auszuwählen und zu gestalten,
ist eine Arbeit, die viel Kenntnis und Mühe erfordert." Und weiter:
"Nach vier Tagen ist die gewünschte Länge der Wochenschau erreicht.
Dann geht es an die Synchronisation und an den Begleittext. Und noch
immer ist die Wochenschau nicht fertig - es fehlt die Musik. Und
dann geht es an die Überspielung, Sprache, Geräusche und Musikbänder werden auf einem Tonband vereinigt. Die Wochenschau ist fertig.
Zwölf Stunden bleiben noch bis zum Termin der Aufführung. Von dem
Original werden 17 bis 24 Doubels hergestellt, von denen 1700 Kopien
abgezogen werden. Die ganze Nacht durch arbeiten daran sämtliche
Kopieranstalten der Reichshauptstadt. Am nächsten Tag beginnt der
Versand." Und abschließend: "Die deutschen Wochenschauen, die in
tausende von Filmtheatern, auch des Auslandes, gehen, haben die Bewunderung nicht nur der Heimat, sondern der ganzen Welt erregt."

Und in einem Artikel der Monatsschrift "Der deutsche Film" von Mai-
Juni 1941 heißt es: "Die deutsche Wochenschau ist zur selbständigen
Organisation geworden, deren Fäden in der Deutschen Wochenschau-
Zentrale zusammenlaufen. Hier wird die geistige Arbeit geleistet,
die nötig ist, um die von den Fronten in Flugzeugen und Kurierdienst laufend eingehenden, von der Kopieranstalt Tesch entwickelten Negativstreifen, in denen die Filmberichter der Propagandakompanien, der Luftwaffe usw. das Geschehen an der Front festgehalten haben - das sind in der Woche oft bis zu 30 000 Meter Negativ - zu sichten und daraus einen logisch zusammenhängenden
Wochenschaustreifen von 600 - 1200 Meter zu gewinnen. Vor allem
gilt es hier - ... die Reihenfolge der Berichte zu bestimmen, sie
in dramatischer Steigerung anzuordnen. Eine weitere Aufgabe der
Wochenschauredaktion ist es, die Texte zu finden, um die Berichte
zu verbinden und zu unterstreichen... Am Ende des ganzen Arbeitsvorganges, der sich in der Wochenschauzentrale jede Woche von
Sonnabend bis Montag abwickelt, steht die sogenannte Arbeitskopie.
Sie soll die Mutter werden von zweitausend Kopien, die zur kleineren Hälfte ins Inland, zur größeren ins Ausland wandern. Die
Kopieranstalten Dröge und Siebert und Afifa stellen die Lavendel-

kopien her. Am Mittwoch beginnt in den beiden Anstalten, die dabei
von den Kopieranstalten Geyer, Kosmos, Feka unterstützt werden, an
Hand von 20-25 Dup. Negativen, die von der Lavendelkopie gezogen
werden, die Massenherstellung von rund 1700 Kopien für das Inland
und anschließend der Auslandskopien, denen eine veränderte Fassung
in 18 verschiedenen Sprachen zugrunde liegt.... Die Auslandswochen-
schau geht in alle Länder der Erde, auch nach Nordamerika und Südamerika, wohin sie von Lissabon aus mit dem Flugzeug gebracht wird.
Mit Rußland stehen wir im Wochenschauaustausch, in Japan hat sie
eine besonders große Verbreitung. In Europa hat die deutsche Kriegswochenschau Zweigredaktionen in Wien, Paris, Madrid, Brüssel, Den
Haag, Kopenhagen, Oslo, Warschau, Pressburg und Zürich."

Aus den beiden Berichten wird deutlich, daß die Redaktionen dieser
Zeitschriften über die Sperrung von PK-Filmaufnahmen nicht unter-
richtet wurden bzw. daß sie darüber nicht schreiben durften. In
dem Bericht in "Der deutsche Film" wird außerdem nicht zum Ausdruck
gebracht, daß die Auslandstonwoche nur eine Länge von 350 m hatte.
Nicht uninteressant ist, daß darin noch von Wochenschau-Austausch
mit Rußland die Rede ist. Einen Monat später hatte der Krieg mit
Rußland begonnen. Nun gab es keinen Austausch mehr, wohl aber neue
Sprachversionen der Auslandswoche und zwar für Littauen, Estland,
Lettland, für die Ukraine und weitere besetzte Teile der Sowjet-
republik.
Über die Frage, welche Mengen der Aufnahmen für die Wochenschau
freigegeben wurden, gibt es unterschiedliche Äußerungen. Paul Tesch
jun., der Sohn des verstorbenen Besitzers der Kopieranstalt, war anläßlich eines Gesprächs im Jahre 1961 im Bundesarchiv der Meinung,
es seien nur 10-15 Prozent der Aufnahmen für die Wochenschau freigegeben worden. Das widerspricht anderen Äußerungen, vor allem aber
die Freigabeliste der Aufnahmen des Marine KBK-Filmkameramanns,
Horst Grund, wonach nur verhältnismäßig kleine Mengen gesperrt und
noch kleinere als "geheim" aus dem Negativ geschnitten wurden.[384]
Die ungeschnittenen Negative - abgesehen von den Geheimaufnahmen,
die herausgeschnitten wurden, kamen auf dem Olympiagelände, aber
nicht, wie oft berichtet wird, im Glockenturm, sondern,[385] lt.
Aktennotiz des RFA von 1943, "im Westteil des Tunnels unter dem
Stadion in drei Räumen, zur Lagerung. Darüber die Stadion-Schräge,

die aus starkem Granit und Beton besteht." Anfang 1945 wurde das gesamte Negativ-Material der KP-Filmaufnahmen in das Rüdersdorfer Kalkbergwerk südöstlich von Berlin ausgelagert.

Fachprüfer Bild des Prop.Min. war zuerst Henner Kurzbein, der als Artillerie-Offizier gefallen ist, nach ihm Helmut Jahn, zuletzt Dieter Evers. Die Weiterverarbeitung der Bildaufnahmen der PK lag in Händen des Bildpresseamtes, das bereits 1936 als Zentrale der Steuerung der Bildpresse im Rahmen des Prop.Min. gegründet worden war. Nach Dieter Evers wurden wegen Luftgefahr die PK-Bildbestände, etwa 3,5 Millionen Aufnahmen, nach Templin bei Potsdam evakuiert. Ende April sollte befehlsgemäß das gesamte Material vernichtet werden. Es gelang jedoch, die Masse des Negativ-Materials mit mehreren LKW zwischen den Fronten hindurch in höchst kritischer Lage durch die amerikanischen Linien zunächst nach Langensalza zu transportieren. Dort mußten wegen Beschädigung eines LKWs ca. 1 Million Glas- und Filmnegative zurückgelassen werden. [386]

Krieg gegen die Sowjetunion

Am 22. Juni 1941 um 3.15 Uhr begann ohne vorherige Kriegserklärung die deutsche Offensive gegen die Sowjetunion. Seit der "Führerweisung" Nr. 21 (Barbarossa) vom 18. Dezember 1940 liefen die Angriffsvorbereitungen gegen die Sowjetunion auf Hochtouren. Goebbels hatte auf der Ministerkonferenz am 22. Juni erklärt: "Der Führer sagt, es dauert vier Monate. Ich aber sage Ihnen, es dauert nur acht Wochen."[387]

Mit den drei Heeresgruppen Nord, Mitte und Süd gingen 12 PK des Heeres mit in die baltischen und russischen Räume. Es waren dies die PK 501 bei der 16. Armee, die PK 621 bei der 18. Armee, die PzPK bei der Panzer-Gruppe 4, die PK 612 bei der 9. Armee, die PK 689 bei der 4. Armee, die PzPK 693 bei der Panzer-Gruppe 2 und die PzPK bei der Panzer-Gruppe 3, sowie die PK 670 bei der 2. Armee. Und im Süden die PK 666 bei der 17. Armee, die PK 695 bei der 11. Armee, die PK 637 bei der 6. Armee und die PzPK bei der Panzer-Gruppe 1. Bei den Luftflotten 1 und 4 waren drei Kriegsberichterkompanien im Einsatz, und zwar von Ostpreußen, Nordpolen und Rumänien aus. [388]

Goebbels am 2. August im Gegensatz zu dem, was er am 22. Juli gesagt hatte: "Die Zähigkeit des bolschewistischen Widerstands ist einkalkuliert worden", da man stets an die schwierigste Situation denke und danach handle. Diese Zähigkeit komme dem deutschen Volk etwas überraschend, wie vieles andere, so daß durch PK-Berichte, Wochenschauen usw. jetzt wenigstens über Tatbestände Aufklärungsunterricht erteilt werden müßte. [389)]

Dementsprechend schrieb Oskar Wessel am 8. August 1941 im Filmkurier: "Die deutsche Wochenschau des Krieges hat jene Unverbindlichkeit des weltbummelnden Betrachters abgestreift und ist auf Schußnähe gegangen, wobei man spürt, daß die Filmkamera, die diese und jene Kampfszene durch die Linse dringen ließ, von der gleichen Hand getragen wurde, die im anderen Augenblick die Waffe an sich riß. Rauch, Flamme und Staub sind ihre Beleuchtungen, Stoßkraft, Sturm und Tapferkeit ihre Bewegungsgesetze." Und: "Was aber das Filmauge zu erfassen mag, Leben, gefüllt bis zum Rande des Todes, Landschaft, gespenstisch durchlodert von Fackeln, Raum in endlosen Wegen ausgebreitet, Mündungsblitze vorrollender Gespensterwagen. Tat, Angriff, Willen, schneller Einsatz und zähe Energie, Menschliches und Motorisches phantastisch ineinanderdrängend, hier hat es auf eine Weise Gestalt gefunden, die nicht mehr das Erregende, die Sensation der Wochenschau von einst zum Ziele hat, sondern die Darstellung des Bewegenden, des Geistes, der dies alles bewegt. Wuchtig und gemessen, ereignisernst und zäh scheidet sich die deutsche Wochenschau und ihr Zeitmaß vom überjagten Sekundenbild des alten planlos raffenden Wochenstreifens."

Am 26. September 1941 hatte Hitler der Heeresgruppe Mitte den Angriffsbefehl zur Einleitung der Schlacht um Moskau gegeben. [390)] Am 13. Oktober erklärte Reichspressechef Hans Fritzsche vor dem Berliner Verband der auswärtigen Presse: "Die militärische Entscheidung dieses Krieges ist gefallen. Was nun noch zu tun bleibt, trägt vorwiegend politischen Charakter nach Innen und Außen." [391)] Aber am 18. November 1941 macht man sich Sorge um die Winterausrüstung der Truppen vor dem noch immer nicht eroberten Moskau. Goebbels erklärt in der Geheimen Ministerkonferenz vom 18. November 1941: "Bei der Auswahl von PK-Bildern muß besonders darauf geachtet werden, daß nicht Bilder erscheinen, die den Schluß zulassen, daß die Truppe noch keine Winterbekleidung hat. Unerwünscht sind z.B.

Bilder, die einen Zug von Kriegsgefangenen mit Mänteln zeigen, während die deutsche Begleitmannschaft ohne Mäntel marschiert." [392]

Die sowjetische Gegenoffensive vom 5./6. Dezember 1941 hatte die deutsche Angriffsposition zum Stehen gebracht. Vorgestoßene Einheiten wurden zum Rückzug gezwungen. Hitler befahl am 8. Dezember 1941 "sofortige Einstellung aller Angriffsoperationen und Übergang zur Verteidigung". [393]
Goebbels gestand, die bisherige Propaganda habe grundlegende Fehler gemacht, sie habe der deutschen Bevölkerung unangenehme Nachrichten ferngehalten. Die Folge dieser Erkenntnis war, daß er befahl, in der Heimatpropaganda langsam eine ähnliche Haltung zum Durchbruch zu bringen, wie sie der Soldat an der Front zum Krieg einnimmt. Es sei unerträglich, wenn jetzt noch in der Heimat Frieden gespielt würde. Dem deutschen Frontsoldaten dürfe nicht zugemutet werden, daß er in der Presse, im Rundfunk, in der Wochenschau mit Wiedergaben von Empfängen friedensmäßiger Aufmachung beleidigt werde. [394] Inzwischen hatten jedoch die Wochenschauaufnahmen vom japanischen Überfall auf den amerikanischen Stützpunkt Pearl Harbour auf Hawaii, wobei 19 Kriegsschiffe der USA versenkt worden waren, das Interesse der Deutschen in so starkem Maße in Anspruch genommen, daß die Krise vor Moskau fast in Vergessenheit geriet. Amerika hatte daraufhin Japan den Krieg erklärt und Hitler folgte nun seinerseits am 11. Dezember 1941 mit einer Kriegserklärung an die Vereinigten Staaten.

Die Versorgung der deutschen Truppen mit Wintersachen seitens der Wehrmacht hatte nicht geklappt. Am 21. Dezember 1941 rief Goebbels in einer Rundfunkansprache zur Sammlung von Wintersachen für die Front auf. Es sollte "ein Weihnachtsgeschenk des deutschen Volkes an die Ostfront" sein. [395] Diese Wintersachen-Sammlung, die auch in den Wochenschauen gezeigt wurde, hatte Goebbels zu einem Politikum ersten Ranges hochgespielt. Das Ergebnis, das in Presse, Rundfunk und Film Mitte Januar 1942 verkündet wurde, erbrachte 67 Millionen Stück. Es stellt sich später heraus, daß der Wert der Sammlung gleich Null war. Aber Goebbels fand es nun erforderlich, daß "in der Propaganda nun wieder auf die Pauke geschlagen werden müsse". [396]

PK-Truppen werden Division

Im Jahr 1942 hatten die Propagandatruppen, seit Beginn des Krieges in Rußland ständig vermehrt, infolge Erweiterung der Aufgaben, etwa Divisionsstärke erreicht. Die Zugehörigkeit zur Nachrichtentruppe war nicht mehr zweckmäßig, wurde sogar als störend empfunden. Es zeigte sich, daß es notwendig wurde, die Propagandatruppe selbständig zu machen. Auf Befehl des Chefs des Oberkommandos der Wehrmacht wurde die Stelle eines Chefs der Propagandatruppen geschaffen. Oberst i.G. Hasso von Wedel wurde zum Chef der Propagandatruppen ernannt. [397] Er hatte als Chef OKW/WPR seit Kriegsbeginn ausreichend Erfahrungen und Erkenntnisse sammeln können. Ihm wurde "immerwährende freundliche Ruhe und Verbindlichkeit, die mancher als Phlegma bewertete", nachgesagt. Zugleich aber "der in großer Selbstsicherheit begründete Mut, solch eine bunte Gesellschaft von "Intelligenzbestien" trotz des ihr innewohnenden Hanges zu Kapriolen am langen Zügel zu führen!" [398]

Mit der Neuordnung der PK-Truppen dürfte auch eine Anweisung vom September 1943 "Die 12 Gebote für Filmberichter" zusammenhängen. Es heißt darin:

1. Du sollst immer daran denken, daß durch einen persönlichen Einsatz Millionen an dem Weltgeschehen teilnehmen, und daß Du den gegenwärtigen und kommenden Geschlechtern eine wahrheitsgetreue und lebendige Darstellung des gigantischen Ringens um Deutschlands Größe durch Deine Arbeit geben mußt.

2. Du sollst in Deinem Einsatzbereich soldatisch und ohne Überheblichkeit auftreten und stets Kamerad sein.

3. Du sollst Deinen Ehrgeiz darin setzen, Deine Filmberichte aktuell, lebendig und das Wesentliche erfassend zu gestalten.

4. Du sollst gestellte Kampfaufnahmen vermeiden, denn sie wirken unecht und gefährden das Ansehen der Filmberichter.

5. Du sollst Deine Aufnahmen vorher durchdenken - und dann erst drehen.

6. Du sollst im Fronteinsatz Deine Aufnahmestandpunkte und Bewegungen so wählen, daß Du die Kampfhandlung nicht störst oder das Leben Deiner Kameraden gefährdest.

7. Du sollst im Eifer Deiner Arbeit nicht die technischen Voraussetzungen einer guten Aufnahme - Schärfe, Blende, 24 Bilder, ruhige Schwenks - vergessen. Wähle Deine Einstellungen so, daß Menschen und Fahrzeuge stets die gleiche Richtung beibehalten.

8. Du sollst stets soviel Rohfilmmaterial mitführen, daß Du auch in überraschend auftretenden Situationen noch arbeiten kannst.

9. Du sollst, auch wenn Du über kein eigenes Fahrzeug mehr verfügst, nichts unversucht lassen, um Dein Einsatzziel zu erreichen.

10. Du sollst Deinem belichteten Filmmaterial einen ausführlichen Bericht beifügen (Datum, genaue Ortsangabe, wahrheitsgetreuer Ablauf des Geschehens.

11. Du sollst für Rücktransport des belichteten Filmmaterials stets den schnellsten und sichersten Kurierweg wissen und ausnützen.

12. Du sollst das filmtechnische Gerät durch sorgfältige Pflege in steter Einsatzbereitschaft halten, denn die Aufnahmekamera ist Deine Waffe." 399)

Die neue Propagandatruppe umfaßte die Propaganda-Einheiten aller drei Wehrmachtsteile und der Waffen-SS, einschließlich der Gesamtheit der Zensuroffiziere. Sie erhielten eine neue Waffenfarbe silbergrau, anstelle der bisherigen Waffenfarbe zitronengelb der Nachrichtentruppe. 400) Außerdem wurden bei den Stäben der Heeresgruppen, für die Luftwaffe bei den Luftflotten und für die Kriegsmarine bei den Marine-Gruppenkommandos "Stabsoffiziere für Propaganda-Einsatz" (Stoprop.) geschaffen. Dieser Stabsoffizier hatte für seinen Bereich jeweils die Leitung des gesamten Propagandaeinsatzes aller

Sparten. Ihm wurden unterstellt: je ein Propaganda-Abschnittsoffizier, der für die Flugblattherstellung und Verteilung zu sorgen hatte, je ein bis zwei Kampf-Propagandazüge, Flugblatt-Ballon-Trupps mit unterschiedlichen Ausrüstungen zur Flugblattverteilung in die feindlichen Linien und die Betreuung und Einsatz der Lautsprechergeräte, die auch auf die feindlichen Linien einwirken sollten. 3. je eine Druckereitruppe, der mit der Flugblattherstellung, dem Druck von Frontzeitungen und Fremdsprachenzeitungen beauftragt wurde.

Welchen Umfang die Pressearbeit der PK an der Ostfront angenommen hatte, ergibt sich aus einem Beispiel:
Die bei der Heeresgruppe Mitte eingesetzte PAW (Propaganda-Abteilung Weissruthenien) sah ihre Hauptaufgabe darin, die russische Zivilbevölkerung mit Propagandamitteln gegen den Bolschewismus und die Machthaber im Kreml einzunehmen und ihr Wohlwollen für die Deutschen zu gewinnen. Infolge der gegensätzlichen Einstellung der Parteifunktionäre, die nun im Hinterland das Sagen hatten, war dies ein recht hoffnungsloses Unterfangen. Hinzu kam, daß sich ab 1943 die deutsche Wehrmacht nicht mehr im Vormarsch befand, sondern immer mehr zurückgedrängt wurde und die russische Rundfunk- und Flugblattpropaganda und die wachsende Partisanentätigkeit die Arbeit der deutschen Propaganda in Frage stellte. Immerhin wurden im August 1943 im Mittelabschnitt der Ostfront noch folgende Zeitungen für die Bevölkerung von der PK herausgegeben.

Die Zeitschrift "Bitsch" (Die Geisel)	1 x monatlich	Auflage 70.500
Die Zeitschrift "Nowaja Shisnj" (Neues Leben)	1 x monatlich	Auflage 65.000
Die Zeitung "Plug u. Mietsch" (Pflug und Schwert)	1 x wöchentl.	Auflage 20.000
Die Zeitung "Ruli" (Das Steuer)	2 x wöchentl.	Auflage 155.000
Die Zeitung "Nowyi Puti" (Der neue Weg)	1 x wöchentl.	Auflage 24.500
Die Zeitung "Sa Swobodu" (Für die Freiheit)	1 x wöchentl.	Auflage 10.000

Russische Wandzeitung für Straßenpublikum	1 x wöchentl.	Auflage 12.000
Lehrerzeitung "Schkola i. Wospitanie" (Schule und Erziehung)	1 x monatlich	Auflage 6.500
Schülerzeitung "Scholnik" (Der Schüler)	14-tägig	Auflage 55.000
Die Zeitschrift "Na Perelome" (Der Umbruch)	vierteljährl.	Auflage 20.000

Leiter der Gruppe Presse der PAW war Sonderführer Schule, vor seiner Einberufung deutscher Pressemann in Moskau.

Für die deutschen Soldaten wurden folgende PK-Zeitungen herausgebracht:

Von der PzPK 697 (Pz AOK 3) die Armeezeitung "Panzerfaust"	1 x wöchentl.	Auflage 58.000
Das Nachrichtenblatt "Panzerfaust"	3 x wöchentl.	Auflage 35.000
Die Urlauberzeitung "Panzerfaust"	3 x monatlich	Auflage 20.000

Für die russischen Freiwilligen

die Zeitung "Sa Russ" (Für Rußland)	1 x wöchentl.	Auflage 17.000
und die Zeitung "Nowy Puti" (Der neue Weg)	2 x wöchentl.	Auflage 75.000

Die PK 612 (AOK 9) brachte 10 verschiedene Zeitungen und auch russische Zeitschriften mit einer Gesamtauflage von 351 000 Exemplaren heraus und die
PK 689 (AOK 4) 5 Zeitungen und Zeitschriften, 2 in Russisch, mit einer Gesamtauflage von 171 000 Exemplaren und schließlich die
PK 670 (AOK 2) 2 für deutsche Soldaten mit einer Auflage von 73.000 und zwei für Russen mit zusammen 32.000 Auflage.

Daneben gab es im Etappengebiet und den besetzten Gebieten Vortragswesen zu organisieren: Filmeinsatz, Ausstellungen, Konzerte und Theatervorstellungen, Schulungskurse, Versorgung der russischen Schulen mit Lehrbüchern, Kontrolle des Unterrichts, Berufsunterweisungen und politische Schulung der russischen Freiwilligen. Schließlich kam die Betreuung von Besuchern aus verbündeten und neutralen Ländern hinzu. Zur PAW gehörte ein Lehr- und Mustergut und zwei Rundfunksender, der eine für das gesamte Heeresgruppengebiet und darüberhinaus ausstrahlende, der Truppenbetreuung dienende "Soldatensender Siegfried". Der zweite Sender "Golos Naroda" (Stimme des Volkes") wandte sich an die russische Bevölkerung. Der "Soldatensender Siegfried" hatte im März 1942 im alten Rathaus von Smolenks mit Sendungen begonnen. Im Mai 1943 brannte das Haus aufgrund eines Bombenvolltreffers aus. In Minsk fand sich die Möglichkeit, den Sender neu aufzubauen, wo er noch bis Juni 1944 tätig blieb.
Hierbei gab es zwischen Zivil und Wehrmacht Eifersüchteleien. Der Reichsrundfunksender Minsk versuchte den "Soldatensender Siegfried" seiner Weisungsbefugnis zu unterstellen. Durch den russischen Vormarsch im Sommer 1944 erübrigte sich das.

Neben dem "Soldatensender Siegfried" gab es die Sender "Gisela", "Gustav" und "Martha" der Propagandaabteilung Ukraine, Heeresgruppe Süd, und weitere, so den "Soldatensender Ursula", der PA Nord, Heeresgruppe Nord, den Sender Belgrad "Lili Marleen", weltberühmt, bei der Propagandaabteilung Südost, Heeresgruppe Balkan. Die fahrbaren und ortfesten Soldatensender in Frankreich, Italien, Lappland waren für die deutschen und verbündeten Truppen bestimmt. Es wurde dafür gesorgt, daß Lazarette, Erholungsheime in der Etappe, Ersatzeinheiten, aber auch Fernmeldeposten und Polizeieinheiten, Sanitäts-, Munitions-, Verpflegungs- und Kraftfahrzeugparks, Bahnhofs- und Ortskommandanturen, Dienststellen der Organisation Todt und des Reichsarbeitsdienstes im Frontbereich diese Sender hören konnten. Der Sendebetrieb begann um 6 Uhr morgens und endete um 24 Uhr. Neben Nachrichten und Wehrmachtsberichten, Wortsendungen versuchte man, durch musikalische und kabarettistische Sendungen "eine optimistische Grundhaltung" zu erhalten. Dem "Soldatensender Siegfried" standen für seine vielfältigen Aufgaben 22 Mann, jeder in mehreren

Funktionen, zur Verfügung. So war der Stabsschreiber zugleich Opernsänger (Tenor), der Rechnungsführer Akkordeonsolist und Leiter der Tanzkapelle, der Fourier Opernsänger (Bass) und der Schreiber zugleich für Schlagzeug, Wort- und Couplet-Vortrag zuständig. Hinzu kamen fünf "kommandierte" Musiker. Man konnte das Programm freiweg nach eigenen praktischen Erkenntnissen gestalten. Oberste Kommandobehörde war die Heeresgruppe und der dort jeweils wehende Wind besaß durchaus psychologische Auswirkungen auf die Tätigkeit der PAW. Als man im Juni 1941 in den Krieg gegen die Sowjetunion eintrat, herrschte bei dem hohen Stab ein Gemütszustand, der vielleicht mit "gedämpftem Defaitismus und tiefverwurzeltes Unwohlsein" richtig charakterisiert ist. Man sah Napoleons Marsch auf Moskau, der gleichfalls am 22. Juni begonnen hatte. Dabei stellte man höchst bedenklich fest, daß Napoleons Armeen schneller vorangekommen waren und trotzdem dem russischen Winter zum Opfer fielen. Diese Vergleiche bestärkten die unheilsschwangeren Stabsahnungen. Zu berücksichtigen waren natürlich für die Propagandasoldaten auch noch die Weisungen aus Berlin. Diese kamen von verschiedenen Referaten bei OKW/WPR und unterschieden sich - vor allem, was die Einwirkung auf die russische Bevölkerung betraf - lebhaft von den Vorstellungen, die in den Ostabteilungen mancher Ministerien gehegt wurden. "Gewisse Herrenmenschen träumten noch bis in die sich anbahnende Katastrophe hinein." [401]

Ab Herbst 1943 war auch die letzte deutsche Überlegenheit, nämlich die im Äther, in Frage gestellt. "Der Feindsender ist stärker als der "Soldatensender Siegfried", hieß es im Monatsbericht der PAW vom 26.8.1943. [402]

1943 bestand die Propagandatruppe aus:

    21 Propagandakompanien des Heeres
    7 Heereskriegsberichterzügen und dem Heereskriegsberichterzug "Groß-Deutschland"
    8 Propaganda-Abteilungen für besetzte Gebiete
    8 Luftwaffen-Kriegsberichter-Abteilungen mit zusammen 25 Luftwaffenkriegsberichterzügen, dem LW-Kriegsberichterzug "Hermann Göring", 6-8 LW-Propagandazügen zur Truppenbetreuung.

3 Marine-Kriegsberichterabteilungen zu je drei Halbkompanien
1 selbständige Marinekriegsberichterkompanie Italien der
Kriegsberichtertruppe des Befehlshabers der U-Boot-, der
SS-Kriegsberichter-Standarte "Kurt Eggers",
der Propaganda-Einsatzabteilung
der Propaganda-Ersatzabteilung
der Propaganda-Ausbildungsabteilung
dem Propaganda-Gerätepark
der Ostpropaganda-Abteilung z.b.V.

Außerdem die Gesamtheit der Wehrmachtspropaganda-Offiziere und der Zensuroffiziere. Die Gesamtstärke der Propagandatruppen dürfte nach von Wedel 1943 15 000 Mann betragen haben.

Die Filmmengen, die bis etwa Mitte 1943 bei wöchentlich etwa 20 000 m lagen, stammten von

85 Filmberichtern des Heeres
42 Filmberichtern der Marine
46 Filmberichtern der Luftwaffe und
46 Filmberichtern der Waffen SS.

Bis einschließlich Oktober 1943 hatten die Propagandatruppen folgende Verluste:

	Gefallen vermißt	verwundet	gefangen
Führungspersonal	13	26	2
Wortberichter	133	146	13
Bildberichter	106	106	6
Filmberichter	62	57	4
Rundfunkberichter	45	36	2
Propagandisten	19	16	-
Dolmetscher	6	4	-
Kriegsmaler	5	4	-
Militärisches Personal	157	85	5
	546	480	32

[403]

Ein Kriegsberichter als Beispiel

Unter welchen Bedingungen arbeitete ein Filmberichter im 2. Weltkrieg
an der Front? Als Beispiel der Werdegang des Marinekriegsberichters
(Film), Leutnant Horst Grund, geboren 1915 in Berlin. Er hatte 1932
bei der Tobis als Volontär angefangen, war ab 1934 2. Kameraassistent
bei einer Reihe bekannter Regisseure, wie Steinhoff und Carl Froelich
tätig. 1936 wurde er zum Arbeitsdienst eingezogen, schon kurz danach
aber für Leni Riefenstahls Olympia-Film freigestellt. Wieder im Spiel-
film-Atelier als Kamera-Assistent bei Filmen wie "Capriolen" und
"Mustergatte", im November 1937 zur Wehrmacht und zwar zur Heeres-
Beobachtungs-Abteilung in Görlitz eingezogen, nach Grundausbildung
und Funkerlehrgang einer Schall-Batterie zum Gefreiten befördert,
bei Kriegsbeginn ab September 1939 erst in Polen, dann 1940 in
Frankreich im Einsatz. "Erst am 1. Januar 1941 wurde ich zur Propaganda-Kompanie der Marine nach Potsdam versetzt." Dort Kurzlehr-
gang als Kriegsberichter bei Oberleutnant Bohnen und Oberregierungsrat Eberhard Fangauf. Grund berichtet: "Am 22. April 1941 erhielt
ich als Filmberichter meine erste sogenannte Feuertaufe bei der Er-
stürmung und Eroberung des "Eisernen Tores". Mit Schlauchbooten ging
es über die Donau. Die Aufnahmen wurden mit einer Siemens -f mit
drei Schlitten, auf 16 mm gedreht. Am 31. Mai 1941 erhielt ich aus
München eine nagelneue Arriflex 35 mm und eine Askania Z mit Objek-
tiven von 600 mm, 400 mm, 300 mm, 200 mm und 125 mm. Über Konstanza-
Odessa landete ich am Ende des Jahres auf der Krim in Sinferopol
und übernahm dort den Trupp für den Kampf um Sewastopol, der dann
scheiterte. Am 1. Juli 1942 schlug ich mich mit einer Infanterie-
Einheit zum Hafen von Sewastopol durch. Von dieser Infanterieein-
heit wurde mir das Infanterie-Sturmabzeichen verliehen. Am 14. November erhielt ich "für hervorragende filmische Leistungen" vom
Oberbefehlshaber General von Manstein das EK I. überreicht."
Grund nahm anschließend im Rahmen eines Marine-Befehlszuges an
den Winterschlachten 1941/42 im Osten teil und wurde ab 22. Dezember
1942 nach Afrika versetzt zur 6. Flottille mit Standort Tunis-
Bizerta. Bei einem Angriff von sechs englischen Spitfires auf die
Flottille wurde Grund verwundet. "Nach einer Zwangspause in Lazaretten Kartago, Neapel, Landshut, Berlin und längerer Reparatur-
pause landete ich wieder auf der Insel Sizilien", schreibt Grund.

Die Amerikaner und Engländer waren gelandet. Der hinhaltende Widerstand begann. "Es war die Hölle." Und weiter: "Als es unerträglich wurde, zog ich mich mit meiner Kamera nach Reggio Calabria auf das Festland zurück und stellte mich mit meiner Filmkamera an eine Friedhofsmauer, laufend im Bombenhagel der feindlichen Flieger, auf jedes Fahrzeug wurde geschossen." Grund wurde nochmals durch Splitter verwundet. Nach Lazarettaufenthalt in Berlin kam er auf einen Flakkreuzer nach Wilhelmshaven. Er hatte die V 1 in Farbe aufzunehmen. Das war im Sommer 1944. Im August wurde er zu den Kleinkampfmitteln der Marine im Raum Lübecker-Bucht versetzt. "Im Auftrag des Führerhauptquartiers mußte ich einen Informationsfilm von den Kleinkampfmitteln der Marine, Einmann-Torpedo, Sprengboote mit den Namen Hecht, Molch, Hay, Bieber, in Farbe herstellen." Anfang 1945 stellte er den Film in Berlin am Schneidetisch fertig. Einige dieser Aufnahmen wurden dann in der Deutschen Wochenschau Nr. 5/1945, allerdings in Schwarzweiß, gezeigt. Grund erlebte das Kriegsende in Berlin. Es gelang ihm, sich der Gefangenschaft zu entziehen. [404]

Goebbels schaltet sich persönlich ein.

In die Gestaltung der Kriegswochenschauen hatte sich Goebbels von Anfang an eingeschaltet. In seinen Tagebucheintragungen vom 26. Januar 1942 heißt es in Zusammenhang mit den vergeblichen Winterkämpfen vor Moskau: "Es ist notwendig, solche Bilder dem deutschen Volke vorzuführen, damit es einerseits sich keinen Illusionen hingibt, andererseits aber auch an diesen Darstellungen feststellen kann, daß die Kriegsführung im Osten auch für den Gegner ihre Begrenzung findet und daß es keine Schwierigkeit und keine Ungemach gibt, das nicht am Ende durch menschliche Kraft überwunden werden kann."

Daß er persönlich an der Gestaltung der Wochenschau mitwirkte, beweist eine Eintragung vom 22.1.42. Dort heißt es: "Abends lasse ich die diesmal ohne meine Mithilfe zusammengestellte Wochenschau vorführen. Sie ist ganz vorzüglich geworden." Und am 2.2.42 notiert Goebbels: "Die Wochenschau ist eines von den ganz wichtigen Propagandamitteln, die wir augenblicklich im Krieg besitzen. Es kostet zwar jede Woche viel Mühe, die Wochenschau richtig zusammenzustellen, sie zu einem wirksamen Propagandamittel zu machen. Aber diese Arbeit lohnt sich."

Und fast zwei Jahre später, schon ein Jahr nach dem Fall von Stalingrad, und nach den schweren Bombenangriffen auf Berlin, am 28. November 1943 schreibt er: "Die Wochenschaubilder, die mir von Berlin gezeigt werden, sind unter aller Kritik. Man sieht nur schaurige Elendsbilder, von den Hilfsmaßnahmen ist nichts zu sehen. Ich habe aber die Absicht, aus der Schlacht um Berlin ein Heldenlied zu machen. Die Berliner verdienen das auch. Das ganze Reich schaut mit verhaltener Spannung auf die Reichshauptstadt, immer in der geheimen Befürchtung, daß sie den Belastungen nicht gewachsen wäre. Wir werden beweisen, daß diese Befürchtungen keine Begründung haben."
Aber nicht immer war Goebbels so optimistisch hinsichtlich seiner Möglichkeiten bei der Gestaltung der Wochenschau, zumal es auf den Kriegsschauplätzen seit Stalingrad nicht mehr vorwärts, sondern zurück ging. Am 25. Mai 1943 schrieb er: "Die neue Wochenschau ist noch halbwegs hingekommen. Das Problem der Wochenschau wird bei längerer Dauer des Krieges immer schwieriger. Man weiß nicht mehr, was man bringen soll." 405)

Und doch hatte man schon ein Jahr zuvor einen neuen, fast sensationellen Einfall gehabt. Man gedachte Frontaufnahmen für die Wochenschau in Farbe drehen zu lassen. Zwar gab es bereits seit Jahren das amerikanische Technicolor-Verfahren, weniger eine Farbphotographie, denn ein Farbdruck-Verfahren, für das drei Träger mit jeweils einer anderen farbempfindlichen photographischen Schicht benötigt wurden. Hiergegen hatten im Forschungslaboratorium der Agfa-Rohfilm-Fabrik in Wolfen (heute DDR) die Chemiker Wilmanns, Schneider und Kumetat ein neues Verfahren entwickelt, wonach es möglich wurde, auf ein Filmband die drei erforderlichen farbempfindlichen photographischen Schichten zu gießen. 1939 konnte man endlich mit der Fabrikation von größeren Mengen von Farb-Negativfilmen für die Filmindustrie beginnen. 1940 stellte die Ufa ihre ersten farbigen Kulturfilme und den Spielfilm "Frauen sind doch bessere Diplomaten" in Farbe her. Im gleichen Jahr wurden auch im besetzten französischen Gebiet, so in Paris, erste Farbaufnahmen, vermutlich von der Heeres-

filmstelle produziert. In diesem Zusammenhang sei erwähnt, daß alle
Wehrmachtsteile über eigene Filmstellen verfügten und diese Stellen
auch an den Fronten Aufnahmen für Lehrfilme herstellten.
Etwa 1942 erhielten eine Reihe von PK-Filmberichtern den Auftrag,
neben schwarzweiß auch in Farbe an den Fronten zu drehen, so u.a.
Walter Frentz, der Filmberichter im Führerhauptquartier, Hans Ertl,
Horst Grund, Hans Bastanier und Heinz Jaworsky. [406]
Als man befürchten mußte, daß auch die Chemiker der Agfa-Rohfilm-
fabrik zum Kriegsdienst eingezogen werden könnten, wurde Hitler auf
die Bedeutung dieser Erfindung und deren Weiterentwicklung aufmerksam gemacht. Er veranlaßte daraufhin, daß die Gruppe der Chemiker,
die an der weiteren Entwicklung der Farbfilmerfindung beteiligt
waren, vom Kriegsdienst verschont blieb. [407]
Zwar hatte Hans Bastanier im Sommer 1942 an der russischen Südfront
etwa 4000 m in Farbe gedreht (die noch im BA vorliegen). Auch Frentz
und G. Garms wurden 1942 aufgefordert, die Eroberung von Sewastopol
in Farbe zu drehen, aber die farbige Wochenschau ist nie herausgekommen.

Im Januar 1944 gab Goebbels über den Chefredakteur der "Deutschen
Wochenschau" jedoch die Anweisung, eine farbige Monatsschau für das
Ausland herzustellen. Diese Monatsschauen erhielten den Titel
"Panorama". Die Filmberichter, die für diese Monatsschau an der
Front zu drehen hatten, bekamen von OKW/WPR Anweisungen mit der
Bezeichnung "Farbbriefe". Horst Grund ist noch im Besitz der Farb-
briefe Nr. 2 bis Nr. 6. In Nr. 2 vom März 1944 heißt es: "Die Be-
lieferung von Farbfilm-Material kann naturgemäß nicht in der Menge
erfolgen, wie die Belieferung mit Schwarz-Weiß-Filmmaterial." Aus
diesem Grund sei ersichtlich, daß die Filmberichterstattung in
Schwarz-Weiß nach wie vor zu dem Aufgabengebiet des Farbfilmbe-
richters gehört. Das belichtete Farbfilmmaterial wurde vom Propagandaministerium getrennt vom Schwarz-Weiß-Filmmaterial gelagert.
Es wurde auch nicht bei Paul Tesch entwickelt, sondern in der Ufa-
Kopieranstalt für Farbfilme in Babelsberg. Im Farbbrief Nr. 3 vom
Mai 1944 wird gemahnt: "Bei Farbfilmaufnahmen müssen Schwenks besonders ruhig und langsam ausgeführt werden, da sonst Farbsäume auftreten, die eine Unschärfe auf der Leinwand bedingen." Und im August
1944 teilt Farbbrief Nr. 4 mit, die erste farbige Monatsschau werde

Anfang September fertiggestellt sein. In diesem Brief wird nochmals
betont: Nur die vom Filmstab OKW/WPR im Einvernehmen mit Fachprüfer
Film bestimmten Filmberichter seien berechtigt, Farbe zu drehen.
Daß es schwierig war, diese Monatsschau in Farbe herzustellen, beweist die Tatsache, daß nicht im September, sondern erst im November
1944 die erste Farbmonatsschau "Panorama Nr. 1" fertiggestellt war.
Im Farbbrief Nr. 5 vom November 1944 wird außerdem mitgeteilt, welche
Aufnahmen diese Monatsschau enthielt und wer sie gedreht hatte. Daraus geht hervor, daß nicht nur Aufnahmen von Kriegsberichtern verwendet wurden, sondern auch Bilder aus der Heimat, vermutlich um
das Ausland, für das diese Panoramen gedacht waren, zu beeindrucken.
Der Reihenfolge nach enthielt "Panorama Nr. 1" 67 m "Jugend als
Helfer auf Hof und Feld" (Aufnahme Koppe Deutsche Wochenschau),
75 m "Im Schachdorf Strobeck" (Aufn. Pahl - DW), 47 m "Gymnastikschule Medau" (Aufn. Sasse - DW), 85 m "Berlin im 5. Kriegsjahr"
(Aufnahme Kriegsberichter Jaworsky), 58 m "Bei einem Kosakenverband" (Aufn. Kriegsberichter Blaschke), 59 m "In einer Reparaturwerkstatt im Osten" (Aufn. Kriegsberichter Bastanier), 62 m
"Schnellboote laufen aus" (Aufn. Kriegsberichter Garms und Sonntag)
und "Die Schule der "Grünen Teufel" - Fallschirmjäger" (Aufn. Kriegsberichter Jaworsky). Diese erste Farbmonatsschau habe allseitig sowohl hinsichtlich der Farbfotografie, als auch in der Zusammenstellung gefallen, heißt es zusätzlich im Farbbrief Nr. 5. Leider könne
sie vorläufig nur im Ausland eingesetzt werden. Es werde aber versucht, eine beschränkte Kopienzahl auch im Reich zu zeigen. Es
sollten nun noch weitere Monatsschauen folgen. Die Farbfilmberichter werden zusätzlich gebeten, die Szenen nicht zu kurz zu
drehen. Das ungeübte Auge des Beschauers könne Farben und Inhalt
nicht so schnell erfassen. Und schließlich heißt es in diesem Farbbrief Nr. 5: Da die Farbmonatsschau einen weniger aktuellen Charakter trägt als die Wochenschau, und auch die längere technische Bearbeitung aktuelle Veröffentlichungen unmöglich mache, sei es unzweckmäßig, Bilder vom Frontgeschehen zu drehen, die nach 8-12
Tagen das Interesse der Öffentlichkeit verloren hätten. Es sei
daher notwendig, zusammenhängende und abgeschlossene Berichte zu
drehen, die nicht nur Kampfmomente zeigen, sondern auch Bilder vom
Leben der Soldaten, der Bevölkerung, z.B. - und jetzt erinnert diese Anweisung an diejenigen, die den Filmführern der Filmtrupps des

1. Weltkrieges gegeben wurden - "Pferdelazarett, Freizeitgestaltung, Herstellung und Erprobung neuer Waffen usw."

Im Farbbrief Nr. 6 teilt Fangauf mit, daß Panorama Nr. 2 im Laufe des Dezember 1944 fertiggestellt werde, daß Nr. 3 bereits in Arbeit sei. Für Nr. 4 und Nr. 5 würden noch Farbfilmberichte, insbesondere "Winterstories" benötigt. [408] Insgesamt sind vier Farbmonatsschauen dieser Serie erhalten geblieben.

Das klägliche Ende

Die Kriegswochenschauen waren bis November 1943 im Hauptgebäude der Ufa, im Zentrum von Berlin, in der Krausenstraße, fertiggestellt und synchronisiert worden. Als im November 1943 das Gebäude durch Bomben schwer beschädigt worden war, verlegte man die Wochenschauarbeit in den Keller und in Nebengebäude. Anfang Juni 1944 wurde die gesamte Wochenschauherstellung in die Nähe von Berlin, nach Buchhorst in Baracken verlagert. [409]
Inzwischen war der Chefredakteur der Wochenschau, Heinrich Roellenbleg bei Goebbels in Ungnade gefallen und durch den Journalisten und Kriegsberichter (Wort) Fritz Dettmann ersetzt. Dieser machte in einer Vorlage an das Ministerium keinen Hehl daraus, daß Schnittmeister und Kleberinnen die Wochenschaufertigstellung als "Knochenmühle" betrachteten, "in der zudem noch schlechtere Gehälter bezahlt würden als beim Spielfilm." Der an Haupt-Schnitt-Tagen geforderten "schärfsten Arbeitsweise" seien nur erstklassige Schnittmeister gewachsen. Dettmann bat, die Zahl der Schnittmeister auf vier zu erhöhen, da "der Auftrag des Herrn Reichsministers Dr. Goebbels, eine farbige Monatsschau im Rahmen der Redaktion der Inlandswoche" zusätzlich herzustellen, eine erhebliche Mehrbelastung bedeute. [410]

Es scheint nicht so, daß diese Bitte erfüllt wurde. Am 3. Februar 1945 wurde das Ufa-Hauptgebäude in der Krausenstraße völlig durch Bomben zerstört. Die Wochenschauarbeit in den Baracken von Buchhorst mußte nach einem Bericht des Schnittmeisters Stegemann nur noch mit einem Drittel des Personals geleistet werden. Die Länge der Wochenschau wurde auf 600 m, später auf 300 m reduziert. Von den Fronten, die nun nicht mehr im Feindesgebiet verliefen, ging nur noch wenig Filmmaterial ein. Mit der Nr. 10/1945 endete im März 1945 das Erscheinen der "Deutschen Wochenschau".

Hasso von Wedel schildert, die letzten Monate des Jahres 1944 und die ersten des Jahres 1945 hätten bereits im Zeichen des langsam beginnenden, aber sich rasch steigernden Abbaus der Propagandatruppen gestanden. Es hätte sich dabei ausgewirkt: der allgemeine Personalmangel der Wehrmachtsbestände an der Front, die Verkürzung der Fronten und die Verengung des gesamten Kriegsgebietes. Ob von Wedel auch Recht hat, wenn der "die Übersättigung des deutschen Volkes mit Kriegspropaganda" in diese Auswirkungen einbezieht, mag dahingestellt sein, denn Goebbels hat bis Ende März - man denke an seine Rede in Görlitz, wo er versichert, die neuen Divisionen würden nun in den Kampf wie in einen Gottesdienst gehen - eine Übersättigung von Kriegspropaganda nicht gelten lassen. Von Wedel schildert, der Personalmangel habe dazu geführt, alle irgendwie frontverwendungsfähigen Männer der kämpfenden Truppe zuzuführen. Damit sei auch eine weitere Einsparung bei den Kriegsberichtereinheiten und ein allmählicher Abbau der Einheiten erfolgt. Lediglich die "Propaganda-Standarte der SS Kurt Eggers" habe diesen allgemeinen Personalabbau nicht mitgemacht, sondern sie habe ihre Propaganda-Einheiten an der Front sogar verstärkt. Sie habe die Propagandatätigkeit bis zuletzt, trotz des allgemeinen Niedergangs, durchgeführt. In den letzten Wochen hätten sich die Propaganda-Einheiten selbst aufgelöst oder seien in Kriegsgefangenschaft gegangen. [411]

Schließlich wäre noch zu fragen, was wurde aus den riesigen Mengen von Filmaufnahmen und Fotos von den Fronten des 2. Weltkrieges? Nach Fangauf wurde Ende April versucht, einen Großteil der etwa 5 Millionen Meter Filmnegative der PK-Aufnahmen, die in den Rüdersdorfer Kalkbergwerken eingelagert waren, per Elbkahn nach Schleswig Holstein zu retten. Der Versuch mißlang. Das Schiff wurde durch Tiefflieger getroffen und sank. Die Negative, die noch in Rüdersdorf lagen, könnten durch die SS gesprengt worden oder durch die Unvorsichtigkeit russischer Soldaten in Brand geraten sein. Schließlich hatte es sich noch um Nitrozellulose gehandelt, das explosionsartig brennt. [412]

Nach Dieter Evers, dem letzten Fachprüfer Bild, gelang es, etwa
2 Millionen Bild-Negative bei Kriegsende nach Wiesbaden zu schaffen,
wo sie von amerikanischen Dienststellen übernommen und später der
Bundesrepublik ausgehändigt wurden. [413)]
Von den rund 5 Millionen Metern, die von den Propagandakompanien
und Luftwaffenberichtern, den Berichtern der SS und anderer Einheiten aufgenommen wurden, sind rund 300 000 Meter in den vom
1. September 1939 bis Mitte März 1945 veröffentlichten Kriegswochenschauen, "Der Deutschen Wochenschau" und der "Ufa-Auslands-Tonwochenschau" erschienen. Das wären etwa 6 Prozent der Gesamtmenge, die aufgenommen wurde. Immerhin aber sind dank der Vielzahl
von Kopien komplette Reihen der "Deutschen Wochenschau" den Siegern
in Ost und West in die Hände gefallen. Beim Bundesarchiv in Koblenz
liegt gleichfalls eine komplette Reihe der "Der Deutschen Wochenschau". Darüberhinaus liegen dort mehrere hundert Exemplare der
Ufa-Auslands Tonwoche. Für den Historiker, insbesondere den Filmgeschichtler, aber auch für Redakteure der Fernsehanstalten und
der Zeitschriften sind diese Reihen in den letzten Jahren immer
wieder wertvolle zeitgeschichtliche Fundgruben für Veröffentlichungen
gewesen. Man darf annehmen, daß sie das auch in Zukunft noch sein
werden.

Erläuterung von Abkürzungen

BA	=	Bundesarchiv
BA/MA	=	Bundesarchiv - Militärarchiv
AA	=	Auswärtiges Amt
MAA	=	Militärische Stelle des Auswärtigen Amtes
KPA	=	Kriegspresseamt
OHL	=	Oberste Heeresleitung
OHLA	=	Auslandsabteilung der Obersten Heeresleitung
RMA	=	Reichsmarineamt
Gr.H.Qu	=	Großes Hauptquartier
KM (pr.KM)	=	Kriegsministerium (preußisches)
BKM	=	Bayerisches Kriegsministerium
ZfA	=	Zentralstelle für Auslandsdienst
DLG	=	Deutsche Lichtbild-Gesellschaft (später Deulig)
i.G.	=	(Offizier) im Generalstab
SMS	=	Seiner Majestät Schiff = die Kriegsschiffe der kaiserlichen Marine
RMVuP	=	Reichsministerium für Volksaufklärung und Propaganda
OKW	=	Oberkommando der Wehrmacht
OKW/WPR	=	OKW-Wehrmachtspropaganda (Organisation der Zusammenarbeit von OKW und Propagandaministerium, der die Propagandakompanien unterstand)
PK	=	Propaganda-Kompanie
LWKBK	=	Luftwaffenkriegsberichterkompanie

Auf der Filmliste das B vor der Nr. der Nachzensur bedeutet, daß die Zensur in der Berliner Zensurstelle erfolgt ist. M würde bedeuten in München.
Die Zensurangaben der 20er Jahre sind ermittelt durch die Liste deutscher Filme von Günther oder durch die der Reichsfilmstelle. Diese Zensurdaten sind gekennzeichnet durch G oder durch Rfst. u. G.

Verzeichnis der Quellen

Bundesarchiv-Militärarchiv, Freiburg
Akten des Reichsmarineamtes 1915 - 1918 RM 3/v 9901
Nachlaß Hans von Haeften, NL 35/4-6

Bundesarchiv, Koblenz
Akten-Bestand R. 109 I (Ufa-Akten)
Reg. Bestand Az. 5131/1 Denkschrift Eberhard Fangauf v. 14.6.1956
Nachlaß General Schwertfeger NL. 119

Politisches Archiv, Bonn
Akten der Auslandsabteilung der Obersten Heeresleitung, P 6 d. Bd. 1-2

Bayerisches Hauptstaatsarchiv, Abt. IV, München
Bestand Mkr. 235-236 "Photographische und kinematographische Aufnahmen von Truppen und militär. Gegenständen 1912-1919"
" Mkr. 13864 "Handhabung der Zensur. 9.6. - 6.7.1915
" Mkr. 2330-2336 "Stimmung in Heer und Heimat 1.2.1916-1918
" Mkr. 17144 Ref.Akten "Pressebesprechungen bei d. Oberzensurstelle, Berlin".

(Die Akten des preußischen Heeres, die eigentlich als Quellen für diese Arbeit hätten dienen müssen, sind im Heeresarchiv Potsdam im April 1945 durch Feindeinwirkung vernichtet worden.)

Akten-Editionen
Willi Boelcke "Kriegspropaganda 1939-41"
u."Wollt ihr den totalen Krieg"
Protokolle der geheimen Ministerkonferenzen im Reichspropagandaministerium
Wilhelm Deist "Militär und Innenpolitik im Weltkrieg 1914-1918"
Hans Traub "Auszüge aus Heeresakten" aus den Jahren 1916-1918.
Fragment des Manuskriptes in Ablichtung.

Anmerkungen

1) Matthias Erzberger "Erlebnisse im Weltkrieg", Stuttgart-Berlin, 1920, S. 7
2) Otto Hammann "Bilder aus der letzten Kaiserzeit", Berlin 1922, S. 125
3) Erich Ludendorff "Meine Kriegserinnerungen 1914-1918", Berlin 1922, S. 301
4) Walter Nicolai "Nachrichtendienst, Presse und Volksstimmung im Weltkrieg", Berlin 1922, S. 72
5) Walter Vogel "Die Organisation der amtlichen Presse- und Propagandapolitik des deutschen Reiches", Berlin 1941, S. 28 ff
6) Otto Hammann, S. 113
7) Fritz Fischer "Griff nach der Weltmacht", Düsseldorf 1962, S. 184
8) Otto Hammann, S. 125
9) BA/MA RM 3/v 9901 Schreiben des pr. Kriegsministers an Reichskanzler v. 25.8.1916
10) Lotte Eisner "Lumière - der Begründer des Dokumentarfilms" Vortrag vor den VII. Westdeutschen Kurzfilmtagen, Oberhausen 1962
11) Joseph Goebbels "P.K." in "Das Reich", Nr. 20, 1941
12) Emilie Altenloh "Zur Soziologie des Kinos" Jena 1914, S. 14
13) Viktor Noack "Die soziale Bedeutung des Kinematographen" in "Das freie Wort" Jhrg. 9, Frankfurt a.M. Dez. 1909
14) Griebel (Regierungsrat) "Die Kinematographenzensur" in "Das Land Nr. 14", Berlin 1913
15) Gerhard Lamprecht "Deutsche Stummfilme" Bd. 1 Berlin 1969
16) Emilie Altenloh, S. 67 ff
17) Alexander Jason "Handbuch der Filmwirtschaft" Berlin 1930, S. 61
18) Karl Wolffsohn "Jahrbuch der Filmindustrie", Berlin 1925, S. 15
19) Viktor Noack, S. 58
20) Emilie Altenloh, S. 16
21) Gerhard Lamprecht, S. 5
22) Pathé-Katalog von 1908 für Deutschland, Berlin 1908
23) Emilie Altenloh, S. 10
24) Karl Wolffsohn, S. 15
25) Jost van Renning "Die gefilmte Zeitung", München 1956, S. 29 ff
26) Messter-Inserate in "Der Kinematograph", LVB u.a. Berlin 1912-14
27) Karl Wolffsohn, S. 19
28) Oskar Kalbus "Abriß einer Geschichte der deutschen Lehrfilmbewegung" in Beyfuss-Kossowsky "Das Kulturfilmbuch", Berlin 1924, S. 5
29) "Bild und Film", II. Jahrg. 1913/14
30) "Licht-Bild-Bühne" Nr. 63/64, Berlin, Jahrg. 1909, S. 707
31) Heinrich Fraenkel "Unsterblicher Film", I. Teil, München 1956, S. 382
32) Gerhard Lamprecht, 1. Bd. S. 109, 103, 149
33) Karl Wolffsohn, S. 16 ff
34) Emilie Altenloh, S. 76 ff
35) Eugenie Marlitt - 1825-1887, beliebte Schriftstellerin, deren Romane in Gefühlsseligkeit und falscher Romantik schwammen
36) Reichshandbuch der deutschen Gesellschaft, Berlin, 1930
37) J.J. Weber, Leipzig, Wirtschaftspolitische Abteilung, Sitzungsbericht des Ausschusses zum Studium der Frage einer

deutschen Film- und Lichtbilder-Vortragspropaganda im Ausland" vom 6. April 1916, S. 10 ff
38) G.A. Fritze "Die Kinematographie im Dienste der Industrie" in "Bild und Film" III 6 1913/14, S. 124 ff
39) J.J. Weber, Sitzungsbericht vom 6.4.16, S. 16 ff
40) Eberhard von Vietsch "Der Kriegsausbruch 1914 im Lichte der neuesten Forschung" in "Geschichte in Wissenschaft und Unterricht" Heft 196, Stuttgart 1965, S. 481
41) J.J. Weber, Sitzungsbericht, S. 16 ff
42) "Der Kinematograph" Nr. 648 v. 4.6.1919
43) desgl. Nr. 407 v. 14.10.1914
44) Fritz Terveen "Die Anfänge der deutschen Filmkriegsberichterstattung in den Jahren 1914-1916" in "Wehrwissenschaftl. Rundschau" 6 Jhg., Juni 1956, S. 318
45) Kurt Koszyk "Deutsche Pressepolitik im 1. Weltkrieg", Düsseldorf 1968, S. 240 ff
46) desgl. S. 241
47) desgl. S. 242
48) desgl. S. 244-245
49) BA/MA RM 3/ v 9901 Schr.ZfA - Schumacher an RMA v. 20.10.1915
50) Isaaksson u. Fuhrman "Politik und Film", Ravensburg 1974, S. 11
51) Walter Vogel, S. 27 ff
52) "Der Film" Nr. 1/1916, S. 22 (auch in anderen Filmfachblättern)
53) Dollinger-Jacobsen "Der erste Weltkrieg in Bildern und Dokumenten", Wiesbaden 1965, S. 206, S. 214
54) Wilhelm Deist "Militär und Innenpolitik im Weltkrieg 1914-1918" Düsseldorf, 1970, S. 271, Dok. 119
55) desgl. S. 273 (Fußnote)
56) Dollinger-Jacobsen, S. 142
57) Albrecht von Thaer "Generalstabsdienst an der Front und in der OHL", Göttingen, 1953, S. 52
58) desgl. S. 64
59) Neue Preußische (Kreuz) Zeitung vom 13. März 1916
60) Bayer. Hauptstaatsarchiv Abt. IV. Mkr. 2330. BKM.Schr. v. 1.2.1916
61) desgl. Schr. des K.Min.d.Innern v. 5.2.1916 an KM. Frh. v. Kress.
62) desgl. Aktennotiz vom 29.7.1916
63) desgl. Schr. an Bayer.KM v. 16.2.16
64) Wilhelm Deist. Dok. 128 Schr. pr.KM an Md.I. v. 2.3.1916
65) Bayer. Hauptstaatsarchiv Abt. IV. Mkr. 2330 B.Mil.Bevollm. in Berlin, Schr. v. 16.2.1916 an BKM
66) desgl. Schr. Pfarrer Lederer an BKM v. 18.2.1916
67) Neue Preuß. (Kreuz) Zeitung v. 18.3.1916
68) desgl. v. 20.3.1916
69) desgl. v. 15.3.1916
70) desgl. v. 18.3.1916
71) desgl. v. 22.3.1916
72) Bayer.Hauptstaatsarchiv Abt. IV. Mkr. 2330. Schr.M.d.I. v. 24.3.1916
73) desgl. Mkr. 13864. "Handhabung der Zensur". Denkschr. v. 30.6.1915
74) Neue Preuß. (Kreuz) Zeitung v. 20.3.1916
75) desgl. v. 22.3.1916
76) BA/MA RM 3/v 9901. J.J. Weber. Sitzungsbericht des "Ausschusses zum Studium der Frage einer deutschen Film- u. Lichtbilder-Vortragsprop. im Ausland" v. 6. April 1916
77) desgl.

78) desgl. Schr. des Ausschusses an das Ausw.Amt v. 3.8.1916
79) Fritz Fischer "Krieg der Illusionen". Düsseldorf, 1969, S. 53, 154, 394
80) Wilhelm Deist "Militär u. Innenpolitik" Bd. I Dok. 128-129, S. 302 u. 306
81) Pol.Archiv. P 6 d. Bd. 2. Aufzeichnung KPA Deutelmoser v. 16.6.1916
82) desgl. Gen.Stab d. Feldheeres. III b. Sitzungsbericht v. 20.6.1916
83) desgl. AA. Sitzungsbericht Gen.Konsul Thiel v. 2.7.1916
84) Wilhelm Deist. Dok. 131, S. 313 (Protokoll Besprechung Kulturbund) 21.6.1916
85) Polit.Archiv P 6 d. Bd. 1. Gen.Stab. d FH. III b am 6.7.1916 an AA
86) Wilhelm Deist, Bd. 1 Einleitung, S. LVI.
87) Friedrich Meinicke, "Preußisch-deutsche Gestalten und Probleme", Leipzig 1940, S. 175. "Hans von Haeften"
88) Polit.Archiv. P 6 d. Bd. 1. Gen.St.d.FH. III b an AA, 6.7.16
89) desgl. Aufzeichnung v. Mumm v. 11.8.16
90) desgl. Gen.St.d.FH III b Protokoll d. Besprechung v. 10.7.16
91) desgl. Arbeitsplan für die Mil.Stelle des AA, v.Haeften, 12.7.16
92) desgl. AA v. Mumm an Staatssekretär v. 11.7.16
93) desgl. von Mumm an Staatssekretär am 12.7.16
94) desgl. von Mumm an Reichskanzler am 15.7.16
95) desgl. Chef d. Admiralstabs an AA am 22.7.16
96) desgl. Aufzeichnung Gen.Konsul Thiel v. 14.10.16
97) BA Nachlaß General Schwertfeger, Nr. 504, S. 51. Zitat aus einem Schreiben Deutelmosers vom 16.5.1918
98) BA/MA RM 3/v 9901. Schr.d.pr.KM an Chef des Gen.St.d.FH v. 23.6.1916
99) desgl. Reichsmarineamt an Messter-Film am 8.7.16
100) desgl. Schr. Messter an RMA und Aktennotiz Wittmann v. 20.7.16
101) desgl. Schr.pr.KM v. Wrisberg an Chef d.GenStabes v. 14.7.16
102) desgl. Schr. pr.KM v. Wrisberg an AA und ZfA v. 18.7.16
103) Hans Traub Auszüge aus Heeresakten, S. 17
104) Sascha-Film "30 Jahre Sascha-Film", Festschrift, Wien 1948
105) Hans Traub Schr.v.Oppenheim v. 27.7.16, S. 15
106) Handbuch der deutschen Gesellschaft 1931 (s.a. Guratsch "Macht durch Organisation", Köln, 194, S. 176
107) Hans Traub, S. 17
108) BA/MA RM 3/v 9901 Schr.d.pr.KM, v.Wandel an Reichskanzler v. 25.8.16
109) "Der Kinematograph" v. 11.10. u. 17.10.1916
110) Hans Traub, S. 38. Altmann an AA am 8.10.16
111) desgl. S. 39, Aktennotiz Thiel v. 1.11.1916
112) desgl. S. 13. Notiz v. 27.12.1916
113) desgl. S. 43/44
114) desgl. S. 20. Oppenheim am 9.11.16 an AA
115) desgl. S. 2
116) desgl. S. 70
117) BA/MA RM 3/v 9901 Schr.d.Eiko-Film an RMA v. 14.5.1915
118) desgl. Messterfilm an RMA am 10.7.15, Antwort RMA v. 13.7.15
119) desgl. ZfA an RMA v. 13.10.1915
120) desgl. ZfA v. Mumm an RMA von Tirpitz am 10.12.1915
121) desgl. Pr.KM von Wrisberg an Chef des Gen.St.d.FH v. 14.7.1916

122) desgl. Schr. AA an RMA v. 9.8.16 mit Sitzungsbericht vom 29.7.16
123) Hans Traub "Auszüge aus Heeresakten", S. 10, Schumacher an Konsul Cremer 29.7.16
124) Hans Traub, S. 13, Tel. Nicolai, Schr. v. Braun v. 5.8.16
125) BA/MA RM 3/v 9901 Schr.pr.KM v. Wrisberg an AA v. 8.8.16
126) desgl. pr.KM v. Wandel an Reichskanzler v. 25.8.16
127) desgl. Schr. v. Hentig an RMA v. 8.11.16 u. Sitzungsbericht v. 11.9.16
Nach den Erinnerungen seines Sohnes, Werner Otto von Hentig, war von Hentig 1899 als Staatsminister des Fürsten Coburg-Gotha nach Gotha berufen worden. Etwa 1906 war er nach Berlin zurückgekehrt, wo er wieder als Anwalt tätig war.
128) Hans Traub, S. 21
129) BA/MA RM 3/v 9901 Rundschr.pr.KM v. 12.10.1916
130) Erich Ludendorff "Meine Kriegserinnerungen 1914-18", Berlin 1922, S. 301
131) Polit.Archiv P 6 d Bd. 1. Schr. v. Mumm an Staatssekretär v. 13.9.1916
132) desgl. Aktennotiz Gen.Konsul Thiel v. 12.9.1916
133) desgl. Chef d. Gen.St.d.FH. an AA v. 9.1.1917
134) desgl. MAA von Haeften an Nachr.Abt. d. AA v. 20.1.1917
135) desgl. Aufzeichnung Deutelmoser v. 7.4.1918 für Staatssekretär
136) Hans Traub, S. 68/69
137) Bayer. Hauptstaatsarchiv Abt. IV. Mkr. 236 Rundschr. pr.KM v. 30.1.1917
138) Dr. Wagner "Das Bild- und Filmamt und seine Aufgaben", Berlin 1917 (KPA) und persönl. Unterrichtung durch den ehemal. Filmführer Wilhelm Riegger
139) BA/MA RM 3/v 9901 Schr. des Ausschusses vom 14.9.16 an AA u. RMA
140) desgl. handgeschr. Aktennotiz Wittmann v. 27.9.16
141) desgl. DLG Rundschr. v. 14.12.1916
142) Dankwart Guratsch "Macht durch Organisation", Köln 1974, S. 89
143) BA/MA RM 3/v 9901 Schr. Ausschuß (Schumacher) an AA v. 15.11.1916
144) Ludwig Bernhard "Der Hugenberg-Konzern". Berlin 1928, S. 58 u. 7
145) Dankwart Guratsch. S. 113-114, 127
146) Dirk Stegmann "Die Erben Bismarcks", Köln 1970, S. 450
147) DLG "Der Film im Dienst der nationalen und wirtschaftlichen Werbearbeit", Berlin 1916
148) Dankwart Guratsch, S. 85
149) Ludwig Bernhard, S. 74
150) Hans Traub, S. 84
151) BA/MA Ranglisten der Reichsmarine 1914-1916
152) Dankwart Guratsch, S. 167
153) BA/MA RM 3/v 9901 Schr. d. DLG an RMA Admiral v. Capelle v. 18.5.1917
154) desgl. RMA an DLG und Rundschr. RMA v. 16.6.1917
155) desgl. RMA an BUFA am 17.8.1917
156) desgl. Bufa an RMA am 22.8.1917
157) desgl. RMA an DLG Schr. v. 20.9.1917 (Anregungen für Aufnahmen)
158) desgl. Sanitätsamt der Marine an RMA (Antwort auf Rundschr.) am 15.8.17
159) desgl. Kommando der Hochseestreitkräfte an RMA am 3.11.1917
160) desgl. RMA an Kdo.d.Hochseestreitkräfte Wilhelmshaven am 16.11.1917

161) desgl. Rundschr.pr.KM v. 5.3.1917
162) desgl. KM Sitzungsbericht betr. Sitzung v. 13.3.17
163) "Der Kinematograph" Nr. 509 v. 27.9.1916
164) BA/MA RM 3/v 9901. Sitzungsbericht v. 13.3. und Schr.KM v. 22.3.1917
165) Hans Traub, S. 19
166) desgl., S. 82
167) Neue Preuß. (Kreuz) Zeitung v. 2.5.1917
168) Wilhelm Deist "Militär u. Innenpolitik" Bd. 2, S. 809
169) desgl. S. 824 und S. 839
170) Hans Traub, S. 120
171) desgl. S. 86
172) Bayer. Hauptstaatsarchiv Abt. IV. Mkr. 2334. MAA/Bufa an BKM am 18.8.17 u. AN.
173) Hans Traub, S. 42, 71 und 78
174) desgl. S. 74
175) BA Bestand R. 109 I 128/129
176) Hans Traub, S. 126/127
177) desgl. S. 145
178) desgl. S. 155
179) desgl. S. 164
180) desgl. S. 164
181) Hans Traub, Auszüge aus Heeresakten, S. 174
182) Reichstags-Drucksache 1201 vom 28.11.1917. Anfrage 286
183) Hans Traub, S. 214 v. 6.9.1917
184) Bayer. Hauptstaatsarchiv Abt. IV. Mkr. 2335 Aktennotiz von Sonnenburg v. 31.10.17
185) desgl. Mkr. 2335 Rundschr.d.pr.KM v. 7.11.17
186) Hans Traub Auszüge, S. 170
187) Michael Töteberg "Heartfield" Reinbeck 1978, S. 16 und Wieland Herzfelde "John Heartfield" VEB-Berlin 1961, S. 15 ff
188) Wieland Herzfelde, persönlicher Brief an Verfasser v. 30.6.1978
189) Hans Traub, S. 185
190) Bild- und Filmamt "Filmliste Nr. 1" Berlin 1917
191) Hans Traub, S. 71
192) desgl. S. 72
193) desgl. S. 15
194) desgl. S. 75
195) desgl. S. 75
196) "Der Kinematograph" Nr. 549 v. 4.7.1917, Bericht der ersten Hauptversammlung der DLG im Hotel Adlon, Berlin
197) desgl. Nr. 553 v. 1.8.17 und 556 v. 22.8.17
198) Hans Traub S. 75-77
199) desgl. S. 85
200) Bayr.Hauptstaatsarchiv Abt. IV. Mkr. 236. Schr. Münchner Polizeidirektors
201) "Der Kinematograph" Nr. 553 v. 1.8.17
202) Bayer.Hauptstaatsarchiv Abt. IV. Mkr. 236 b. KM an St.Min.d. Innern u. Pol.Dir. v. 26.6.1917
203) desgl. Mkr. 236, Aktennotiz v. Sonnenburg v. 28.7.1917
204) Hans Traub, S. 77 (MAA an AA md.B. um Anweisungen gez. Haeften)
205) desgl. S.85
206) desgl. S.88
207) desgl. S. 115-117
208) desgl. S. 87

209) Bayer.Hauptstaatsarchiv Abt. IV. Mkr. 2334. Akt.Verm. v. Sonnenburg v. 29.8.1917
210) desgl. Mkr. 2336 Besprechung MAA u. AOK-Offiziere am 7.11.17, S. 13 ff
211) desgl. Mkr. 2334 Schr. d. BKM an Bufa v. 5.9.1917
212) desgl. Mkr. 2334 Akt.Verm. v. 29.8.17 u. Schr. an BKM v. 17.9.17
213) desgl. Mkr. 2334 Schr. MAA/Bufa an BKM v. 17.9.17 u. Anlage Schr.d.stellv.Gen.Kdo. d. VII.AK an Prov.Verbd. d. Kinematogr. für d. Rheinland
214) desgl. Mkr. 236 MAA/an Reichskanzler u. sämtl. Reg. am 15.9.1917
215) desgl. Mkr. 236 pr.KM an BKM v. 5.11.17
216) desgl. Mkr. 236 Rundbrief des bayr.KM v. 16.11.17
217) desgl. Mkr. 236 Aktennotiz v. Sonnenburg v. 15.12.17
218) desgl. Mkr. 236 Aktennotiz v. Sonnenburg v. 19.12.17
219) Fritz Fischer "Griff nach der Weltmacht", Düsseldorf, 1962, S. 517
220) Dollinger-Jacobsen, S. 298 u. 274-75
221) Karl Demeter "Die Entwicklung des deutschen Films zu einem Faktor der Weltpolitik und Weltwirtschaft", Archiv f. Politik u. Geschichte, Berlin, 1925
222) Hans Traub, S. 221/222
223) desgl. S. 220
224) desgl. S. 219 (L.39/MAA 234)
225) BA/MA RM 3/v 9901 Rundschr. KM v. Stein v. 14.1.18
226) desgl. Pr.KM am 8.2.18 an RK u. Sitzungsbericht v. 30.1.18
227) desgl. Reichskanzler an RMA am 12.3.18
228) BA/MA Nachlaß von Haeften Nr. 35
229) BA/MA RM 3/v 9901 Rundschreiben prKM v. 28.2.18
230) Hans Traub S. 186
231) desgl. S. 182
232) desgl. S. 186
233) desgl. S. 196
234) desgl. S. 191
235) desgl. S. 189
236) BA/MA RM 3/v 9901 Sitzungsbericht v. 30.1.18
237) Hans Traub, S. 167
238) desgl. S. 182
239) BA Bestand R. 109 I 169 u. 681
240) Bayer. Hauptstaatsarchiv Abt. IV. Mkr. 2352 Inspektion d. Ing.Korps v. 13.7.18
241) desgl. Mkr. 2352 Telegramm Ludendorff v. 13.2.1918
242) Dollinger-Jacobsen, S. 377 ff
243) Hans Traub, S. 222
244) "Der Kinematograph" Nr. 589 v. 17.4.18
245) Erich Ludendorff "Urkunden der Obersten Heeresleitung", Berlin 1922, S. 282
246) desgl. S. 287
247) Polit. Archiv P. 6 d Bd. 2. Aufzeichnung Deutelmoser v. 31.3.18
248) desgl. Deutelmoser am 7.4.18
249) desgl. Deutelmoser am 12.4.18
250) desgl. Gr.H.Q. an AA am 31.5.18
251) "Der Kinematograph" Nr. 594 v. 22.5.18 u. Nr. 595 v. 29.5.18
252) desgl. Nr. 597 v. 12.6.18

253) Hans Traub, S. 200
254) BA/MA RM 3/v 9901 Rundschr. pr.KM v. 6.8.18
255) "Der Kinematograph" Nr. 600 v. 3.7.18
256) Erich Ludendorff "Urkunden der Obersten Heeresleitung" S.283
257) BA/MA Nachlaß von Haeften Nr. 35/4 "Erlebnisse 1918", S. 21 ff
258) BA Nachlaß Schwertfeger Nr. 20/21
259) Dollinger-Jacobsen S. 388, Fritz Fischer "Griff nach der Weltmacht", S. 843 ff
260) BA/MA Nachlaß Haeften, S. 31 ff
261) desgl. S. 100 ff
262) BA/MA RM 3/v 9901 Rundschr. KM v. 31.8.18
263) desgl. Reichskanzler an Kriegsminister v.20.9.18
264) Hans Traub, S. 202
265) "Der Kinematograph" Nr. 602 v. 17.7. u. Nr. 604 v. 31.7.1918
266) desgl. Nr. 608 v. 28.8.1918, s.a. Lamprecht Bd. 1918, S. 330
267) Hans Traub, S. 217
268) Polit.Archiv P 6 d. Bd. 2, von Stumm an Dr. Solf. v. 12.10.18
269) Hans Traub, S. 211
270) desgl. S. 212
271) Hans Traub, S. 107
272) desgl. 106
273) BA/MA Nachlaß Haeften S. 15 ff
274) desgl. S. 107
275) Hans Traub, S. 108
276) desgl. S. 108
277) Bild- und Filmamt "Der Propagandafilm und seine Bedingungen", Berlin 1917
278) Gerhard Lamprecht "Deutsche Stummfilme" Bd. 1917-18, Berlin 1969, und Zensur-Veröffentlichungen (siehe Filmliste im Anhang)
279) Hans Traub, S. 185
280) Franz Seldte "Vor und hinter den Kulissen", Leipzig 1931, S. 81 ff
281) Wilhelm Riegger "Briefe aus Palästina" (Manuskript) 1918
282) Wilhelm Riegger im persönlichen Gespräch mit dem Verfasser (s.a. NDR-Filmportrait von Wilhelm Riegger von 1980)
283) Hans Traub, S. 180
284) desgl. S. 185
285) desgl. S. 186
286) desgl. S. 189
287) desgl. S. 195
288) desgl. S. 196
289) desgl. S. 199
290) desgl. S. 200
291) Reichstagsdrucksache I. Wahlperiode 1920-22, Nr. 3737 v. 9.3.22
292) Oskar Kalbus "Der deutsche Lehrfilm in Wissenschaft und Unterricht", Berlin 1922, S. 46
293) Licht-Bild-Bühne März 1926, Zitat nach Heinrich Fraenkel "Unsterblicher Film", I. Teil, S. 419
294) Dr. jur. Leonhard Böttger, Schr. v. 22.1.1963 u. v. 25.2.1963 an den Verf.
295) Oskar Kalbus, S. 29
296) Ernst Krieger "Der staatl. geförderte Propaganda- u. Lehrfilm", Berlin 1919, S. 48
297) Oskar Kalbus, S. 35

298) Karl Wolffsohn "Die Reichsfilmprüfung", Berlin 1922
299) BA R 109 I. 169
300) Reichstagsvorlage 3737, 1922
301) Ufa-Magazin-Sondernummer "Der Weltkrieg", 1927, Berlin
302) BA R 109 I. 1026 Protokoll Nr. 1 v. 5.4.1927
303) desgl. Protokoll Nr. 12 v. 21.4.27
304) desgl. " Nr. 17 v. 27.4.27 und Nr. 20 v. 30.4.27
305) desgl. " Nr. 131 v. 9.9.27
306) desgl. " Nr. 104 v. 9.8.27
307) desgl. " Nr. 116 u. 109 v. 23.8. u. 15.8.27
308) desgl. " Nr. 143 v. 23.9.27
309) desgl. " Nr. 128 v. 6.9.27
310) desgl. " Nr. 176 v. 1.11.27
311) desgl. " Nr. 337 v. 18.6.28
312) desgl. " Nr. 315 v. 7.5.28
313) desgl. " Nr. 230 v. 6.1.28
314) Gerhard Lamprecht "Deutsche Stummfilme", Berlin 1968, Bd. 1927, S. 241
315) BA R 109 I. 1026. Ufa-Vorstands Prot.Nr. 137 v. 16.9.27
316) "Film und Volk" Organ des Volksfilmverbandes Febr. 28-März 30 Reprint Verlag Gaehme-Henke, Köln, S. 30
317) Beihefte der Reichsstelle für den Unterrichtsfilm Nr. 204, 206, 207/1939, W.Kohlhammer Verlag, Stuttgart u. Berlin
318) BA "Hitlers Aufruf an das deutsche Volk vom 10. Februar 1933". Film und Begleitheft Institut für den wissenschaftlichen Film, Göttingen G 126/70
319) BA Reg.AZ. 5131/1. Denkschrift Eberhard Fangauf vom 14.6.1956, S. 13-14
320) BA Reg.AZ. 5131/1. Fangauf, S. 6 ff
321) BA Film "Der Tag von Potsdam" u. Wochenschauen zum 21. März 1933, dazu Filmkurier Nr. 69 v. 21.3.1933
322) Gert Albrecht "Nationalsozialistische Filmpolitik",Stuttgart 1969, S. 12
323) BA R 109 1026-1034 Ufa-Vorst.Protokoll Nr. 905 v. 29.3.33
324) Gert Albrecht, S. 15
325) desgl. S. 14
326) BA R 109 Protokoll Nr. 910 v. 25.4. u. 916 v. 19.5.33
327) Gert Albrecht S. 16
328) Licht-Bild-Bühne v. 29.4.1933
329) Gert Albrecht, S. 21
330) desgl. S. 22
331) desgl. S. 27
332) BA R 109/1026 Ufa-Vorst.Prot. Nr.   v. 14.5.35
333) desgl. Protokoll Nr. 926 v. 23.6.33
334) desgl. Prot. v. 11.7.35
335) mündl. Bericht Katzke, auf Tutzinger Tagung März 1980
336) BA R 109/1026 ff Prot. Nr. 1179 v. 26.8.36
337) BA Reg. 5131/1 Denkschrift Fangauf
338) Hasso von Wedel "Die Propagandatruppen der deutschen Wehrmacht", Neckarsgmünd 1962, S. 17 ff
339) BA R 109 Protokoll Nr. 1187 v. 6.10.36
340) BA R 2/4799 Schr. Dr. Winkler an Klitzsch v. 17.3.1937
341) BA R 109 Protokoll Nr. 1311 v. 20.5.1938
342) BA R 109 Protokoll Nr. 1322 v. 20.7.38
343) BA Reg. 5131/1 Fangauf-Denkschrift, S. 12 ff
344) Willi Boelcke "Kriegspropaganda 1939-41", I. Stuttgart, 1966, S. 127

345) Hasso von Wedel, S. 28
346) desgl. S. 20 ff und Willi Boelcke, S. 128
347) BA R 109 Prot. 1321 v. 13.7.38
348) desgl. Prot.Nr. 1358 v. 8.3.39
349) desgl. Prot.Nr. 1314 v. 14.6.38
350) desgl. Prot.Nr. 1340 v. 8.11.38
351) desgl.   "   1358 v. 8. 3.39
352) desgl.   "   1363 v. 13. 4.39
353) desgl.   "   1375 v. 30. 6.39
354) desgl.   "   1378 v. 25. 7.39
355) desgl.   "   1379 v. 2. 8.39
356) BA-Film "Ufa-Tonwoche 451/1939 "Hitlers 50. Geburtstag",
    s.a. Begleitheft Institut f.d. wissenschaftl. Film
    Göttingen, 1960
357) Institut für den wissenschaftl. Film, Göttingen, "Ufa-
    Tonwoche Nr. 451/1939 Hitlers 50. Geburtstag",
    Göttingen, 1960, S. 4 ff
358) Hasso von Wedel, S. 22
359) Willi Boelcke, S. 128
360) Günther Heysing "Die Wildente" - PK-Mitteilungsblatt für ehe-
    mal. PK-Angehörige. Nr. 24/1961, S. 48 ff Nr. 26, S. 48
361) "25 Jahre Wochenschauen der Ufa", Berlin 1943
362) BA R 109 Ufa-Vorst.Prot. 1387 v. 27.9.39
363) desgl. Prot. 1445 v. 5.2.1940
364) desgl. "   1436 v. 27.11.40
365) Hasso von Wedel, S. 37
366) BA R 109 Ufa-Vorstands-Prot. 1407 v. 16.3.40 und
    Fritz Hippler "Die Verstrickung", Düsseldorf 1981, S. 185
367) Hasso von Wedel, S. 46
368) "Die Wildente", Nr. 21/1959, S. 52
369) desgl. Nr. 28/1966, S. 55
370) "Der Deutsche Film" (Kleines Filmhandbuch für die Presse)
    Inland-Pressedienst der deutschen Filmvertriebsgesell-
    schaft, Berlin 1943, S. 10
371) Heysing "Die Wildente" Nr. 21/1959 S. 52 ff
372) Willi Boelcke, S. 314
373) "Die Wildente" Nr. 25/1963, S. 52
374) desgl. Nr. 26/1963, S. 152
375) Willi Boelcke, S. 345
376) Hasso von Wedel, S. 46
377) Willi Boelcke, S. 355
378) desgl. S. 377
379) desgl. S. 396
380) desgl. S. 407
381) Hasso von Wedel, S. 47 ff
382) "Der deutsche Film" (s. Nr. 53) 1943/44, S. 9 u. persönl.
    Kenntnis des Verf.
383) BA Az. 5112 Vermerk v. 19.10.55. - Gespräch Dr. Kohte-
    Schlizio-Roellenbleg
384) Horst Grund. Luftwa.Filmberichter. Freigabeliste 1940-43
385) Reichsfilmarchiv: Ministervorlage des Leiters R. Quaas von 1943
    Ablichtung beim Verf.
386) BA Az. 817 Verm.v. 19.10.55. Gespräch Dr. Kohte-Dieter Evers
    (Fachpr. Bild)
387) Willi Boelcke II "Wollt Ihr den totalen Krieg?", Stuttgart
    1967, S. 181

388) Hasso von Wedel, S. 54
389) Willi Boelcke II, S. 185
390) desgl.   II, S. 187
391) desgl.   II, S. 189
392) desgl.   II, S. 195
393) desgl.   II, S. 196
394) desgl.   II, S. 198
395) desgl.   II, S. 201
396) desgl.   II, S. 205
397) Hasso von Wedel, S. 58
398) "Die Wildente" Nr. 24/1961, S. 62
399) OKW/WPR "Die 12 Gebote für Filmberichter" (im Besitz von Horst Grund)
400) Hasso von Wedel, S. 63 ff
401) "Die Wildente" Nr. 24/1961, S. 4 ff
402) desgl. S. 20
403) Hasso von Wedel, S. 63 ff
404) Horst Grund, Düsseldorf, ehemals Luftwaffen-Filmberichter, Bericht an Verf.
405) Joseph Goebbels "Tagebücher", Zürich 1948 v. 22.1.42, 28.11.43, 22.1.42, 2.2.42, 19.3.42, 25.5.43
406) Filmberichter Walter Frentz, Horst Grund, G. Garms 1980 gegenüber dem Verf.
407) Walter Frentz 1939-1945 Filmberichter im FHQ gegenüber dem Verf.
408) OKW/WPR Farbbriefe Nr. 2 bis 6 von März bis Dez. 1944 (Besitz Grund), für die Nr. 5-6 zeichnete Fachprüfer Film - Fangauf - verantwortlich
409) Gert Stegemann, Cutter der "Deutschen Wochenschau" bis 1945, Brief v. Dez. 77
410) BA R 109 II. Vorl. 67. Ministervorlage vom (April?) 1944
411) Hasso von Wedel, S. 123 ff
412) Eberhard Fangauf (ehemals Fachprüfer Film) etwa 1961 mündl. geg. Verf.
413) BA Az. 817 Vermerk v. 19.10.55 Gespräch Dr. Kohte - Dieter Evers, letzter Fachprüfer Bild im Prop.Min.

Literatur
==================

Gerd Albrecht: "Nationalsozialistische Filmpolitik", Stuttgart, 1969

Erwin Ackerknecht: "Das Lichtspiel im Dienst der Bildungspflege", Berlin, 1918

Emilie Altenloh: "Zur Soziologie des Kinos", Jena 1914

Ludwig Bernhard: "Der Hugenberg-Konzern", Berlin 1928

Edgar Beyfuss und A. Kossowsky: "Das Kulturfilmbuch", Berlin 1924

Willi Boelcke (Hrsg.): "Kriegspropaganda 1939 - 1941 Geheime Ministerkonferenzen im Reichspropagandaministerium", Stuttgart 1966

Willi Boelcke (Hrsg.): "Wollt Ihr den totalen Krieg?" Die geheimen Goebbels-konferenzen 1939 - 1943, Stuttgart 1967

Hans Booms: "Die Novemberereignisse 1918", Geschichte in Wissenschaft. Unterricht Heft 10/1969

Wilfried von Bredow - Rolf Zurek: "Film und Gesellschaft in Deutschland", Hoffmann & Campe, Hamburg 1975

Gertraude Bub: "Der deutsche Film im Weltkrieg und sein publizistischer Einsatz" Berlin 1938

Wilhelm Deist: "Militär und Innenpolitik im Weltkrieg 1914 - 18", Düsseldorf Droste 1970

Karl Demeter: "Die Entwicklung des deutschen Films zu einem Faktor der Weltpolitik und Weltwirtschaft" in "Archiv für Politik und Geschichte", 5. Bd. 1925

Karl Demeter: "Das Reichsarchiv", Frankfurt 1969

Deutsche Lichtbild-Gesellschaft e.V.: "Der Film im Dienst der nationalen und wirtschaftlichen Werbearbeit", Berlin 1916

W. Diekmann: "Die Behördenorganisation in der deutschen Kriegswirtschaft 1914 - 1918", Hanseatische Verlagsanstalt Hamburg, 1937

Hans Dollinger u. Hans-Adolf Jacobsen: "Der erste Weltkrieg in Bildern und Dokumenten", München 1965

Matthias Erzberger: "Erlebnisse im Weltkrieg", Stuttgart - Berlin, 1920

Fritz Fischer: "Griff nach der Weltmacht", Düsseldorf 1961

Fritz Fischer: "Krieg der Illusionen", Düsseldorf 1969

Heinrich Fraenkel: "Unsterblicher Film", 1. Teil, München 1956

G.A. Fritze: "Die Kinematographie im Dienste der Industrie" in "Bild und Film" III, 6 1913/14

Hans-Joachim Giese: "Die Filmwochenschau im Dienst der Politik", Dresden 1940

Joseph Goebbels: "Tagebücher" (Hrsg. L.P. Lochner), Zürich 1948

Griebel: "Die Kinematographenzensur" in "Das Land" Nr. 14 v. 15.4.1913, Berlin

Dankwart Guratzsch: "Macht durch Organisation", Düsseldorf 1974

Otto Hammann: "Bilder aus der letzten Kaiserzeit", Berlin 1922

Handbuch der deutschen Gesellschaft, 1931

Albert Hellwig: "Die Schundfilme, ihr Wesen, ihre Gefahren und ihre Bekämpfung", Halle 1911

Werner Otto von Hentig: "Mein Leben eine Dienstreise", Göttingen 1962

Karl Graf von Hertling: "Ein Jahr in der Reichskanzlei", Freiburg 1919

Wieland Herzfelde: "John Heartfield", Dresden 1961

Fritz Hippler: "Die Verstrickung", Düsseldorf 1981

Isaaksson-Fuhrman: "Politik und Film", Ravensburg 1974

Alexander Jason: "Handbuch der Filmwirtschaft", Berlin 1930

Oskar Kalbus: "Abriß einer Geschichte der deutschen Lehrfilmbewegung" in Kulturfilmbuch, Berlin 1924

Oskar Kalbus: "Der deutsche Film in Wissenschaft und Unterricht", Berlin 1922

Oskar Kalbus: "Vom Werden deutscher Filmkunst", 1. Teil, Berlin 1935

Kurt Koszyk: "Deutsche Pressepolitik im ersten Weltkrieg", Düsseldorf 1968

Otto Kriegk: "Der deutsche Film im Spiegel der Ufa", Berlin 1943

Richard von Kühlmann: "Erinnerungen", Heidelberg 1948

Heinz Kuntze-Just: "Guten Morgen Ufa" (Film-Telegramm) 1960

Gerhard Lamprecht: "Deutsche Stummfilme" 1913-14 (2. Bd.), Berlin 1969

Erich Ludendorff: "Kriegsführung und Politik", Berlin 1922

Erich Ludendorff: "Meine Kriegserinnerungen", Berlin 1922

Erich Ludendorff: "Urkunden der Obersten Heeresleitung", Berlin 1922

Friedrich Meinecke: "Preußisch-deutsche Gestalten und Probleme", Leipzig 1940

Oskar Messter: "Mein Weg zum Film", Berlin 1936

Walter Nicolai: "Nachrichtendienst, Presse und Volksstimmung im ersten Weltkrieg", Berlin 1920

Victor Noack: "Die soziale Bedeutung des Kinematographen", 1909 in "Das freie Wort", 9. Jhg.

Jost van Rennings: "Die gefilmte Zeitung", München 1956

Wilhelm Riegger: "Filmtrupp Nazareth" in "Wildente", 17. Folge Febr. 1958, Hamburg

Franz Seldte: "Vor und hinter den Kulissen", Leipzig 1931

Eckard Siepmann: "Montage John Heartfield", Berlin 1977

Jürgen Spiker: "Film und Kapital", 1975

George Soldan: "Der Weltkrieg im Bild - Original-Aufnahmen des Kriegs-Bild- und Filmarchivs", Berlin-Oldenburg 1926

Dirk Stegmann: "Die Erben Bismarcks", Köln 1970

Günter Peter Straschek: "Handbuch wider das Kino", Frankfurt 1975

Fritz Terveen: "Die Anfänge der deutschen Film-Kriegsberichterstattung" in "Wehrwissenschaftliche Rundschau", 6. Jg. 1956

Albrecht von Thaer: "Generalstabsdienst an der Front und in der OHL", Göttingen 1958

Hans Thimme: "Weltkrieg ohne Waffen" - "Propaganda der Westmächte", Stuttgart 1932

Jerzy Toeplitz: "Geschichte des Films", Bd. 1, München 1975

Hans Traub: "Die Ufa - ein Beitrag zur Entwicklungsgeschichte des deutschen Filmschaffens", Berlin 1942

Hans Traub: "25 Jahre Wochenschau der Ufa", Berlin 1942

Eberhard von Vietsch: "Der Kriegsausbruch 1914", Geschichte in Wissenschaft und Unterricht, Heft 196, Stuttgart 1965

Walter Vogel: "Die Organisation der amtlichen Presse- und Propagandapolitik des deutschen Reiches", Berlin 1941

H. Wagner: "Das Bild- und Filmamt und seine Aufgaben", Berlin 1917

H. Wagner: "Der Propagandafilm und seine Bedingungen, Ziele und Wege" - dargestellt vom Bild- und Filmamt - Berlin 1917

Hasso von Wedel: "Die Propagandatruppen der deutschen Wehrmacht", Neckarsgmünd 1962

Rudolf Wiehler: "Deutsche Wirtschaftspropaganda im ersten Weltkrieg", Berlin 1922

K.W. Wippermann: "Die Entwicklung der Wochenschau in Deutschland" - Eiko-Kriegswoche Nr. 36 1915, Göttingen 1970

K.W. Wippermann: "Die Entwicklung der Wochenschau in Deutschland, Besuch Kaiser Karls I von Österreich im deutschen Großen Hauptquartier", Göttingen 1970

Karl Wolffsohn: "Jahrbuch der Filmindustrie 1923-25", Berlin 1926

Friedrich Zglinicki: "Der Weg des Films", Berlin 1956

Periodika

"Bild und Film" Jahrgänge 1913-14

"Der Kinematograph" Jhg. 1914-1919

"Licht-Bild-Bühne" Jhg. 1909 und 1916-18

"Der Filmkurier" 1933

"Neue Preußische (Kreuz) Zeitung" 1915-17

"Die Wildente" Mitteilungsblatt für ehemal. PK-Angehörige 1958-1963

Dokumente

Der berühmte Brief Ludendorffs an das pr. Kriegsministerium

Chef des Generalstabes des Feldheeres   Gr.Hpt.Qu., d. 4. Juli 1917
M.J. Nr. 20851 P.

An das Königliche Kriegsministerium, Berlin

Der Krieg hat die überragende Macht des Bildes und Films als Aufklärungs- und Beeinflussungsmittel gezeigt. Leider haben unsere Feinde den Vorsprung, den sie auf diesem Gebiet hatten, so gründlich ausgenutzt, daß schwerer Schaden für uns entstanden ist. Auch für die fernere Kriegsdauer wird der Film seine gewaltige Bedeutung als politisches und militärisches Beeinflussungsmittel nicht verlieren. Gerade aus diesem Grunde ist es für einen glücklichen Abschluß des Krieges unbedingt erforderlich, daß der Film überall da, wo die deutsche Einwirkung noch möglich ist, mit dem höchsten Nachdruck wirkt. Es wird deshalb zu untersuchen sein,

1. wie dieser Einfluß erzielt werden kann und
2. welche Mittel anzuwenden sind.

Zu 1. Die Stärkung der deutschen Werbemöglichkeiten hat sich im Film

a) auf die Einwirkung der Filmversorgung im neutralen Ausland und
b) auf eine Vereinheitlichung der deutschen Filmindustrie zu erstrecken, um nach einheitlichen großen Gesichtspunkten eine planmäßige und nachdrückliche Beeinflussung der großen Massen im staatlichen Interesse zu erzielen.

Zu a) Außer der feindlichen Filmindustrie besitzt in den neutralen Ländern die Nordische Gesellschaft besonderen Einfluß. Diese Gesellschaft hat sowohl in Skandinavien als auch in Deutschland und der Schweiz zahlreiche erstklassige Filmtheater. Die Nordische Gesellschaft ist somit für die deutsche Propaganda eine Macht, die schon dadurch großen Schaden anzurichten vermag, daß sie in ihrem Verhalten Deutschland gegenüber feindlich auftreten kann. Hinzu kommt noch, daß die Nordische Gesellschaft zur Zeit in der Lage ist, Filme nach Rußland zu bringen. Was dieser Einfluß, sofern er im deutschfreundlichen Sinne durchgeführt wird, bedeuten kann, läßt sich bei der leichtbeweglichen Volksstimmung, die augenblicklich in Rußland herrscht, kaum abwägen. Zu bedenken ist ferner, daß aller Wahrscheinlichkeit nach Skandinavien den Schauplatz für

die künftigen Friedensverhandlungen abgeben wird. Gerade
zu dieser Zeit bedarf es der besonderen Anstrengungen der
deutschen Propaganda, um eine wirkungsvolle Aufklärung zu
erzielen und manche für den Friedensschluß hindernde Auffassung
zu beseitigen. Aus diesem Grunde ist es zur Durchführung
der Kriegsaufgaben eine unabweisliche Notwendigkeit,
schnellstens einen unmittelbaren Einfluß auf die Nordische
Gesellschaft zu suchen. Das einfachste und beste Mittel besteht
darin, daß die Hauptanteile der Nordischen Gesellschaft
käuflich übernommen werden. Gelingt das nicht, so
muß eine andere Form des Anschlusses gesucht werden, die
darin besteht, daß das Interesse der Nordischen Gesellschaft
am deutschen Filmmarkt in höherem Maße ausgenutzt
wird. Möglich ist eine derartige Vereinbarung nur, wenn
es gelingt, die deutsche Filmfabrikation so zu vereinheitlichen,
daß sie der Nordischen als eine geschlossene Vertragsmacht
entgegentritt.

Zu b) Abgesehen von der Erzielung eines vertraglichen Verhältnisses
zur Nordischen Gesellschaft gibt es noch andere
Gründe, die es erfordern, daß die deutsche Filmindustrie
zu einem einheitlichen Ganzen zusammengeschlossen wird. Je
länger der Krieg dauert, desto notwendiger wird die planmäßige
Beeinflussung der Massen im Inland. Es müssen deshalb
alle in Betracht kommenden Werbemittel systematisch
zur Erreichung des Erfolges benutzt werden. Bei dem Film
hat bisher nur eine gelegentliche Beeinflussung der Volksstimmung
stattgefunden. - Hinzu tritt das Bestreben mancher
Kreise, den Film für ihre Sonderzwecke zu verwenden. So
haben die Schwerindustrie in der Deutschen Lichtspiel-
Gesellschaft und die Alldeutschen in der Gesellschaft für
künstlerische Lichtspiele "Deutsche Kunst" eine Stelle geschaffen,
die zu einer Zersplitterung in der Beeinflussung
durch den Film führen muß. Ferner kommt noch der sehr tätige
Ausschuß für Lichtspielreform in Stettin in Betracht,
der bereits eine Kulturfilmgesellschaft gegründet hat.
Jede dieser Gruppen sucht, die Filmindustrie durch große
Aufträge an sich zu reißen, so daß die Durchführung der
Filmaufgaben des Bufa gefährdet ist. Auch aus diesen Gesichtspunkten
heraus ist es dringend erforderlich, daß
die deutsche Filmindustrie vereinheitlicht wird, um nicht
eine wirkungsvolle Kriegswaffe durch Zersplitterung wirkungslos
zu machen.

Zu 2. Welche Mittel sind aufzuwenden? Da faktisch zur Beeinflussung
einer Gesellschaft nur die absolute Majorität
erforderlich ist, so bedarf es nicht immer des Ankaufs
sämtlicher Anteile. Bekannt werden darf aber nicht, daß
der Staat der Käufer ist. Die gesamte finanzielle Transaktion
muß durch eine fachkundige, einflußreiche, erfahrene,
zuverlässige und vor allen Dingen der Regierung unbedingt
ergebene private Hand (Bankhaus) erfolgen. Die
Unterhändler dürfen in keiner Form wissen, wer der wirkliche
Auftraggeber des Beauftragten ist. Bei einer Beteiligung
von etwa 55 % des Gesellschaftskapitals würden

für die Nordische Gesellschaft in Kopenhagen etwa 20 Millionen Mark und für die deutschen Filmfabriken etwa 8 Millionen Mark aufzuwenden sein. An deutschen Filmfabriken kommen insbesondere in Betracht:

1. die Deutsche Bioskop-Gesellschaft
2. die Messter-Film GmbH.
3. die Eiko-Film GmbH.
4. die Projektions A.G.-Union
5. die Deutsche Mutoskop und Biograph GmbH.
6. die Nationalfilm GmbH.

und andere.

Wenn man beachtet, welche Summen das Ausland für Filmpropaganda ausgibt, so erscheint die vorstehende Forderung als durchaus gering. Es darf nur daran erinnert werden, daß im Lauf des letzten Vierteljahres von Seiten der Entente außerordentlich hohe Summen, über 100 Millionen Mark, für Propaganda-Zwecke bewilligt wurden, von denen der größte Teil für die Filmwerbung Verwendung findet.

Die Verwirklichung der vorstehenden Ausführungen betrachte ich als dringende Kriegsnotwendigkeit und ersuche um baldige Durchführung durch das Bild- und Filmamt. Ich wäre dankbar, wenn ich über das dort Veranlaßte in geeigneter Form unterrichtet werden könnte.

Ich füge hinzu, daß es sich um werbende Ausgaben handelt.

                            I.A. gez. L u d e n d o r f f

Verzeichnis von Filmen

die vom Bild- und Filmamt hergestellt bzw. herausgegeben wurden, gegliedert nach:

A) Filmen, die an der Front oder in der Etappe aufgenommen wurden, sowie den militärischen Lehrfilmen der Inspektionen des Ingenieurs Korps, für Pionierwesen u.a.

B) Spielfilme, die zum Teil in Auftrag gegeben wurden.

Nicht aufgenommen wurden in dieses Verzeichnis die sogenannten Naturbilder und belehrenden Filme, die zum großen Teil angekauft wurden und mit den aktuellen Ereignissen, Krieg und Politik, nicht zusammenhängen. Es handelt sich um insgesamt 227 derartige Filme, die großenteils in der Filmliste Nr. 1 aufgeführt werden. Interessenten könnte das Verzeichnis dieser Filme nachgereicht werden.

Das nachfolgende Verzeichnis wurde erstellt an Hand

1. der "Filmliste Nr. 1", die etwa Januar 1918 vom Bild- und Filmamt als Verleihkatalog herausgegeben wurde,

2. den Veröffentlichungen der damaligen Polizeizensuren in Berlin, München und Hamburg (gekennzeichnet durch B, M u. H). Bei den Veröffentlichungen der Licht-Bild-Bühne und des Films wurde statt des Datums die Woche im Jahresverlauf vermerkt.

3. Die Veröffentlichungen der Nach-Zensuren in den Jahren 1920 bis 1923. In diesen Veröffentlichungen wird als Urheber nicht mehr das Bild- und Filmamt, sondern die Nachfolge-Organisation, die Reichsfilmstelle genannt.

4. wurde schließlich noch das "Verzeichnis in Deutschland gelaufener Filme - Entscheidungen der Filmzensur 1911 - 1920", herausgegeben von Herbert Birett, herangezogen.

Die Filme des Vorgängers des Bild- und Filmamtes, der Militärischen Film- und Photo-Stelle bei der Obersten Heeresleitung, wurden mit

MFPhSt signiert. Nicht in allen Fällen konnten Erst-Zensuren ermittelt werden. Dies kann damit zusammenhängen, daß die Fachblätter die Veröffentlichung der Zensuren als kostenlose Anzeige betrachteten und bei Platzmangel darauf verzichteten. Da die Filme zu einem Teil mit unterschiedlichen Titeln veröffentlicht wurden, enthält das Verzeichnis Hinweise zu dem jeweils anderen Titel.

Da die militärischen Lehrfilme keiner Polizeizensur unterworfen waren und solche Zensuren daher auch nicht veröffentlicht werden konnten, mußten für diese Filme als Beweis ihrer Erstellung die Akten herangezogen werden. So vor allem das Telegramm Ludendorffs vom 13.2.18 und die Schreiben der Inspektion des Ingenieur-Korps vom 13.7.1918 und das Schr. des preuss. Kriegsministeriums vom 6.8.1918, das die Lehrfilme für schwere Artillerie betrifft. Da diese Schreiben nicht alle Lehrfilme ausweisen, wurde auch noch die Aufstellung von Lehrfilmen, die Oskar Kalbus in seinem Lehrfilmbuch benennt, herangezogen.

A. die Filme, die aus den Aufnahmen der Filmtrupps an den Fronten und in den besetzten Gebieten entstanden und die Lehrfilme der Militärischen Abteilung bzw. den Inspektionen des Ing.Korps, der Artillerie und Pionier-Inspektionen. Einige Filme, die in der Filmliste 1 verzeichnet sind, dürften angekauft sein.

Lfd.Nr.	Titel	Filmliste Nr. 1 Nr. und Länge	1. Zensur: Nr., Datum, Länge 2. Zensur: Nr., Datum, Länge
1.	Die Abrichtung und Arbeit eines Blindenhundes		1. 40695 LBB 26/17 392 m 2. B 5837 20.5.22 398 m
2.	Abbazia (Die Perle der Adria)	1203 100 m	1. 39194/1916 Pehlemann 2. --
3.	Albanische Volkstypen		1. -- 2. B 3725 6.4.22 88 m
4.	Aleppo in Syrien		1. 41222 LBB 46/17 217 m 2. --
5.	Die alte Universitätsstadt Dorpat		1. 41675 3.4.18 129 m 2. --
6.	An der rumänischen Front – Kämpfe um Foscani	150 248 m	1. 41015 9.1.18 248 m 2. B 5604 27.3.22 230 m
7.	Anfertigung von Minenwerfern und ihrer Munition in der Kriegsindustrie		1. Ing.Korps 7.8.18 2. --
8.	Armeeflugplatz an der Westfront		1. -- 2. B 5676 5.4.22 199 m
9.	Angriff eines feindlichen Bombengeschwaders auf einen deutschen Flugpark		1. M 4097 5.8.18 2. B 4837 1.12.21 277 m
10.	Artilleriewerkstatt hinter der Westfront		1. 39981 15.11.16 2. B 4979 19.12.21 200 m
11.	Auf einem Flugzeugmutterschiff		1. -- 2. B 4980 19.12.21 218 m

Lfd.Nr.	Titel	Filmliste Nr. 1 Nr. und Länge		1. Zensur: Nr., Datum, Länge 2. Zensur: Nr., Datum, Länge		
	Auf Fernfahrt mit U. 35 (s. Der Magische Gürtel)			1. 2.	B 4596 29.10.21	877 m
12.	Auf rumänischem Boden			1. 2.	40967 3.10.17	168 m
13.	Aufnahmen bei Friedr. Krupp in Essen			1. 2.	40874 v. 29.8.17	1 Rolle
--	Aufziehen der Hauptwache in Bukarest (s. Im eroberten Bukarest)			1. 2.	B 5551 20.3.22	118 m
--	Aus dem Leben der deutschen Internierten in der Schweiz (s. Unsere internierten Helden i.d. Schweiz)			1. 2.	M 4020 17.5.18 B 5573 23.3.22	290 m
14.	Aus dem vordersten Graben	83	130 m	1. 2.	B 4505 21.10.21	125 m
--	Aus den Kämpfen bei Reims (s. Ein Kampftag in der Champagne)			1. 2.	M 4143 24. 9.18 B 4344 4.10.21	257 m
15.	Aus der deutschen Kriegsindustrie Die Pfalzflugzeugwerke			1. 2.	B 5703 11.4.22	980 m
16.	Aus der Riesenschlacht (den Riesenkämpfen) im Westen			1. 2.	40587 LBB 20/17	363 m
17.	Aus der Zehntage-Schlacht bei Monastir	68	431 m	1. 2.	40452 LBB 18/17 B 4422 9.10.21	431 m 425 m
18.	Aus der Schlacht am Damenweg (s. Höllenkampf an der Aisne)			1. 2.	M 4057 7. 6.18 B 4251 14. 9.21	155 m
19.	Aus der Schlacht zwischen Soisson und Reims (s.a. Höllenkampf an der Aisne)			1. 2.	M 4077 9. 7.18 B 4345 4.10.21	217 m
20.	Aus Rumäniens friedlichen Tagen	31	247 m	1. 2.	40586 LBB 20/17 B 5147 25.1.22	238 m 238 m

Lfd.Nr.	Titel	Filmliste Nr. 1 Nr. und Länge		1. Zensur: Nr., Datum, Länge 2. Zensur: Nr., Datum, Länge		
21.	Ausbildung finnischer weißer Garden durch deutsche Instrukteure			1. -- 2. B 5529 7.4.22	82 m	
22.	Ausbilden von Meldehunden	99	184 m	1. 40694 LBB 26/17 2. B 4981 1921	184 m 184 m	
23.	Ausbooten auf hoher See	1069	75 m	1. 41357 9.1.18 2. --	84 m	
24.	Die baltische Stadt Pleskau			1. M 4180 6.11.18 2. --		
25.	Bau einer Behelfsbrücke im Zuge gesprengter Straßenbrücken			1. Pionierlehrfilm Inspek.d.Ing.Korps 7.8.18		
26.	Bau eines Aeroplanes	1027	116 m	1. -- 2. --		
27.	Bau einer Eisenbahnbrücke über eine tiefeingeschnittene Talschlucht			1. Ing.Korps 7.8.18 2. B 4693 10.11.21	243 m	
28.	Die Befreiung der Bukowina	148	216 m	1. 40872 29.8.17 1 R. 2. B 5320 20.2.22	210 m	
29.	Bei den Feldluftschiffern			1. -- 2. B 5789 1.5.22	94 m	
30.	Bei den Kämpfern an der Palästinafront (s.a. Der deutsche Kaiser bei unseren türkischen Verbündeten 644 m)			1. -- 2. B 4779 26.11.21	274 m	
31.	Bei der IV. türkischen Armee in Palästina			1. 41221 LBB 46/17 2. B 4781 23.11.21	495 m 521 m	
32.	Bei einem Panzerwagen - MG-Zug (s.a. Der Panzerwagen)			1. -- 2. B 5156 19.1.22	129 m	
33.	Bei einer Artillerie-Fliegerabteilung während der großen Frühjahrsoffensive 1917			1. -- 2. B 5783 1.5.22	153 m	

268

Lfd.Nr.	Titel	Filmliste Nr. 1 Nr. und Länge		1. Zensur: Nr., Datum, Länge 2. Zensur: Nr., Datum, Länge		
34.	Bei einer Beuteflugzeugsammelstelle			1. 2.	M 4017 vom 14.5.18 B 5288 10.2.22	188 m
35.	Bei einer deutsch-bulgarischen Fliegerschule			1. 2.	-.- B 5149 19.1.22	130 m
36.	Bei einer Fesselballonabteilung im Westen	35	167 m	1. 2.	40323 F 9/17 B 4835 1.12.21	175 m
37.	Bei einer Funkerabteilung (Funkerabt.)	158	168 m	1. 2.	41020 1917 B 5735 1922	168 m
38.	Bei einer Luftschifferabteilung während des Vormarsches im Westen			1. 2.	M 4163 v. 19.10.18 B 5151 19.1.22	340 m
39.	Bei einer R-Flugzeugabteilung			1. 2.	-.- B 5356 17.2.22	195 m
40.	Bei einer Seefliegerabteilung			1. 2.	-.- B 4833 10.12.21	164 m
41.	Bei unseren Helden an der Somme	34	981 m	1. 2.	40246 27.1.17 B 4123 7.9.21	3 R 967 m
42.	Berlin im 3. Kriegsjahr, Okt. 1916			1. 2.	40287 3.2.17 -.-	1 R.
43.	Besichtigung der 1. ukrainischen Division durch den Hetman General Skoropadski in Kiew			1. 2.	-.- B 5328 16.2.22	118 m
44.	Besichtigung der Fliegerstation Döberitz am 24. Januar 1917 durch den kommandierenden General der Luftstreitkräfte, Exz. v. Hoepner			1. 2.	-.- B 5665 5.4.22	181 m
45.	Besichtigung finnischer Rekruten vom Weißen Garderegiment durch General Wilkman, OB d. finnischen Armee			1. 2.	-.- B 5527 15.3.22	296 m
46.	Bespannung der Minenwerfer- und Munitionswagen sowie ihre Beladungsweise			1. 2.	Insp. Korps 7.8.18	

Lfd. Nr.	Titel	Filmliste Nr. 1 Nr. und Länge	1. Zensur: Nr., Datum, Länge 2. Zensur: Nr., Datum, Länge
47.	Besuch bei unseren Blaujacken		1. 40405 10.3.17 2 R. 2. B 5352 20.2.22 770 m
48.	Besuch bei unseren internierten Helden in der Schweiz s. Unsere internierten Helden...		1. 40102/1916 Expressfilm 2. B 5316 15.2.22 521 m
49.	Besuch der Besatzung des Hilfskreuzers Wolf in Berlin		1. 41680 17.4.18 188 m 2. B 5357 3.3.22 196 m
50.	Besuch der dänischen Militärmission an der deutschen Westfront		1. 41607 20.3.18 737 m 2. B 5558 20.3.22 744 m
51.	Besuch der Schweizer Kommission an der Westfront		1. -- 2. B 5753 25.4.22 118 m
52.	Besuch des flämischen Nationaldichters René de Clercq im Kriegsgefangenenlager Göttingen		1. 41662 3.4.18 122 m 2. --
53.	Besuch Kaiser Karls I. im Großen Hauptquartier (am 26.1.1917)	47 206 m	1. 40949 19.9.17 161 m 2. --
54.	Betriebe der Militärverwaltung in Rumänien		1. 41500 13.2.18 395 m 2. B 5530 16.3.22 386 m
55.	Beyramsfest im Mohammedaner-Gefangenenlager in Wünsdorf (bei Zossen)	3 222 m	1. 39979 15.11.16 1 R. Mil.F.u.Ph.S. 2. B 5580 23.3.22 195 m
56.	Bilder aus dem mohammedan. Gefangenenlager (Halbmondlager) in Wünsdorf bei Zossen	4 225 m	1. 39980 15.11.16 Mil.F. u.Ph.S. 2. B 5574 23.3.22 223 m
57.	Bilder aus dem Siegeszug (durch die) in der Dobrudscha		1. -- 2. B 5351 17.2.22 440 m
58.	Bilder aus dem Kaukasus		1. M 4162 19.10.18 2. --
59.	Bilder aus einem kleinen siebenbürgischen Grenzstädtchen	44 69 m	1. 40468 (Der Film) 19/17 2. --

Lfd.Nr.	Titel	Filmliste Nr. 1 Nr. und Länge	1. Zensur: Nr., Datum, Länge 2. Zensur: Nr., Datum, Länge
59.	Bilder aus einem Messingwerk	150 a 245 m	1. 41180 LBB 45/17 245 m 2. ---
60.	Bilder aus einer (der) großen Schlacht II. Teil		1. 41706 17.4.18 345 m 2. B 4282 21.9.21 348 m
61.	dto. III. Teil		1. Paymans-Filml. v. 3.5.18 246 m 2. B 4283 21.9.21 238 m
62.	dto. IV. Teil		1. --- 2. B 4284 21.9.21 236 m
63.	dto. V. Teil (Die Schlacht bei Armentieres)		1. M 4062 14.6.18 2. B 4285 21.9.21 278 m
64.	dto. VI. Teil (Kämpfe um den Kemmelberg) s. I. Teil "Die ersten Aufnahmen...		1. --- 2. B 4286 21.9.21 345 m
65.	Bilder aus Finnland		1. M 4089 22.7.18 2. B 2543 10.6.21 140 m
66.	Bilder aus Konstantinopel	1139 43 m	1. --- 2. ---
67.	Bilder vom See Genezareth		1. M 4172 28.10.18 2. ---
68.	Bilder von der Flugzeugwerft	56 b 338 m	1. M 4024 18.5.18 2. ---
69.	Bilder von der Krim		1. M 4146 30.9.18 2. ---
70.	Bis ins Hauptquartier Cadornas Der 12. Isonzoschlacht 3. Teil	174 359 m	1. 41226 LBB 47/17 371 m 2. B 5353 17.2.22 370 m
71.	Bitte des Feldheeres an die Heimat		1. 41685 17.4.18 207 m 2. ---
72.	Bosporusbilder (Unsere Verbündeten)	66 323 m	1. 40901 12.9.17 323 m 2. ---
73.	Eine Bosporusfahrt		1. 41223 LBB 46/17 233 m 2. ---

Lfd.Nr.	Titel	Filmliste Nr. 1 Nr. und Länge		1. Zensur: Nr., Datum, Länge 2. Zensur: Nr., Datum, Länge		
74.	Die Brieftaube im deutschen Heer	86	112 m	1. 40620 LBB 22/17 2. B 4982 22.12.21		1 R. 113 m
75.	Bukarest im 3. Kriegsjahr			1. 41501 2. B 5289	13. 2.18 11. 2.22	171 m 175 m
76.	Bulgarenwacht an der Ägäis	85	216 m	1. 40595 2. B 5333	15. 8.17 15. 2.22	224 m 215 m
77.	Deutsche Erzgewinnung in Frankreich			1. 41676 2. --	3. 4.18	198 m
78.	Deutsche Feldpost			1. -- 2. B 5645	31. 3.22	187 m
79.	Deutsche Hilfe für Finnland Mit dem deutschen Landungskorps nach Helsingfors			1. M 4029 2. B 4694	24. 5.18 10.11.21	352 m
80.	Der deutsche Kaiser bei seinen (tapferen) Truppen in Flandern	151	148 m	1. 40950 2. --	19.9.17	
81.	Der deutsche Kaiser bei unseren türkischen Verbündeten	169	644 m	1. Paymans FL. 30.11.17 660 m 2. --		
82.	Die deutsche Kleinbahn im Feuer			1. 41141 LBB 43/17 2. B 5733	22. 4.22	188 m 190 m
83.	Deutsche Minensuchflottille in der Ostsee	51	245 m	1. M 1855 2. B 4124	8. 3.17 7. 9.21	Mil.F.u.Ph.St. 230 m
84.	Der deutsche (Deutscher) Vollbahnbau			1. 41589 2. --	13. 3.18	182 m
85.	Deutscher Vormarsch in Livland			1. 41605 2. B 4690	20. 3.18 11.11.21	156 m 160 m
86.	Der deutsche Vormarsch zur Marne			1. M 4060 2. B 4252	13. 6.18 14. 9.21	422 m
87.	Die deutschen Flieger beim Vormarsch			1. -- 2. B 5155	19. 1.22	185 m

Lfd.Nr.	Titel	Filmliste Nr. 1 Nr. und Länge	1. Zensur: Nr., Datum, Länge 2. Zensur: Nr., Datum, Länge
88.	Die deutschen Raupenwagen		1. -- 2. B 4839 1.12.21 112 m
89.	Ein deutscher Seekampftag		1. Paymanns FL. 5.10.17 255 m 2. --
90.	Deutsche und Bulgaren an der mazedonischen Front		1. -- 2. B 5152 8.4.22 173 m
91.	Deutsche und feindliche Flieger		1. -- 2. B 5746 24.2.22 145 m
92.	Deutschland baut alle 2 Minuten ein Flugzeug		1. -- 2. B 5637 31.3.22 25 m
93.	Drachenaufstieg bei einer Feldwetterwarte	53 163 m	1. 41004 3.10.17 159 m 2. 4832 12.12.21 163 m
94.	Durazzo, die Hauptstadt Albaniens	1103 259 m	1. -- 2. --
95.	Durch das malerische Finnland		1. M 4179 6.11.18 272 m 2. B 6846 15.12.22
96.	Durch die Vogesen	1001 127 m	1. 41280 15.12.17 127 m 2.
97.	Durchbruchsschlacht in Galizien (Kämpfe um Kolomea)	149 168 m	1. 40873 29. 8.17 165 m 2. B 5319 16. 2.22 165 m
98.	Durchschwimmen des reißenden Rheinstroms durch das Jäger-Rgt. zu Pferde Nr. 5 (Nur für Veranstaltungen von Armee u. Marine)	1072 106 m	1. -- 2. --
99.	Einrichtung und Arbeit in einem Blindenheim		1. 40695 4.7.17 3 Rollen 2. --
100.	Einschießen von 21 cm Mörsern mit Ballonbeobachtung		1. M 4167 24.10.18 2. B 4424 9.10.21 198 m
101.	Einzelausbildung an leichten und schweren Minenwerfern		1. -- 2. Lehrfilm lt. Kalbus S. 306

273

Lfd.Nr.	Titel	Filmliste Nr. 1 Nr. und Länge		1. Zensur: Nr., Datum, Länge 2. Zensur: Nr., Datum, Länge		
102.	Einzel- und Batterie-Exerzieren bei der Artillerie			1.	--	
				2.	Lehrfilm lt. Kalbus	
103.	Einsatz einer Gebirgsmaschinen-gewehr-Abteilung			1.	41628 27.3.18	237 m
				2.	--	
104.	Einzug des siegreichen Generals von Mannerheim in Helsingsfors	1068	267 m	1.	--	
				2.	B 5436 6.3.22	290 m
105.	Einzug Sr.Kgl. Hoheit des Prinzen zu Wied in Durazzo			1.	--	
				2.	--	
106.	Der eiserne Film I. Kokerei	153a	247 m	1.	40969 LBB 38/17	247 m
				2.	--	
107.	dto. II. Hochofen	153b	125 m	1.	40970 LBB 38/17	125 m
				2.	--	
108.	dto. III. Stahlwerk	153c	299 m	1.	40971 LBB 38/17	299 m
				2.	--	
109.	dto. IV. Walzwerk	153d	171 m	1.	40972 LBB 38/17	171 m
				2.	--	
110.	dto. V. Lager u. Verladung	153e	99 m	1.	40973 LBB 38/17	99 m
				2.	--	
111.	dto. VI. Granaten-herstellung	153f	266 m	1.	40974 LBB 38/17	266 m
				2.	--	
112.	dto. VII. Russen	153g	282 m	1.	40975 LBB 38/17	282 m
				2.	--	
113.	Dem Endziel entgegen			1.	M 4120 August 1918	
				2.	--	
114.	Englische Mißerfolge im Westen und die deutschen Siege im Osten im Sommer 1917			1.	--	
				2.	B 5675 5.4.22	269 m
115.	Die englischen Tanks von Cambrai (vor Cambrai)			1.	41402 16.1.18	280 m
				2.	B 4250 14.9.21	267 m
116.	Die Enthüllung des Hindenburgtores an der Kaserne des 3. Garde-Rgt.s zu Fuß am 2. Sept. 1917	166	136 m	1.	41017 3.10.17	120 m
				2.	B 5731 22.4.22	

Lfd.Nr.	Titel	Filmliste Nr. 1 Nr. und Länge		1. Zensur: Nr., Datum, Länge 2. Zensur: Nr., Datum, Länge
117.	Ernte 1917 in Rumänien			1. 40841 29.8.17 1 R. 2. --
118.	Die eroberte Festung Dünamünde			1. -- 2. B 5734 22.4.22 132 m
119.	Die Eroberung der baltischen Inseln Oesel, Moon u. Dagö (12./19.10.18)			1. -- 2. B 4983 19.12.21 163 m
120.	Die Eroberung von Riga (s.a. Riga genommen)			1. -- 2. B 5495 14.3.22 50 m
121.	Der erste Friedensvertrag des Weltkrieges			1. 41526 23.2.18 197 m 2. B 5553 20.3.22 212 m
122.	Die ersten Aufnahmen aus der Schlacht im Westen (s.a. Bilder aus einer...)			1. 41691 17.4.18 221 m 2. B 4343 4.10.21 212 m
123.	Die Erzeugung von Handgranaten (s.a. Die Frau als Kriegshelferin)			1. 5.10.17 250 m 2. --
124.	Exerziermäßige Tätigkeit am schweren und leichten Minenwerfer			1. Insp.d.Ing.Korps 7.8.18 2. --
125.	Fahren auf dem Wasser			1. Insp.d.Ing.Korps 7.8.18 2. --
126.	Feierliche Beisetzung des ermordeten Generalfeldmarschalls von Eichhorn			1. M 4119 27.8.18 2. B 5700 11.4.22 83 m
127.	Feierlicher Einzug der polnischen Legionen am 1.12.16 in Warschau			1. -- 2. B 5141 18.1.22 190 m
128.	Der Feind hört mit (für das stellv. Heereskommando)			1. 41629 27.3.18 402 m 2. B 4594 29.10.21 400 m
129.	Feldgraue Landwirte im Westen	90	143 m	1. 40593 15.8.17 143 m 2. B 5577 23.3.22 134 m
130.	Der Fesselballon als Auge der Artillerie	117	357 m	1. 15.8.17 350 m Presse-Vorf. 2. B 4469 21.10.21 340 m
131.	Feuerlöschübung bei einem Armee-kraftwagenpark			1. -- 2. B 5677 5.4.22 90 m

Lfd.Nr.	Titel	Filmliste Nr. 1 Nr. und Länge	1. Zensur: Nr., Datum, Länge 2. Zensur: Nr., Datum, Länge
132.	Eine finnische Delegation besichtigt die Umgebung Berlins		1. -- 2. B 5693 8.4.22 85 m
133.	Flak und Flieger in den mazedonischen Bergen		1. M 4091 v. 25.7.18 2. B 4776 26.11.21 213 m
134.	Flammen- und Handgranatenangriff		1. Lehrfilm s. Kalbus 2. --
135.	Fliegerbomben		1. -- 2. B 5702 11.4.22 84 m
136.	Flieger zur See		1. 41555 6.3.18 372 m 2. B 4984 22.12.21 343 m
137.	Fliegerschießen der Gebirgsartillerie in den Alpen		1. M 4131 9.9.18 2. B 4468 24.10.21 552 m
138.	Flüge über Bapaume und Albert		1. -- 2. B 5745 25.4.22 207 m
139.	Ein Flug gegen den Feind		1. 41692 17.4.18 242 m 2. B 4838 1.12.21 215 m
140.	Flug über Flandern		1. -- 2. B 5749 25.4.22 125 m
141.	Flug über Laon		1. -- 2. B 4342 4.10.21 103 m
142.	Flugpost Brestlitowsk – Kiew		1. -- 2. B 4985 1.12.21 214 m
143	Französische Granaten auf St. Quentin	81 233 m	1. Kinemat. 15.8.17 246 m 2. --
144.	Die Frau als Kriegshelferin (bei der) Herstellung von Handgranaten	65 157 m	1. 40912 LBB 36/17 127 m 2. B 4982 1.12.21 130 m
145.	Die Frau als Kriegshelferin (bei der) Herstellung von Wurfminen	66b 318 m	1. 41079 17.10.17 318 m 2. B 5355 3.3.22 599 m
146.	Frauenarbeit im Kriege (Flugzeugwerft) (s.a. Die Frau in der Flugzindustrie)	56b 338 m	1. 40890 LBB 35/17 338 m 2. B 5602 27.3.22 375 m

Lfd.Nr.	Titel	Filmliste Nr. 1 Nr. und Länge	Zensur
147.	Friedensverhandlungen in Brest-litowsk		1. Zensur: 41463 6.2.18 202 m 2. Zensur: B 5292 10.2.22 202 m
148.	Die Frühjahrsschlacht 1918 an der Somme		1. -- 2. B 5462 7.3.22 84 m
149.	Die 15 cm Kanone		1. Mil.Lehrfilm s. Kalbus S.306 2. --
150.	Funkenstation in Nauen (bei der Militärbehörde)	1074 100 m	1. -- 2. --
151.	Funkenstation in Palästina		1. B 5747 25.4.22 176 m 2.
152.	Funkerabteilung		1. 41020 3.10.17 1 R. 2. B 5735 22.4.22 168 m
153.	Gardepioniere	1217 334 m	1. -- 2. --
154.	Gasschutz		1. Mil.Lehrfilm 2. --
155.	Gefangenenlager Döberitz		1. -- 2. B 5638 31.3.22 112 m
156.	General von d. Goltz besucht General von Mannerheim im Hauptquartier		1. -- 2. B 5330 16.2.22 109 m
157.	Generalfeldmarschall von Hindenburg bei seinem alten oldenburg.Inf.Rgt.		1. M 4090 22.7.18 164 m 2. B 5314 14.2.22
158.	Generalfeldmarschall von Hindenburg bei seinem Regiment (Inf.Rgt.2.Masur)		1. M 4114 19.8.18 149 m 2. B 5154 19.1.22
159.	Graf Dohna und seine "Möwe"		1. 40541 F 22/17 1400 m 2. B (ohne) G. Nr. 179 1376 m
160.	Graf Hertling im Großen HQuartier		1. M 4138 16.9.18 2. --
161.	Das griechische IV. Korps als Gast der deutschen Regierung in Görlitz		1. -- 2. B 5704 11.4.22 170 m

Lfd.Nr.	Titel	Filmliste Nr. 1 Nr. und Länge		1. Zensur: Nr., Datum, Länge 2. Zensur: Nr., Datum, Länge		
162.	Das große rumänische Sägewerk Curton des Arges			1. 41425 2. ---	30.1.18 ---	221 m
163.	Grusinische Gastfreundschaft	1140	112 m	1. 41563 2. ---	6.3.18 ---	122 m
164.	Grusinische Heerstraße	1145	78 m	1. --- 2. ---		
165.	Gymnastik bei den Arabern	1054	64 m	1. 41524 2. ---	20.2.18 ---	87 m
166.	Der Hafen von Sewastopol (Die ukrainische Hafenstadt S...)			1. M 4127 2. 9.9.21	3.9.18 163 m	
167.	Die Hauptstadt der Ukraine, Kiew			1. 41707 2. ---	17.4.18 ---	313 m
168.	Herstellung von Minenwerfer- rohren			1. --- 2. B 5784	1.5.22	390 m
169.	Der Hetman der Ukraine im Gr. Hauptquartier			1. --- 2. B 5332	15.2.22	33 m
170.	Der Hetman der Ukraine, General Skoropadski			1. --- 2. B 5701	11.4.22	88 m
171.	Heimatschutz der deutschen Luft- streitkräfte			1. --- 2. B 4831	1921	98 m
172.	Hilfsdienst in Gent	58	76 m	1. 40940 2. B 5579	19.9.17 23.3.22	76 m 75 m
173.	Hindenburgs 70. Geburtstag im Gr.HQ.	165	359 m	1. 41088 2. B 5736	10.10.17 22. 4.22	353 m 353 m
174.	Hindenburgs Österreich.-Ungar. Regt.	112	195 m	1. --- 2. B 5331	15. 2.22	185 m
175.	Hinter der Westfront (im Herbst des 3. Kriegsjahres)	7	145 m	1. 40282 F 8/17 2. B 4421 21.10.21		163 m
176.	Hinter der Front in Wolhynien			1. 40968 LBB 38/17 2. B 5788 1.5.22		182 m 180 m

Lfd.Nr.	Titel	Filmliste Nr. 1 Nr. und Länge		1. Zensur: Nr., Datum, Länge 2. Zensur: Nr., Datum, Länge		
177.	Hochseefischerei der deutschen Marine			1. M 4111	13.8.18	380 m
				2. B 5285	11.2.22	
178.	Höllenkampf an der Aisne	146	604 m	1. 40953	19.9.17	604 m
				2. B 4125	7.9.21	598 m
179.	Husaren am Ochridasee	50	206 m	1. 40961 LBB 38/17		206 m
				2. B 4470	21.10.21	205 m
180.	Im besetzten Griechenland			1. 40892	5.9.17	329 m
				2. --		
181.	Im eroberten Bukarest	38	470 m	1. 40465 LBB 16/17		2 R.
				2. B 5145	19.1.22	462 m
182.	Im Gefangenenlager Cotroceni bei Bukarest			1. 41502	13.2.18	155 m
				2. B 5290	10.2.22	252 m
183.	Im Infanterieflugzeug über Laon und dem Chemin des Dames			1. --		
				2. B 5148	25.1.22	165 m
184.	Im italienischen Kampfgebiet zwischen Brenta und Piave			1. 41490	13.2.18	262 m
				2. B 4695	10.11.21	266 m
185.	Im Kampf um die Vorherrschaft in der Luft	1212	124 m	1. --		
				2. --		
186.	Im Lazarett Aßfeld in Sedan	124	101 m	1. 40797	8.8.17	191 m
				2. B 5434	3.3.22	178 m
187.	Im vordersten Graben (s.a. Aus dem ...)			1. Kinemat.	15.8.17	136 m
				2.		
	Im Lande der Araber	1213	90 m	1. 41561	6.3.18	89 m
				2. --		
188.	In der Werft einer Flieger-Ersatzabteilung			1. --		
				2. B 4689	10.11.21	140 m
189.	In und um St. Quentin ... (im Herbst des Jahres 1916)	8	230 m	1. 40281	1917 (Jan.?)	
				2. B 4986	5.9.21	224 m
190.	Infanterie-Nahkampf			1. Lehrfilm 13.2.18		
				2. --		

Lfd.Nr.	Titel	Filmliste Nr. 1 Nr. und Länge		1. Zensur: Nr., Datum, Länge 2. Zensur: Nr., Datum, Länge		
191.	Jerusalem	104	346 m	1. 40891	5.9.17	346 m
				2. --	--	
192.	Jubiläumsfeier in Riga am 3.9.18			1. --	--	
				2. B 5313	14.2.22	345 m
193.	Der Kaiser bei unseren türkischen Verbündeten (Der deutsche)	169	644 m	1. 41168 LBB	45/17	644 m
				2. --	--	
194.	Der Kaiser und Prinz Eitel Friedrich bei der 1. Garde Division im Westen	120	117 m	1. 41018	3.10.17	1 R.
				2. --	--	
195.	Kaisers Geburtstagsfeier 1917	49	140 m	1. --	--	
				2. --	--	
196.	Des Kaisers Weihnachtsfreude (auch .."Weihnachtsreise")			1. 41421	23.1.18	302 m
				2. --	--	
197.	Kalkbrennerei an der Westfront	130	66 m	1. 40952	19.9.17	66 m
				2. --	--	
198.	Kämpfe an der Palästinafront			1. M 4159	9.10.18	
				2. --	--	
199.	Kämpfe bei Lens und Oppy	91	356 m	1. --	--	
				2. B 4420	20.10.21	344 m
200.	Kämpfe um Foscani	150	248 m	1. --	--	
				2. --	--	
201.	Kämpfe um den Kanal Ostende			1. M 4028	24.5.18	
				2. --	--	
202.	Kampfführung im Großen in Kampfzone			1. --	--	
				2. Insp.d.Ing.Korps	7.8.18	
203.	Kampfpause in Rumänien	64	186 m	1. 40902	12.9.17	186 m
				2. B 5337	16.2.22	207 m
204.	Ein Kampftag in der Champagne	69	448 m	1. 40549	15.8.17	450 m
				2. B 4122	7.9.21	408 m

Lfd.Nr.	Titel	Filmliste Nr. 1 Nr. und Länge		1. Zensur: Nr., Datum, Länge 2. Zensur: Nr., Datum, Länge		
205.	Kavallerie-Übung			1. 2.	Mil.Lehrfilm --	
206.	Klar zum Gefecht (Marine Ziel-Spiel)	87	115 m	1. 2.	M 4092 26.7.18 --	189 m
207.	Der König von Württemberg bei seinen Truppen an der Westfront			1. 2.	40597 15.8.17 --	
208.	Kraftwagen-Flaks			1. 2.	pr.KM 18.7.16 an RMA B 5624 28.3.22	260 m
209.	Der Krieg im Schnee	57	399 m	1. 2.	-- B 4419 21.10.21	390 m
210.	Kriegshunde-Lazarett a.d.Westfr.			1. 2.	M 4061 13.6.18 B 4423 9.10.23	133 m
211.	Kulickes Flug zur Front			1. 2.	M 4161 12.10.18 --	
212.	Landwehrübungen	1070	161 m	1. 2.	-- --	
213.	Lille im 3. Kriegsjahr	5	291 m	1. 2.	40283 F 5/17 1 R. B 5463 7.3.22	276 m
214.	Ludendorffs 53. Geburtstag (geb. 9.4.1865)			1. 2.	-- B 5755 24.2.22 (Verboten)	149 m
215.	Mackensens Donau-Übergang (23.11.16)	26	384 m	1. 2.	40200 DE 2.1.17 B 4780 23.11.21	410 m 380 m
216.	Mackensens Siegeszug durch die Dobrudscha	24	954 m	1. 2.	40089/1917 Mil.F.u.Ph.St. B 4466 22.10.21	968 m
217.	Der Magische Gürtel (s. Auf Fernfahrt mit U. 35)	113	1047 m	1. 2.	40924 12.9.17 B 4596 19.10.21	1047 m 877 m
218.	Der Meldehund in der Kriegsschule und im Feuer	157	549 m	1. 2.	41019 3.10.17 B 4691 11.11.21	2 R. 566 m

Lfd.Nr.	Titel	Filmliste Nr. 1 Nr. u. Länge	1. Zensur: Nr., Datum, Länge 2. Zensur: Nr., Datum, Länge
219.	Meß- und Fernsprechtruppen		1. Lehrfilm 1918 2. --
220.	MG-Reparatur	1037 108 m	1. Lehrfilm 2. B 5751 24.2.22 87 m
221.	Militärreitschule in Hannover		1. 41313 29.12.17 84 m 2. B 5142 18.1.22 85 m
222.	Minenwerfer, ihr Gerät und ihre Munition		1. Ing.Korps 7.8.18 2. --
223.	Minsk, eine der neubesetzten Städte im Osten		1. 41673 3.4.18 136 m 2. --
224.	Mit den deutschen Fliegern an der Piave		1. -- 2. B 5581 23.2.22 182 m
225.	Mit der Armee des deutschen Kronprinzen vor Verdun	1001 800 m	1. Hbg. 5343/1916 Expreßfilm 2. --
226.	Mit der Feldbahn an der Front im Westen	1005 1160 m	1. -- 2. B 4987 19.12.21 215 m
227.	Mit der Kamera in der Schlachtfront	36 230 m	1. H. 4627/1914 Expreßfilm 2. --
228.	Eine moderne Flugzeugfabrik	4 225 m	1. 40580 LBB 20/17 230 m 2. B 5287 11.2.22 225 m
229.	Mohammedaner-Gefangenen-Lager in Wünsdorf (s. Bilder aus dem ...)		1. -- 2. --
230.	Der Mörser		1. Lehrfilm 1918 2. --
231.	Nach der Schlacht	21 113 m	1. 40324 F 9/17 1 R 2. B 5293 11.2.22 95 m
232.	Nachschub Isonzo, Tagliamento, Piave		1. Insp.d.Ing.Korps 7.8.18
	Nächtlicher Vorstoß im Wychantebogen	125 240 m	1. 40798 LBB 31/17 240 m 2. B 4840 1.12.21 237 m

281

Lfd.Nr.	Titel	Filmliste Nr. 1 Nr. und Länge		1. Zensur: Nr., Datum, Länge 2. Zensur: Nr., Datum, Länge		
233.	Niederwerfung von Rumänien September 1916 bis Januar 1917			1. 2.	-- B 4564 1921	496 m
234.	Oesel genommen	168	666 m	1. 2.	41157 31.10.17 B 4593 29.10.21	666 m 657 m
235.	Der Panzerwagen (Inspekt.d. Kraftfahrtruppen)			1. 2.	42568 LBB 47/18 --	183 m
236.	Parforcejagd hinter der Front	23	111 m	1. 2.	40280 F 5/17 1 R B 5593 24.3.22	106 m
237.	Peronne			1. 2.	-- B 5738 22.4.22	143 m
238.	Pferde- und Viehreichtum in Rumänien	145	103 m	1. 2.	40840 29.8.17 --	1 R.
239.	Pferdelazarett in Donchery	137	231 m	1. 2.	40986 3.10.17 B 4563 26.10.21	231 m 209 m
240.	Pioniere beim gewaltsamen Fluß-übergang			1. 2.	41588 13.3.18 B 5329 16.2.22 Ing.Korps 7.8.18	302 m 304 m
241.	Pioniere bei einem Stoßtrupp-Unternehmen an der Aisne 1918				Ing. Korps 7.8.18	
242.	Pioniersprengtrupp im Rückzug an der Somme 1917				Ing.Korps 7.8.18	
243.	Pionierwerkstätten an der West-front			1. 2.	-- B 5786 1.5.22	162 m
244.	Preisreiten in Hannover s.a. Preisrennen für Offiziere beim Militärreitinstitut in H.	1047	90 m	1. 2.	-- --	
245.	Pressebesuch in Döberitz in Anwesenheit des Oberbefehlshabers in den Marken, Gen.Obst.Exz. von Linsingen			1. 2.	-- B 5626 6.4.22	114 m
246.	Prileg (Städte hinter der mazedon. Front)	42	175 m	1. 2.	40469 F 19/17 --	175 m

Lfd.Nr.	Titel	Filmliste Nr. 1 Nr. und Länge		1. Zensur: Nr., Datum, Länge 2. Zensur: Nr., Datum, Länge		
247.	Probefahrt zweier Marine-Luft-schiffe			1. 2. B 5678	-- 5.4.22	189 m
248.	Proklamation des neuen Königreichs Polen (Warschau den 5.11.1916)	13	120 m	1. 39985 2.	1 Akt --	
249.	Radfahrkompanie im Feuer			1. 2. B 4988	-- 22.12.21	433 m
250.	Räumung einer Stadt im bedrohten Gebiet	128	158 m	1. 40799 2. B 4347	8.8.17 4.10.21	153 m
251.	Reichstagsabgeordnete an der West-front			1. 2. B 5628	-- 30. 3.22	52 m
252.	Eine Reise von Bethlehem über Jerusalem, Jericho, Salt-Amman nach Petra	105	323 m	1. 41005 2.	3.10.17 --	323 m
253.	Rheinübergang deutscher Dragoner und Jäger mit ihren Pferden bei Neuenburg			1. 41358 2. B 5435	9. 1.18 3. 3.22	77 m 75 m
254.	Riga genommen	159	326 m	1. 41016 2. B 5336	3.10.17 16. 2.22	330 m 199 m
255.	Rittmeister Frh. Manfred von Richthofen der Sieger in 81 Luftkämpfen + am 21.4.18			1. M 3992 2. B 4989	29. 4.18 19.12.21	Dekla 72 m
256.	Rückkehr der verwundeten Austausch-gefangenen			1. M 4168 2. B 5664	24.10.18 5. 4.22	130 m
257.	Die Ruinen des Klosters Orval	123	143 m	1. 40796 2.	8. 8.17 --	143 m
258.	Die Ruinenstadt Ammon			1. 4171 2.	28.10.18 --	
259.	Rumänische Gefangene			1. 2. B 5752	-- 25. 4.22	168 m
260.	Rundgang durch ein Kriegsgefangenen-lager des 18. Armeekorps			1. 2. B 5679	-- 5. 4.22	137 m

Lfd.Nr.	Titel	Filmliste Nr. 1 Nr. und Länge		1. Zensur: Nr., Datum, Länge 2. Zensur: Nr., Datum, Länge		
261.	Sächsische Reiter am Prespasee	70	108 m	1. 40894 2. B 5493	12. 9.17 13. 3.22	108 m 110 m
262.	Der Sanitätshund in der Ausbildung und Arbeit	147	183 m	1. 84 2. B 5578	5.10.17 23. 2.22	185 m 177 m
263.	Die Säuberung der Ukraine - Deutsche Truppen im Kampf mit den Bolschewikis			1. -- 2. B 5150	19. 1.22	130 m
264.	Das Säugetier (Trickfilm) (Verse von Hans Brennert)	156	182 m	1. 40983 2. s. BA	26. 9.17	185 m
265.	S.Kgl.Hoheit, der Großherzog Friedrich Franz von Mecklenburg - Schwerin bei seinen Truppen (tapferen Mecklenburgern nach den heißen Kämpfen im Westen am 3. Mai 1917)	89	70 m	1. 40886 2. --	5. 9.17	148 m
266.	Die 17 cm S.K.L. 40			1. Lehrfilm 1918 s. Kalbus 2. --		
267.	Siegeszug der Griechen	1163	133 m	1. -- 2. --		
268.	Siegeszug durch Rumänien			1. -- 2. B 5625	30.3.22	39 m
269.	Die siegreichen Heere (Deutschlands und Österreichs und die Heere unserer Feinde)	1006	1054 m	1. 1010/1914 Expreßfilm 2. B 5739	1.5.22	653 m
270.	SM, der deutsche Kaiser bei seinen tapferen Truppen in Flandern	151	148 m	1. 40950 LBB 37/17 2. --		148 m
271.	SM, der Kaiser und Prinz Eitel Friedrich bei der 1. Garde-Div. im Westen	120	117 m	1. 40746 LBB 28/17 2. --		117 m
272.	SM, der Kaiser bei seinen tapferen Truppen im Westen I. - III. Teil (Milit. Film- u. Photostelle)			1. 39976-78 2. --	15.11.16	3 Teile
273.	SM Hilfskreuzer Wolf nach 15-monatiger Kreuzfahrt wieder im Heimathafen Kiel			1. 41603 2. B 5317	20.3.18 15.2.22	275 m 275 m

Lfd.Nr.	Titel	Filmliste Nr. 1 Nr. und Länge	1. Zensur: Nr., Datum, Länge 2. Zensur: Nr., Datum, Länge
274.	Soll und Haben des Kriegsjahres 1917 (unter Verwendung von französ., engl. u. amerikan. Aufnahmen)		1. 41357 2.1.18 1184 m 2. --
275.	Die Schlacht bei Cambrai vom 20. Nov. bis 9. Dezember 1917		1. -- 2. B 4692 10.11.21 53 m
276.	Die Schlacht zwischen Aisne u. Marne		1. M 4066 22.6.18 2. B 4249 14.9.21 309 m
277.	Die Schlacht zwischen Soisson und Reims		1. M 4077 9.7.18 2. B 4345 4.10.21 217 m
278.	Die schwere Feldhaubitze 13 (Mil.Lehrfilm)	1918	1. -- 2. s. Kalbus S. 306
279.	St. Quentin – das Opfer engl. Granaten		1. M 4056 7.6.18 2. B 5335 16.2.22 84 m
280.	Städte hinter der mazedon. Front s. "Prileg" u. "Üsküb"		1. 40469 /1917 (Flora) 2. --
	Stambul im Kriege	65 302 m	1. 40896 12.9.17 302 m 2. B 5528 17.3.22 307 m
281.	Start eines Bombengeschwaders nach England		1. -- 2. B 4774 26.11.21 108 m
282.	Stellungsbau für Minenwerfer		1. Lehrfilm f. Pioniere lt. Insp.d.Ing.Korps 7.8.18
283.	Straßen- und Mastenbau		1. Lehrfilm Ing. Korps 7.8.18 2. --
284.	Sturm auf eine feindliche Ortschaft		1. M 4145 30.9.18 2. B 4346 4.10.21 165 m
285.	Sturmangriff mit Schnellbrücken und Minensprengung auf feindl. Vor- u. Hauptstellungen		1. Lehrfilm Ing.Korps 7.8.18 2. --
286.	Sturmreifschießen der Einbruchstelle beim Angriff		1. Lehrfilm für Minenwerfer s. Insp.d.Ing.Korps 7.8.18
287.	Sturmtrupp-Übungen auf der Hindernisbahn	166 119 m	1. 41140 LBB 43/17 119 m 2. s.a. Kalbus S. 307

Lfd.Nr.	Titel	Filmliste Nr. 1 Nr. und Länge	1. Zensur: Nr., Datum, Länge 2. Zensur: Nr., Datum, Länge
288.	Ein Tag bei Generalfeldmarschall von Hindenburg		1. -- 2. B 5785 1922 98 m
289.	Ein Tag mit den deutschen Fliegern an der Westfront		1. -- 2. B 5623 28.3.22 240 m
290.	Tankaufnahmen		1. -- 2. B 5748 24.2.22 85 m
291.	Tanks und ihre Bekämpfung		1. -- 2. B 5694 8.4.22 520 m
292.	Tannenbergfeier in Insterburg am 25.8.18		1. M 4137 16.9.18 2. B 5442 31.3.22 80 m
293.	Tätigkeit der Minenwerferkompanie (6 Teile)		1. Mil.Lehrfilm Ing.Korps 7.8.18
294.	Türkische Reiterkämpfe in Mazedonien	77 110 m	1. 40496 15.8.17 114 m 2. B 4990 22.12.21 100 m
295.	Turnen, Spiel und Sport als Heilverfahren		1. 41249 LBB 47/17 501 m 2. --
296.	Übergänge der Kavallerie über den Rhein	1071 141 m	1. -- 2. --
297.	Überlandflug eines deutschen Flugzeuges in Palästina		1. -- 2. B 4834 10.12.21 248 m
298.	U-Boote heraus (Mit U-Boot 178 gegen den Feind)		1. 40823 LBB 33/17 1237 m 2. B 5317 21.10.21 1124 m
299.	Übungen mit Sanitätshunden	127 95 m	1. 40779 1.8.17 95 m 2. --
300.	Üsküb (Städte hinter der mazedon. Front)	41 114 m	1. 40470 F 19/17 114 m 2. --
301.	Ukrainer Speisenkarte		1. 41811 8.5.18 72 m 2. --
302.	Ukrainische Pressevertreter bei der Besichtigung des deutschen Flugzeugdienstes auf dem Flugplatz der Heeresgruppe Kiew		1. -- 2. B 5526 15.3.22 67 m

Lfd.Nr.	Titel	Filmliste Nr. 1 Nr. und Länge	1. Zensur: Nr., Datum, Länge 2. Zensur: Nr., Datum, Länge
303.	Ukrainisches Militär		1. 41709 17.4.18 79 m 2. B 5133 19.1.22 75 m
304.	Unser Hindenburg	163 214 m	1. 41041 LBB 40/17 214 m 2.
	Unsere Helden an der Somme (s. Bei unseren ...)		1. -- 2. --
305.	Unsere internierten Helden in der Schweiz	1162 728 m	1. 2.9.17 545 m 2. B 5573 23.3.22 290 m
306.	Unsere Nachrichtentruppen		1. 41604 20.3.18 306 m 2. B 5286 10.2.22 303 m
307.	Unterseeboot-Übungen		1. -- 2. B 5575 23.3.22 75 m
308.	Verhalten bei Fliegerangriffen ("Ein nützlicher Film für Jedermann")		1. M 4099 5.8.18 2. B 5576 23.2.22 96 m
309.	Verladen eines Geschützes auf Lastwagen		1. 42567 LBB 47/18 104 m Insp.d.Kraftf.Truppen)
310.	Verwendung der Minenwerfer in der Durchbruchsschlacht		1. Ing.Korps 7.8.18 2. --
311.	Vogesengräber	59 82 m	1. 40936 19.9.17 1 R. 2. B 5464 7.3.22 80 m
312.	Vogesenwacht I. u. II Teil (u. 3 Teile)	62 448 m	1. 40444 15.8.17 965 m 2. B 4562 26.10.21 447 m
313.	Von Engländern und Franzosen verwendete Dum-Dum-Geschosse		1. M 4158 9.10.18 162 m 2. B 5644 31. 3.22 162 m
314.	Von Predeal nach Ploesti	60 224 m	1. 40938 19. 9.17 224 m 2. B 5334 16. 2.22 217 m
315.	Von Udine zum Tagliamento (Der 12. Isonzoschlacht, IV. Teil)	175 372 m	1. 41257 (alle Teile) LBB 48/17 1372 m 2. B 4603 1922 251 m
	Vordringen auf Tarnopol (s.a. Zu den Kämpfen um Tarnopol)		15.8.17

Lfd.Nr.	Titel	Filmliste Nr. 1 Nr. und Länge		1. Zensur: Nr., Datum, Länge 2. Zensur: Nr., Datum, Länge		
316.	Vormarsch zur Piave (Der 12. Isonzoschlacht V. Teil) (s. Von Udine zum Tagliamento)	178	293 m	1. 41278/1917 2. B 5315	14.2.22	293 m 290 m
317.	Vorwärts gegen Braila u. Galatz	45/54	741 m	1. 40466 15.8.17 2. B 4775 23.11.21		741 m 718 m
318.	Der Waffenstillstand von Brest-Litowsk			1. 41377 9.2.18 2. B 5146 19.1.22		242 m 150 m
319.	Warschau			1. M 4071 28.6.18 2. --		
320.	Wie das deutsche Heer seinen gefallenen Lufthelden Hauptmann Bölke ehrte	1	174 m	1. 39974 15.11.16 2. B 5318 21. 2.22		180 m
321.	Wie England Frankreichs Städte verwüstet			1. -- 2. B 5143 19.1.22		76 m
322.	Wie Frankreich das Elsaß befreit	63	239 m	1. 40482 15.8.17 2. --		239 m
323.	Wie für unsere Feldgrauen gesorgt wird	9	150 m	1. 40289 F 5/17 2. B 5338 15.2.22		150 m 153 m
324.	Wiederaufbau einer durch die Russen in Rumänien zerstörten Eisenbahnbrücke durch eine deutsche Eisenbahnbaukompagnie	43	119 m	1. 40585 LBB 20/17 2. B 4777 26.11.21 Insp.Ing.Korps 7.8.18		119 m 120 m
325.	Wiederertüchtigung schwerbeschädigter Industriearbeiter			1. -- 2. B 5871 20.5.22		207 m
326.	Wiederherstellung der Ordnung in Finnland durch finnische Weiße Garden und deutsche Truppen			1. M 4082 12.7.18 2. B 5144 19.1.22		272 m
327.	Windmessungen bei einer Feldwetterwarte	56	107 m	1. 40937 19.9.17 2. --		1 R.
328.	Winterkämpfe in den Vogesen	1002	1200 m	1. -- 2. --		

Lfd.Nr.	Titel	Filmliste Nr. 1 Nr. und Länge	1. Zensur: Nr., Datum, Länge 2. Zensur: Nr., Datum, Länge
329.	Woevre-Städte als Opfer der franz. Artillerie	88 158 m	1. 40594 15.8.17 163 m 2. B 5641 31.3.22 156 m
330.	Wolhynien	25 145 m	1. 40284 3.2.17 145 m 2. --
331.	Die 10 cm Kanone Nr. 14		1. Lehrfilm 1918 s. Kalbus 2. --
332.	Zu den Friedensverhandlungen in Bukarest		1. 41693 17.4.18 203 m 2. B 5291 11.2.22 205 m
333.	Zu den Kämpfen um Tarnopol	138 579 m	1. 40824 LBB 33/17 579 m 2. B 5492 17.3.22 500 m
334.	Zum Aufstand des Halbmondes (Der Heilige Krieg)	1004 118 m	1. -- 2. --
335.	Zurück zur Scholle - Kriegsbeschädigte auf Gut Müllerhof		1. M 4070 28.6.18 2. --
336.	Die zwölfte Isonzoschlacht I. u. II. Teil	171 570 m	1. 41257 (alle Teile) 1372 m 2. B 4467 29.11.21 535 m
	desgl. v. 24. Okt. bis 2. Nov. 1917 s.a. Bis ins Hauptquartier Cadornas Von Udine zum Tagliamento IV. Teil		1. 41199 LBB 45/17 570 m 2. B 4778 475 m
	Vormarsch zur Piave V. Teil		1. 41278/1917 293 m 2. --

B. Die Spielfilme
=================

Lfd.Nr.	Titel	Filmliste Nr. Länge	Zensur Nr., Datum, Länge	Auftragsfirma
1	Die Entdeckung Deutschlands durch die Marsbewohner		40245 24.2.17 5 Akte	Marsfilm
2	Der feldgraue Groschen		40353 F.15/17 535 m	Projektions Union Regie Georg Jacoby mit Frieda Richard
3	Der geheimnisvolle Koffer		41812 8.5.18 1 Rolle	
4	Hein Petersen - vom Schiffsjungen zum Matrosen	135 991 m	40819 15.8.17 991 m	
5	Jan Vermeulen, der Müller von Flandern	134 1057 m	40816 15.8.17 1057 m	
6	Dem Licht entgegen (Für den Einsatz von Sanitätshunden)		41423 30.1.18 1211 m	Projektions Union Regie Jacoby mit Ossi Oswalda, Leo Slezak
7	Lloyd George in Berlin (Kriegsanleihewerbefilm)		41609 20.3.18 339m	mit Albert Paulig
8	Michel und Viktoria		41712 4.5.18 281m	
9	Der papierene Peter - Ein Traumspiel (Kriegsanleihe-Werbefilm)	164 550 m	41023 3.10.17 550m	Regie Rochus Gliese mit Paul Biensfeld
10	Paulchens Millionenkuß (Kriegsanleihewerbefilm)		41610 20.3.18 514m	mit Paul Heidemann
11	Das Tagebuch des Dr. Hart (Der Feldarzt)	152 1351 m	40947 19.9.17 1347m	Projektions Union Regie Paul Leni mit Heinrich Schroth, Käthe Haack, Dr. Servaes, Ka.Carl Hoffmann
12	Unsühnbar	140 1133 m	40781 8.8.17	mit Adele Sandrock
13	Die wankende Entente (Satyr. Trickfilm)		ca. April 1918	
14	Wenn Bertram Schiller deklamiert	1225 145 m		